# Teoria Geral dos Processos

# Teoria Geral dos Processos

OS MÉTODOS DE SOLUÇÃO DE CONFLITOS E O PROCESSO CIVIL

**2022 • 2ª Edição • Revista, Atualizada e Ampliada**

Luis Fernando Guerrero

ALMEDINA

**TEORIA GERAL DOS PROCESSOS**
**OS MÉTODOS DE SOLUÇÃO DE CONFLITOS E O PROCESSO CIVIL**
2ª EDIÇÃO

AUTOR: Luis Fernando Guerrero
DIRETOR ALMEDINA BRASIL: Rodrigo Mentz
EDITORA JURÍDICA: Manuella Santos de Castro
EDITOR DE DESENVOLVIMENTO: Aurélio Cesar Nogueira
ASSISTENTES EDITORIAIS: Isabela Leite e Larissa Nogueira
DIAGRAMAÇÃO: Almedina
DESIGN DE CAPA: Roberta Bassanetto
ISBN: 9786556274539
Fevereiro, 2022

Dados Internacionais de Catalogação na Publicação (CIP)
(Câmara Brasileira do Livro, SP, Brasil)

---

Guerrero, Luis Fernando
Teoria geral dos processos : os métodos de solução
de conflitos e o processo civil / Luis Fernando
Guerrero. -- 2. ed. -- São Paulo : Almedina, 2022.

Bibliografia.
ISBN 978-65-5627-453-9

1. Conflitos - Resolução (Direito) 2. Processo
civil 3. Processo civil - Brasil I. Título.

21-92130 CDU-343.9(81)

---

Índices para catálogo sistemático:

1. Brasil : Processo civil : Direito civil 343.9(81)

Cibele Maria Dias – Bibliotecária – CRB-8/9427

Este livro segue as regras do novo Acordo Ortográfico da Língua Portuguesa (1990).



EDITORA: Almedina Brasil
Rua José Maria Lisboa, 860, Conj. 131 e 132, Jardim Paulista | 01423-001 São Paulo | Brasil
editora@almedina.com.br
www.almedina.com.br

# AGRADECIMENTOS

Durante a minha vida acadêmica na universidade, de fato uma vida, vivi um terço da minha existência continuamente em programas de graduação e pós-graduação. Decidi sempre agradecer ao final de ciclos, por etapas. Minha dissertação de mestrado não tinha agradecimentos, minha tese de doutorado tampouco.

Não sou mal agradecido, nem nunca fui. Quem acompanhou minha vida desde o início sabe que tenho muitos motivos para agradecer. Por tudo que aconteceu e com a ajuda de pessoas especialíssimas, consegui fazer o improvável. Por que não dizer o impossível? Taí, quem tem sangue espanhol faz qualquer coisa desde que digam que é impossível. A teimosia andaluza sempre vence o impossível.

Bom, voltando aos agradecimentos, meu livro, fruto da minha dissertação de mestrado, tinha muitos agradecimentos. O livro baseado na minha tese de doutorado também vai ter.

Mais uma vez tenho que agradecer à minha família. Apesar de todas as dificuldades, todos os acontecimentos que nos acompanharam desde sempre e que se agravaram bastante e coincidentemente quando começou a "minha vida acadêmica", eles sempre foram as referências e a base de tudo. Se consegui fazer alguma coisa foi porque a Dona Neyde, que viu a minha defesa de Doutorado, mas não estrá conosco para o livro pronto, e o "Seu" Guerrero não mediram esforços para que eu tivesse tudo e mais um pouco do que é importante. Tenho que agradecer meu tio (posso falar meu tio porque ele é o único que tenho) que, de uma hora para outra, mostrou-me que nossa história pode ser escrita com outro lápis e com a nossa mão, basta querer e transpirar, se esforçar, e as coisas acontecem. Minha madrinha Monica Telles merece também especial menção. Sua alegria e carinho foram fundamentais na minha vida. Aos meus pais, Rose e Júnior, que me colocaram aqui e estiveram sempre ao meu lado.

Meus amigos não podem faltar. Trata-se daquela família que apareceu depois, mas que foi escolhida e eles estiveram sempre ao meu lado. Não gosto de enumerar para não cometer nenhuma injustiça. Foram amigos em São Paulo, no frio de Nova Iorque, em todo lugar.

Devo agradecer mais uma vez meu orientador, o professor associado de Direito Processual Civil da Faculdade de Direito da Universidade de São Paulo Carlos Alberto de Salles. Ele poderia estar muito bem no parágrafo anterior. Sua generosidade, conhecimento e amizade marcaram a minha vida acadêmica desde a minha Tese de Láurea.

O professor Carlos Alberto Carmona também desempenhou um papel fundamental na minha formação e abriu as portas das publicações. Só tenho a agradecê-lo pelo nível de exigência das bancas, perspicácia e inteligência das observações e a alma de professor que se torna referência para todos.

Na fase de créditos e de defesa de tese pude ter a companhia de pessoas importantíssimas. Enumero os professores Cândido Rangel Dinamarco, José Roberto dos Santos Bedaque, Flávio Luiz Yarshell, Cristiano de Sousa Zanetti, Susana Henriques da Costa, Paulo Henrique dos Santos Lucon e João Bosco Lee. Muito obrigado por todos os ensinamentos.

A Faculdade de Direito da Universidade de São Paulo tem lugar especial nesses agradecimentos. A velha, mas sempre nova academia, exerce um fascínio magnético, inexplicável: “Nossa casa, nosso lar”.

Mas um dia decidi ver como as coisas aconteciam aí fora. E fui para a Columbia University em Nova Iorque. Agradeço demais o apoio de um veterano na São Francisco, também veterano em Columbia, Rodrigo Surcan dos Santos, e sua esposa Camila Amaral. Além disso, um representante da família Coelho também foi fundamental: Marcel Coelho, grande amigo das horas mais difíceis na Big Apple. Sempre arrumava um tempo para saber se o *newcomer* estava bem. Além disso, o encontro com a família Coelho também foi muito agradável e divertido. Sem dúvida eles tornaram a minha adaptação e sobrevivência muito mais simples na “*Concrete Jungle where dreams can make true*”. Nesse aspecto, não posso deixar de mencionar também a turma do LLM de 2011 e o grupo de Visiting Researches, amigos novos e amigos que reencontrei a alguns quilômetros de distância. Além disso, agradeço também ao Professor Alejandro Garro que muito bem me recebeu, à Srta. Anne Sheng, que coordenava e ajudava demais a todos os "*visitings*", e aos funcionários da Biblioteca Arthur Diomond, que não mediam esforços para encontrar os livros que precisávamos.

Ainda um enorme agradecimento a todos os colegas do escritório Dinamarco, Rossi, Beraldo & Bedaque Advocacia e do Lobo & De Rizzo Advogados, não só pelas discussões e debates diários que só incrementam nossa prática e nossos estudos, mas principalmente porque permitiriam meu aperfeiçoamento internacional. Especialmente Dras. Bárbara Raupp e Daniela Ifuki merecem não só a minha gratidão pela atenta revisão realizada em parte da atualização deste livro, bem como pela honra diária de dividir discussões com elas.

Por fim, mas obviamente não menos importante, quem mais aguentou o mau humor e as tensões merece um agradecimento especial. Fernandinha, muito obrigado por tudo, e especialmente pelo companheirismo. Apesar da distância, sem você não iria conseguir. Ela e minha querida cunhada foram me visitar e amenizaram a saudade. Depois da primeira edição a família aumentou, agora temos o Rafa, e o amor também.

Apesar das perdas e das saudades do caminho, seguimos.

*O Autor*

# APRESENTAÇÃO

**1.** O histórico do desenvolvimento recente da arbitragem, no Brasil, é estimulante até mesmo para aqueles que militam nessa área desde antes da promulgação, em 1996, da Lei de Arbitragem.

**2.** Com o passar dos anos, a arbitragem brasileira impôs-se em várias frentes: na área acadêmica com a inclusão da matéria na categoria das eletivas e, em alguns casos, como matéria integrante da grade curricular; na prática, com o crescimento de casos concretos em que as partes optaram porque suas controvérsias fossem resolvidas por árbitros; na área de suporte à prática, com a criação de instituições arbitrais competentes e bem estruturadas em várias partes do País.

**3.** Mas esse desenvolvimento não se limitou aos litígios domésticos, ingressando o Brasil na bem estruturada e sólida arena arbitrai internacional, conquistando o Brasil, mais recentemente, a terceira posição como usuário no contexto dos procedimentos administrados pela Câmara de Comércio Internacional, de Paris – CCI.

**4.** É inegável a vasta produção literária e acadêmica na área de arbitragem e, em geral, dos denominados métodos alternativos de solução de controvérsias. O Brasil conta hoje com duas revistas especializadas na área de arbitragem e várias dissertações de Mestrado e teses de Doutorado são submetidas anualmente à congregação de faculdades públicas e privadas.

**5.** Um fato relevante em todo esse processo foi o surgimento de cláusulas arbitrais dispondo sobre a utilização de não apenas um, mas de dois caminhos voltados para a solução da controvérsia. Refiro-me às denominadas cláusulas escalonadas que preveem, numa primeira etapa, o recurso à mediação e, não tendo essa o sucesso perseguido, voltam-se as partes para a arbitragem.

**6.** Essa mescla de mecanismos põe em relevo não só a mediação, como a conciliação, denominações essas que, muitas vezes usadas de forma intercambiável, abarcam conceitos distintos, embora voltadas para um só resultado.

**7.** Mas nem sempre a mediação precisa estar prevista na cláusula contratual relativa à solução de controvérsias. Pode sim, e isso é desejável, que possa surgir no curso de um processo judicial ou de um procedimento arbitral.

**8.** E inexiste qualquer motivo para surpresa. A opção, a qualquer momento, pela mediação intercorrente é a mais legítima expressão da autonomia priva a as partes. Várias poderiam ser as razões que levassem as partes a esse proceder. No entanto, em controvérsias de natureza comercial, é de se ter em conta que as partes buscam a afirmação de seu direito com vistas a assegurar o resultado útil do negócio jurídico entabulado, evitando, dessa forma, a frustração do fim do contrato. Logicamente, e sob essa óptica, as partes haverão de encontrar um caminho que implique, ao fim e ao cabo, menores custos de transação.

**9.** Mas, se há um processo judicial ou procedimento arbitrai em curso, qual o efeito sobre esses da decisão das partes em lançar mão desses mecanismos alternativos de solução de controvérsias? Em que medida estarão as partes vinculadas?

**10.** É em busca dessa resposta que Luis Fernando Guerrero se lançou numa extensa pesquisa e análise dando lugar à sua festejada tese de doutoramento apresentada a congregação da Faculdade de Direito do Largo de São Francisco.

**11.** Luis Fernando não mediu esforços em sua pesquisa fazendo uma várias jurisdições para que pudesse conhecer o que dispunha cada um deles. Não se limitou a constatar o que havia e relatar o que encontrou. Foi mais além. Analisou criticamente cada modelo à luz das premissas básicas de sua tese, ancorada no direito brasileiro.

**12.** E Luis Fernando não se viu frustrado nesse empreendimento. Traz-nos conclusões importantes e caminhos a serem seguidos e perseguidos. Luis Fernando nos oferece e uma tese que se adequa às necessidades dos operadores do Direito. A tese de Fernando conquista, assim, a mesa de trabalho de cada operador, não tendo surgido para integrar a estante de uma biblioteca.

**13.** Para mim é uma honra e enche-me de alegria poder escrever este texto introdutório. Acompanho há anos a trajetória profissional e acadêmica de Luis Fernando. Acompanho seus passos e seu trabalho como advogado. O resultado ai está: Luis Fernando junta seu nome ao de tantos outros estudiosos que contribuem para o aprimoramento dos métodos alternativos de solução de controvérsias.

**14.** Por tudo o que fez e que deixa registrado nesta obra, Luis Fernando é exemplo da nova geração de profissionais brasileiros que transitam livremente entre o processo judicial, a arbitragem e os métodos alternativos de solução de controvérsias. Não os tratam de forma estanque; buscam os pontos de intersecção e, mais do que tudo, têm a noção clara e precisa do importante papel desempenhado pela autonomia da vontade.

São Paulo, agosto de 2015
José Emílio Nunes Pinto

# PREFÁCIO

A escolha de uma boa questão jurídica é fundamental para os resultados a serem alcançados por um trabalho jurídico. A qualidade da questão deve ser aferida por sua novidade e por sua relevância para determinada área.

Claro, o ineditismo da questão não basta. Afinal, o problema pode ser absolutamente novo, mas as respostas pretendidas não terem qualquer importância, prática ou teórica. Por outro lado, a enorme relevância da questão escolhida pelo estudioso nada garante se o tema nada tiver de novo. Neste último caso, pode-se esperar uma infindável repetição de posicionamentos conhecidos, com o risco, sempre presente, de revisão incompleta da literatura sobre o tema.

O equilíbrio entre essas variáveis é sempre difícil, fazendo com que muitos trabalhos jurídicos oscilem entre o inútil – por não responderem a algo relevante – e o repetitivo – apenas reproduzindo o que já foi dito anteriormente.

Assim, a escolha da questão jurídica, que sirva de base para elaboração do trabalho jurídico, depende de uma certa dose de ousadia, pois a melhor opção é a que tira o autor da zona de conforto. Muitos são os desafios de se trabalhar com o novo, ainda mais com as naturais dificuldades de todo tema relevante.

Este trabalho, com o qual Luis Fernando Guerrero obteve o título de doutor pela Universidade de São Paulo – USÇ é daqueles realmente ousados, por assumir os riscos de buscar resposta para uma questão nova e relevante.

Em um momento no qual se trata de incorporar à realidade jurídica brasileira a utilização de mecanismos consensuais de solução de controvérsias, esta obra busca responder como se pode, juridicamente, dar efetividade à convenção contratual estabelecendo a obrigação de as partes se submeterem àqueles mecanismos no caso de litígio.

Nesse sentido, esta obra está alguns passos adiante do debate nacional nessa área.

Em um país que ainda luta para superar a cultura da sentença, com propalado pelo Professor Kazuo Watanabe, parece normal a aplicação de mecanismos de consenso ser baseada em instrumentos anexos do Poder Judiciário e paralelos ao processo judicial.

No entanto, essa não é – talvez não deva ser – a única solução possível e desejável. Sempre importante, nesse sentido, lembrar que há outro caminho.

Às partes em litígio, ou previamente a ele, podem pactuar entre si a utilização de um mecanismo consensual para solução da controvérsia existente entre elas, como ocorre com a arbitragem.

Aliás, é do reconhecimento dessa possibilidade e da efetividade do estabelecimento mento de uma convenção válida entre as partes que depende a construção de mecanismos customizados às características do caso concreto, prevendo procedimentos e combinação de vários instrumentos para solução de controvérsias.

A questão central a que este trabalho pretende responder é exatamente esta: saber como, juridicamente, se pode dar efetividade a essas estipulações contratuais das partes nesse sentido e quais consequências se pode extrair do descumprimento dessa obrigação.

Luis Fernando, brilhante arbitralista, com trabalho publicado sobre convenção arbitral, conhece como ninguém a importância dessa resposta. Isso porque a arbitragem somente atingiu um alto grau de efetividade no Brasil depois de a vi gente lei de arbitragem passar a estabelecer condições legais e institucionais para levar a efeito a cláusula arbitral.

Mesmo sem uma disciplina jurídica específica, há de se dar, com base em sua natureza contratual, efetividade às estipulações prevendo utilização de mecanismos consensuais para solução de litígios. Daí as questões jurídicas que restam em aberto. Quais as possíveis soluções jurídicas? Indenização, perda de uma chance, mitigação do próprio dano, tutela específica da obrigação de fazer, cláusula penal?

O presente trabalho, em desenvolvimento sintonizado com as tendências atuais dos mecanismos de solução consensual de controvérsias, busca responder a essas e outras questões, com resultados que muito contribuem para o desenvolvimento da utilização dessa espécie de mecanismo entre nós.

CARLOS ALBERTO SALLES
*Professor associado da faculdade de direito da Universidade de São Paulo*

# LISTA DE ABREVIATURAS

| | |
|---|---|
| ADI | Ação Direta de Inconstitucionalidade |
| ADR | Alternative Dispute Resolution, sigla que designa comumente os métodos alternativos ou adequados de solução de controvérsias ou conflitos – MASCs |
| Ap. | Apelação |
| art. | artigo |
| B[3] | Bolsa de Valores Oficial do Brasil |
| CCBC | Câmara de Comércio Brasil Canadá |
| CC | Código Civil Brasileiro, Lei nº 10.406, de 10 de janeiro de 2002 |
| CCI | Câmara de Comércio Internacional |
| CDC | Código de Defesa do Consumidor, Lei nº 8.078, de 11 de setembro de 1990 |
| CF | Constituição da República Federativa do Brasil de 1988 |
| CLT | Consolidação das Leis do Trabalho, Decreto-lei nº 5.452, de 1º de maio de 1943 |
| Convenção de Cingapura | *United Nations Convention on International Settlement Agreements resulting from Mediation*, Convenção da ONU sobre Acordos Decorrentes de Mediação da ONU. |
| Convenção de Viena ou CISG | *United Nations Convention on Contracts for the International Sale of Good*, Convenção da ONU sobre Contratos de Compra e Venda Internacional de |

| | |
|---|---|
| | Mercadorias, Decreto nº 8.327, de 16 de outubro de 2014. |
| CP | Código Penal Brasileiro, Decreto-lei nº 2.488, de 7 de dezembro de 1940 |
| CPC/1973 | Código de Processo Civil Brasileiro, Lei nº 5.869, de 11 de janeiro de 1973 |
| CPC | Código de Processo Civil Brasileiro, Lei nº 13.105, de 16 de março de 2015 |
| CPP | Código de Processo Penal Brasileiro, Decreto-lei nº 3.689, de 7 de dezembro de 1940 |
| Des. | Desembargador |
| Ed. | Edição |
| Estatuto do Idoso | Lei nº 10.741, de 1º de outubro de 2003 |
| FAA | Federal Arbitration Act (EUA) |
| FDIC | Federal Deposit Insurance Corporation |
| IACCM | International Association for Contract & Commercial Management |
| Inc. | Inciso ou Incisos |
| Lei da Ação Civil Pública | Lei nº 7.437, de 24 de julho de 1985 |
| Lei de Arbitragem | Lei nº 9.307, de 23 de setembro de 1996 |
| Lei Geral de Procetação de Dados ("LGPD") | Lei de nº 13.709, de 14 de agosto de 2018 |
| Lei de Introdução às Normas do Direito Brasileiro | Decreto-lei nº 4.657, de 4 de setembro de 1942 |
| LEP | Lei de nº 7.210, de 14 de julho de 1984 |
| LRF | Lei nº 11.101, de 9 de fevereiro de 2005 |
| Lei dos Juizados Especiais Cíveis | Lei nº 9.099, de 26 de setembro de 1995 |
| Lei de Mediação | Lei nº 13.140, de 26 de junho de 2015 |
| Lei do Superendividamento | Lei nº 14.181, de 1º de julho de 2021 |
| Lei Uniforme da UNCITRAL | Lei Modelo da UNCITRAL sobre Arbitragem Comercial Internacional, de 21 de junho de 1985 |
| MASC | Método Adequado de Solução de Controvérsias |
| Min. | Ministro |
| OMC | Organização Mundial do Comércio |
| ONU | Organização das Nações Unidas |
| Op. cit. | Obra já citada |

| | |
|---|---|
| p. | Página |
| PLS | Projeto de Lei do Senado |
| REsp | Recurso Especial |
| RExt | Recurso Extraordinário |
| RISTF | Regimento Interno do Supremo Tribunal Federal |
| SEC | Pedido de Homologação de Sentença Estrangeira |
| STF | Supremo Tribunal Federal |
| STJ | Superior Tribunal de Justiça |
| TAC | Tribunal de Alçada Civil |
| TJBA | Tribunal de Justiça do Estado da Bahia |
| TJSP | Tribunal de Justiça do Estado de São Paulo |
| T. | Turma |
| UNCITRAL | United Nations Commission on International Trade and Labour |
| v. | Volume |

# SUMÁRIO

# PARTE I

## 1. Introdução e objetivo

Os métodos de solução de controvérsias estão na gênese do Estado brasileiro. Já na Constituição de 1824, a primeira de nosso país já independente, estipulava-se a utilização das partes para se usar a arbitragem como forma de solução de controvérsias (art. 160), bem como se impedia que qualquer processo judicial tivesse início sem ser demonstrada "tentativa de reconciliação" (art. 161) entre as partes.

Esse ideário repetiu-se nas Constituições seguintes,[1] com alguns hiatos,[2] mas com as mesmas limitações de ordem prática. O processo judicial cada vez mais se tornou a fórmula de solução de controvérsias padrão para todos os tipos de demandas em paralelo ao fortalecimento e consolidação do Estado brasileiro.

Recentemente apenas, o processo passou a ser visto como método de trabalho na medida em que tem por objetivo produzir resultado idêntico àquele resultante da atuação espontânea das regras substanciais e que é[3] informado pela técnica, sendo constituído por objetivos para que

[1] As constituições de 1934 (art. 4º), 1946 (art. 4º) e de 1967 (art. 7º) previam métodos de solução de controvérsias apenas para conflitos internacionais.

[2] As Constituições de 1891 e de 1937 não continham disposição a respeito. A primeira, provavelmente, como forma de rompimento geral com as regras de solução de controvérsias do antigo regime, e a segunda como forma de concentrar todos os poderes no Executivo, situação na qual até mesmo o Judiciário foi esvaziado, sendo impedido até de conhecer questões exclusivamente políticas (art. 94).

[3] Cf. BEDAQUE, J. R. dos S. *Efetividade do processo e técnica processual*. 2. ed. São Paulo: Malheiros, 2007, p. 77.

seja útil socialmente, e não um mero campo intelectual de exercício teórico sem aplicação prática.

Trata-se, pois, de auxílio para que o operador do direito alcance uma tutela jurisdicional eficaz (segura) e efetiva (que produza efeitos) na solução dos conflitos de interesses trazidos a juízo, garantindo-se o acesso à ordem jurídica justa, que as partes saibam o que esperar dos métodos de solução de controvérsias do ponto de vista de seus resultados e não, simplesmente, o acesso ao Poder Judiciário.

O ordenamento deve prever instrumentos hábeis a conceder às partes todos os meios necessários para que realizem de forma adequada suas posições processuais e provem suas alegações. Tal situação deve ser aplicada inclusive aos métodos alternativos de solução de controvérsia,[4] na medida em que se amplia o conceito de jurisdição. O direito de ação deve ser entendido como um direito do indivíduo contra o Estado no tocante à obtenção de mecanismos eficientes de solução de controvérsias, aptos a proporcionar a satisfação efetiva ao titular de um direito, bem como impedir a injusta invasão na esfera patrimonial de quem não se acha obrigado a suportá-la.

Há que ser feita uma conjugação entre a técnica processual estabelecida e a instrumentalidade do processo,[5] visto como método de solução de conflitos, de modo a garantir a sua efetividade na medida em que a técnica deve estar a serviço da eficiência do método de trabalho de solução de conflitos.[6]

Exatamente nesse sentido, processo efetivo é aquele que propicia o equilíbrio entre segurança e celeridade, proporcionando às partes o resultado desejado pelas partes e previsto no ordenamento jurídico

[4] O vocábulo *controvérsia* pode ser substituído pelo tradicional vocábulo *lide*, de conceituação de Francesco Carnelutti como conflito de interesses caracterizado como uma pretensão resistida (Carnelutti, Francesco. *Sistema di diritto processuale civile*. Padova: CEDAM, 1936. v. I, nº 14) ou litígio na conceituação de José de Moura Rocha (Rocha, J. de M. *Do contrato de transação judicial*. Recife: Mousinho, 1958, p. 6-8).

[5] Yarshell, F. L. *Tutela jurisdicional*. 2 ed. São Paulo: DPJ, 2006, p. 20-21. Ao se manifestar sobre o assunto, José Roberto dos Santos Bedaque propunha uma revisitação dos institutos processuais (Bedaque, J. R. dos S. *Direito e processo*. 2 ed. São Paulo: Malheiros, 2001, p. 12-14). No caso em tela, a visita ainda precisa ser feita, posto que os métodos alternativos de solução de controvérsias não foram analisados sobre esta perspectiva.

[6] Dinamarco, C. R. *Instrumentalidade do processo*. 14. ed. São Paulo: Malheiros, 2001, p. 225.

direito material.[7] Nesta esteira, ver-se-á de que modo as regras fixadas para os métodos alternativos de solução de controvérsias estão de acordo com a técnica processual e se, na mesma medida, garantem a efetividade do processo, a correspondência entre o modelo estabelecido em lei e a realidade.[8]

Na Constituição Federal em vigor, os métodos adequados ou alternativos de solução de controvérsias, ou MASCs, retomam papel de destaque para aplicação no âmbito do direito interno e privado. O art. 114 prevê a utilização de negociação coletiva e de arbitragem para conflitos coletivos de trabalho. Ademais, não se pode esquecer que o preâmbulo da Constituição indica ser o Brasil um Estado Democrático e comprometido "na ordem interna e internacional, com a solução pacífica das controvérsias".

Em termos de legislação infraconstitucional, são diversas as previsões para utilização e efetivação dos métodos de solução de controvérsias. Há grande destaque na Lei dos Juizados Especiais Cíveis, que em seu art. 2º incentiva, "sempre que possível, a conciliação e a transação",[9] e no art. 24, que cria uma espécie de escalonamento de solução de controvérsias entre conciliação e arbitragem, com a possibilidade de não realização desta e recurso ao processo judicial previsto na referida lei. Não se pode esquecer da própria lei de arbitragem, que além desse método de solução de controvérsias incentiva a conciliação, nos arts. 7º, § 2º, e 21, § 4º.

Ademais, merece destaque a Resolução nº 125 do CNJ, de 29 de novembro de 2010,[10] que ampliou institucionalmente, no âmbito do Judiciário, o "direito de acesso à Justiça, previsto no art. 5º, XXXV, da Constituição Federal, além da vertente formal perante os órgãos judiciários, implica acesso à ordem jurídica justa", criando um flanco importante para a utilização dos métodos de solução de controvérsias, estabelecendo "política pública de tratamento adequado dos problemas jurídicos e dos conflitos de interesses".

[7] Bedaque, J. R. dos S. *Efetividade do processo e técnica processual*. Op. cit., p. 49.

[8] Bedaque, J. R. dos S. *Direito e processo*. Op. cit., p. 59.

[9] Apesar de uma haver uma imprecisão técnica ao se equiparar um método de solução de controvérsias, conciliação, com um instrumento jurídico para a utilização de tal método, a transação.

[10] Disponível em: <http://www.cnj.jus.br/atos-administrativos/atos-da-presidencia/323-resolucoes/12243-resolucao-no-125-de-29-de-novembro-de-2010>.

É grande o número de Tribunais no Brasil que têm referência e destaque a métodos de solução de controvérsias em suas páginas iniciais na Internet.[11] Sem dúvida, os métodos adequados de solução de controvérsias e as suas relações fazem parte do dia a dia dos brasileiros.

[11] São 16 dos 27 Tribunais de Justiça, 59,25% do total: Tribunal de Justiça do Estado do Paraná: "Conciliar é legal". Disponível em: <http://portal.tjpr.jus.br/web/conciliacao>. Acesso em: 10 ago 2011; Tribunal de Justiça do Estado de São Paulo. Disponível em: <http://www.tj.sp.gov.br/Conciliacao/Default.aspx>. Acesso em: 10 ago. 2011; Tribunal de Justiça do Estado de Minas Gerais: "Quero conciliar". Disponível em: <http://www.tjmg.jus.br/>. Acesso em: 10 de agosto de 2011; Tribunal de Justiça do Estado do Rio de Janeiro. Disponível em: <http://portaltj.tjrj.jus.br/web/guest/pagina-inicial/mediacao>. Acesso em: 10 ago. 2011; Tribunal de Justiça do Estado do Espírito Santo. Disponível em: <http://www.tjes.jus.br/Seriços-ao-Cidadão/precatorios.html>. Acesso em: 10 ago. 2011; Tribunal de Justiça do Estado de Goiás: "Conciliação Goiás". Disponível em: <http://www.tjgo.jus.br/conciliacao/index.html?opc=consulta> e "Centro de Pacificação Social". Disponível em: <http://www.tjgo.jus.br/index.php?sec=institucional&item=projetoseacoes&subitem=pacificacaosocial>. Acesso em: 10 ago. 2011; Tribunal de Justiça do Distrito Federal e Territórios. Disponível em: <http://www.tjdft.jus.br/trib/prog/media/prog_media.asp>. Acesso em: 10 ago. 2011; Tribunal de Justiça do Estado do Tocantins: "Quero conciliar". Disponível em: <http://www.tjto.jus.br/>. Acesso em: 10 ago. 2011; Tribunal de Justiça do Estado do Pará. Disponível em: <http://www.tjpa.jus.br/aconteceNoTJ/2011/AVISOS/edital_selecao_de_conciliador_edital-01_e_02-2011.pdf>. Acesso em: 10 ago. 2011. Tribunal de Justiça do Estado do Amazonas. Disponível em: <http://nds.tjam.jus.br/cn/>. Acesso em: 10 ago. 2011, com sistema em manutenção; Tribunal de Justiça do Estado de Roraima. "Justiça Comunitária". Disponível em: <http://www.tjrr.jus.br/sistemas/php/joomla/index.php/institucional/justica-comunitaria>. Acesso em: 10 ago. 2011; Tribunal de Justiça do Estado do Amapá. "Quero Conciliar" e "Conciliando a Gente se Entende". Disponível em: <http://www.tjap.jus.br/portal/publicacoes/projetos-sociais/327-conciliacao.html>. Acesso em: 10 ago. 2011, Tribunal de Justiça do Estado do Piauí. "Núcleo de Solução de Conflitos". Disponível em: <http://www.tjpi.jus.br/site/modules/htmlcontent/Page.mtw?id=612>. Acesso em: 10 ago. 2011; Tribunal de Justiça do Estado de Pernambuco. Coordenadoria Geral das Centrais de Conciliação, Mediação e Arbitragem. Disponível em: <http://www.tjpe.jus.br/concilia/>. Acesso em: 10 ago. 2011. Tribunal de Justiça do Estado de Alagoas. "Direito das Sucessões e Conciliação". Disponível em: <http://www.tjal.jus.br/>. Tribunal de Justiça do Estado da Bahia. "Programas e Projetos". Disponível em: <http://www5.tj.ba.gov.br/index.php>. Acesso em: 10 ago. 2011. No caso dos Tribunais Regionais Federais, são quatro dos cinco Tribunais, 80% do total: Tribunal Regional Federal da 2ª Região: "Núcleo de Métodos Consensuais de Solução de Conflitos do TRF-2ª Região". Disponível em: <http://www.trf2.jus.br/conciliacao/index.html>. Acesso em: 10 ago. 2011; Tribunal Regional Federal da Terceira Região. Disponível em: <http://www.trf3.jus.br/trf3r/index.php?id=11&op=noticia&id_materia=2458>. Acesso em: 10 ago. 2011; Tribunal Regional

Esse contexto torna necessária uma análise do modo com o qual as cláusulas contratuais estipulam métodos de solução de controvérsias,

Federal da 4ª Região: "Sistema Conciliação" Disponível em: <http://www.trf4.jus.br/trf4/institucional/institucional.php?id=sistcon_inicial>. Acesso em: 10 ago. 2011; e Tribunal Regional Federal da 5ª Região: "Gabinete de Conciliação". Disponível em: <http://www.trf5.jus.br/index.php?option=com_content&view=article&id=513&Itemid=438>. Acesso em: 10 ago. 2011. Finalmente, 12 Tribunais Regionais do Trabalho de 24, no total, o que corresponde a 50% apresentam disposições no mesmo sentido: Tribunal Regional do Trabalho da 1ª Região: "Conciliar é a Nossa Praia". Disponível em: <http://portal2.trtrio.gov.br:7777/pls/portal/PORTAL.wwv_media.show?p_id=13675726&p_settingssetid=381905&p_settingssiteid=73&p_siteid=73&p_type=basetext&p_textid=13675727>. Acesso em: 10 ago. 2011; Tribunal Regional do Trabalho da 2ª Região: "Núcleo Permanente de Solução de Conflitos". Disponível em: <http://www.trt2.jus.br/>. Acesso em: 10 ago. 2011; Tribunal Regional do Trabalho da 3ª Região: "Conciliar é nossa missão". Disponível em: <http://www.trt3.jus.br/conciliacao/>. Acesso em: 10 ago. 2011; Tribunal Regional do Trabalho da 4ª Região: "Projeto Conciliação". Disponível em: <http://www.trt4.jus.br/portal/portal/trt4/servicos/projetoConciliacao>. Acesso em: 10 ago. 2011; Tribunal Regional do Trabalho da 5ª Região: "Projeto Conciliar". Disponível em: <http://www.trt4.jus.br/portal/portal/trt4/servicos/projetoConciliacao>. Acesso em: 10 ago. 2011; Tribunal Regional do Trabalho da 6ª Região: "Movimento pela Conciliação". Disponível em: <http://www1.trt6.gov.br/consultaOnline2/index.php?metodo=exibeFormularioAcordo>. Acesso em: 10 ago. 2011; Tribunal Regional do Trabalho da 7ª Região: "Conciliando a Gente se entende". Disponível em: <http://www.trt7.jus.br/index.php?option=com_content&view=article&id=983>. Acesso em: 10 ago. 2011; Tribunal Regional do Trabalho da 9ª Região: "Juízos de Conciliação". Disponível em: <http://www.trt7.jus.br/index.php?option=com_content&view=article&id=983>. Acesso em: 10 ago. 2011; Tribunal Regional do Trabalho da 13ª Região: "Quer Conciliar". Disponível em: <http://www.trt13.jus.br/engine/subinterna.php?pag=acordo_conciliar_form.php&tipo=L>. Acesso em: 10 ago. 2011; Tribunal Regional do Trabalho da 18ª Região: "Projeto Conciliação em Ação". <http://www.trt18.jus.br/content/TRT18/CONSULTAS/PCA/pca.pdf>. Acesso em: 10 ago. 2011; e Tribunal Regional do Trabalho da 24.ª Região: "Projeto Conciliar". Disponível em: <http://www.trt24.jus.br/www_trtms/pages/projeto_conciliar.jsf>. Acesso em: 10 ago. 2011. Quando se analisa o volume populacional que está sob a jurisdição dos tribunais mencionados, vê-se que a imensa maioria dos brasileiros está contida. A tendência é antiga, sendo o apoio institucional mencionado acima reflexo dessa situação. Nesse sentido: Richa, M. de A. Evolução da semana nacional de conciliação como consolidação de um movimento nacional permanente da justiça brasileira. In: Peluso, A. C.; Richa, M. de A. (Coord.). *Conciliação e mediação*: estruturação da política judiciária nacional. São Paulo: Forense, 2011, p. 61-72.

consensuais ou adjudicatórios, como métodos de trabalho[12] de solução de conflitos, e são dotados de eficácia específica e vinculação.

Esse trabalho preocupar-se-á com a categoria de medidas externas ao processo que se se destinam à obtenção de formas eficientes de obtenção de tutela; e de que modo poder-se-á obter a efetivação do que foi decidido ou acordado? Quais são os mecanismos que o nosso sistema dispõe para solucionar as crises de efetividade dos MASCs?

Nesse aspecto, com a notável melhora das condições econômicas do Brasil e novos elementos jurídicos que incentivam a celebração de contratos complexos e duradouros, que geralmente contêm as cláusulas escalonadas de solução de controvérsias, ganha relevo essa discussão.

O trabalho analisará o liame contratual que serve de base para os métodos adequados de solução de controvérsias e, principalmente, de que modo tais métodos podem se relacionar, no plano contratual, em situações de escalonamento, bem como as consequências processuais e materiais que podem ser atribuídas às relações entre eles.

Será fundamental responder, portanto, de que modo as cláusulas MASCs poderão vincular as partes e em qual limite essa vinculação ocorre. Nessa linha, eventual desrespeito à cláusula estabelecida gerará consequências que precisam ser também verificadas e limitadas.

Ademais, serão verificadas recentes interpretações acerca de conceitos tradicionais, tal como jurisdição, e especialmente seu aspecto teleológico, a execução específica das obrigações de utilizar determinado modo de solução de controvérsias e a efetivação dos resultados obtidos, jurisdicional ou não.

Trata-se de um ponto de contato entre aquilo que Kazuo Watanabe denominou de "cultura da sentença e cultura da pacificação". Embora seja corrente o entendimento da cultura da sentença, os julgadores preferem proferir sentença em vez de tentar conciliar as partes, cultura da

[12] Cândido Rangel Dinamarco considera que o processo é "o resultado da soma de todas as disposições constitucionais e legais que delimitam e descrevem os atos que cada um dos sujeitos processuais realiza no exercício de seus poderes fundamentais: ou seja: a jurisdição pelo juiz, a ação pelo demandante e a defesa pelo réu" (Dinamarco, C. R. *Instituições de direito processual civil*. 6. ed. São Paulo, Malheiros, 2009, v. I, p. 295). Nesse sentido, arbitragem e mediação como métodos de solução de conflitos também podem ser classificados como métodos de trabalho, embora tenham características próprias que serão analisadas neste trabalho.

pacificação. A alteração de paradigma, unindo a academia e a práxis, incentiva o *case management*, gerenciamento do processo, com uma atuação mais próxima do julgador.[13]

No entanto, é preciso também uma alteração cultural das partes, especialmente ao estabelecerem os métodos de solução de controvérsias que seja, *via design*, quiser seja para efetivá-los quando o conflito emerge e uma postura ativa do Judiciário, que não deve interferir nos métodos de solução de controvérsias diversos do processo, e sim incentivá-los.

Os métodos alternativos de solução de controvérsias têm importante impacto no tocante à duração razoável no processo, que no Brasil tornou-se um princípio constitucional pela Emenda Constitucional nº 45 (art. 5º, inciso LXXVIII, da Constituição Federal de 1988), tornando a questão ainda mais relevante em nosso ordenamento jurídico.

Nesse aspecto, de acordo com Luigi Paolo Comoglio, a demora do processo pode ser caracterizada como uma espécie de pecado original ou vício congênito dos sistemas processuais, transformando uma justiça tardia em uma, em verdade, injustiça. Nesse aspecto, são de duas naturezas as medidas que podem ser tomadas. As primeiras são endoprocessuais, atacando diretamente o denominado vício congênito com medidas que tenham por objetivo acelerar e concentrar o curso do procedimento judicial, controlando com mais rigor o tempo e o ritmo do processo. De outro lado, há uma categoria de medidas de nível externo que se utiliza da premissa implícita de imutabilidade dos vícios congênitos do processo, voltando-se para a individualização, disciplina e obtenção de recurso a formas eficientes de proteção e tutela. Aqui estão inseridos os MASCs.[14]

[13] Watanabe, K. Cultura da sentença e cultura da pacificação. In: Yarshell, F. L.; Moraes M. Z. de (Org.). *Estudos em homenagem à professora Ada Pellegrini Grinover.* São Paulo: DPJ, 2005, p. 684-685 e 688-690.

[14] Ferreira Lemes, S. M. Cláusula escalonada, mediação e arbitragem. *Resultado – Informativo de Mediação e Arbitragem Empresarial, Brasília, CACB – Confederação das Associações Comerciais do Brasil,* 2005. Disponível em: <http://www.selmalemes.com.br/artigos/artigo49.pdf>. Acesso em: 18 maio 2010, p. 40. No mesmo sentido afirmam Lew, Judith M.; Mistelis, Loukas A.; Kroll, Stefan Michael. *Comparative international commercial arbitration.* The Hague: Kluwer International, 2003, p. 513-515 e Andrews, Neil. *Arbitragem e Outros Métodos de Solução de Conflitos Brasil e Reino Unido.* Arruda Alvim, Teresa, Mon-

O sistema de solução de conflitos deve fornecer possibilidades adequadas e efetivas para cada tipo de conflito. De acordo com essa premissa, devem ser buscadas soluções que permitam ao direito processual lidar e relacionar os diversos métodos de solução de conflitos de modo a permitir soluções seguras para as partes. Dessa forma, apresentar-se-á com base nesse vínculo contratual e processual estabelecido entre os contratantes, as soluções adotadas em outros países para o problema tratado, buscando-se relacioná-las com as soluções que podem ser empreendidas no Brasil de modo a garantir a efetividade da opção das partes por um sistema de solução de controvérsias.

TEIRO, André Luis e GUERRERO, Luis Fernando (trad. en. e comentários). Curitiba: EDC, 2021, pp. 47-48.

# PARTE II

## 2. Sistema multiportas de solução de conflitos

O *sistema multiportas* é uma tendência, não necessariamente nova, de se buscar formas de solução de conflitos que possam coexistir, ou até mesmo fazer as vezes do tradicional sistema judicial de solução de conflitos. Essas formas podem ser realizadas a partir de uma postura amigável ou adversarial das partes.

A tendência não é recente, na medida em que tal preocupação com outras formas de solução de conflitos foi proposta no Brasil já pela obra *Participação e processo*,[15] há mais de 20 anos. Contudo, a discussão vem se aprofundando e medidas práticas vêm sendo adotadas nesse no sentido de permitir acesso mais fácil a métodos de solução de controvérsias com base em um arcabouço legal (lei brasileira de arbitragem de 1996[16] e a lei brasileira de mediação de 2015).[17]

Inúmeros são os motivos que incentivam a busca pelos métodos adequados de solução de conflitos, especialmente a longa duração dos processos judiciais e os custos envolvidos na sua utilização, com o objetivo

[15] Bidart, A. G. *Conciliación y processo*; Grinover, A. P. *A conciliação extrajudicial no quadro participativo*; Carmona, C. A. *Arbitragem e jurisdição*; e Oliveira, W. M. de. Do juízo arbitral. In: Grinover, A. P.; Dinamarco, C. R.; Watanabe, K. (Coord.). *Participação e processo*. São Paulo: Revista dos Tribunais, 1988, pp. 277-295, 296-307 e 308-332.

[16] Lei nº 9.307, de 23 de setembro de 1996.

[17] Lei nº 13.129, de 26 de junho de 2015.

de analisar diversos requisitos, especificamente celeridade, racionalidade e economia na sistemática dos interesses em jogo.[18]

É por isso que se fala em *sistema multiportas*, visto que a parte interessada poderá ter acesso a diferentes formas de solução de conflitos, sendo o advogado responsável por oferecer e discutir com o seu cliente as maneiras de solução adequadas, de modo que este possa definir o que quer da solução de conflitos e qual seria a melhor maneira de atingir este objetivo. "Como nos sentiríamos se um médico sugerisse uma cirurgia sem explorar outras possibilidades?"[19]

Nos Estados Unidos observa-se uma grande variedade de métodos de trabalho de solução de conflitos (*mini-trial*, avaliação neutra de terceiro, *summary jury trial*, *private-judging* etc.), buscando-se sempre o mais apropriado para a solução do conflito, sendo admissível ainda a combinação de tais métodos. Trata-se do chamado sistema de *multi-door courthouse*, com o qual se visa ao fornecimento da melhor forma possível de solução de determinado conflito.[20]

O direito saxão ainda apresenta outras perspectivas da mesma situação, tratando as cláusulas de solução de controvérsias, nos dizeres de David Joseph Q. C., como um verdadeiro regulamento dos métodos de solução de controvérsias, comparando-se o litígio com o jogo de xadrez.[21] No manual indica-se de que forma o jogador poderá fazer determinado movimento, como se verá aqui na hipótese de recusa de adoção de um método, e em que tempo tal movimento deve ser executado, tal como se deverá proceder aqui em relação aos *time limits*. Na mesma linha, Niceto Alcalá-Zamora y Castillo ensina que qualquer pro-

[18] Arossa, F.; Benigni, F. Le procedure "ADR". In: Benigni, F.; Franzini, F. (Org.). *Composizione delle controversie commerciali com le procedure "ADR"*: opportunità per le imprese. Milano: Giuffré, 2004, p. 8. No mesmo sentido, Marcus, R. L.; Redish, M. H.; Sherman, E. F. *Civil procedure*: a modern approach. 4. ed. St. Paul: IOB Thompson, 2005, p. 108-109.

[19] "*How would we feel about a doctor who suggest surgery without exploring other choices.*" Goldberg, S. B.; Sander, F. E. A.; Rogers, N. H.; Cole, S. R. *Dispute resolution*: negotiation, mediation, and other processes. 4. ed. New York: Wolters Kluwer, 2003, p. 323. No mesmo sentido: Azevedo, A. G. de (Org.). *Estudos de arbitragem, negociação e mediação*. Brasília: UNB, 2004, v. III, p. 322.

[20] Caivano, R. J.; Gobbi, M.; Padilla, R. E. *Negociación y mediación*. 2. ed. Buenos Aires: Ad Hoc, 2006, p. 60-61.

[21] Joseph Q. C., D. *Jurisdiction and arbitration agreements and their enforcement*. London: Sweet & Maxwell, 2005, p. 3.

cesso é a forma estabelecida pelo Estado como padrão para solucionar conflitos de toda classe. Trata-se, portanto, de um "manual de instruções" institucionalizado. Todavia, em nenhum lugar os litígios se submetem ao mesmo modelo processual[22] ou de solução de controvérsias. No entanto, a forma de solução de controvérsias autocompositivas básica da transação pode decorrer de diferentes processos,[23] entre os quais os mais conhecidos são a negociação, a conciliação e a mediação.

A prática de determinado método de solução de controvérsia, embora seja uma grande expressão da instrumentalidade dos meios para solução de conflitos, não pode ser desprovida de técnica jurídica. Como afirma Kimberlee K. Kovach, a existência da prática não a legitima.[24] É necessário saber, com base no arcabouço jurídico existente, quais são as possibilidades de cada uma das formas de solução de conflitos e quais são os seus limites.

Além da prática de determinado método de trabalho, é fundamental que ele tenha representação para aqueles indivíduos da sociedade que não participam do procedimento. Como sustenta Niklas Luhmann, "a legitimação é a institucionalização do reconhecimento de decisões como obrigatórias".[25] Deve existir a sensação de que o procedimento se passa naturalmente e que com esforço sério, justo e intenso se investigarão a verdade e a justiça. Na mesma linha, a institucionalização do procedimento será algo também relevante, isto é, deverá haver consenso sobre determinadas expectativas que sugerem o fundamento da ação,[26] ou no caso concreto acerca do método adequado de solução de controvérsia adotado.

Esse trabalho responderá de que maneira os métodos alternativos de solução de conflitos podem vincular as partes e produzir resultados, especialmente em uma comparação entre aqueles nos quais se verifica a

[22] Castillo, N. A.-Z. *Proceso, autocomposicion y autodefensa*. Ciudad de Mexico: UNAM, 1970, p. 134-142.

[23] Castillo, N. A. Z. y. *Proceso, autocomposicion y autodefensa*. Op. cit., p. 82-83.

[24] Kovach, K. K. Mapping mediation: the risks of riskin's grid. *Harvard Negotiation Law Review*, Lexsee, n. 71, p. 77, 1998. Disponível em: http://papers.ssrn.com/sol3/papers.cfm?abstract_id=2350957 Acesso em: 23 mai. 2015, p. 77.

[25] Luhmann, N. *Legitimação pelo procedimento*. Tradução de Maria da Conceição Côrte Real, Brasília: UNB, 1980, p. 104.

[26] Luhmann, N. *Legitimação pelo procedimento*. Op. cit., p. 105-106.

participação de um terceiro que decide (métodos heterocompositivos) e daqueles que contam com um terceiro que apenas auxilia as partes na busca de solução do conflito (métodos autocompositivos), exemplificados na arbitragem e na mediação, respectivamente.

Obviamente, o ideário dos métodos de solução de controvérsia só será atingido se as partes tiverem informação e orientação para conhecerem as possibilidades e a efetividade do método de solução de conflitos escolhido.[27] Analisar-se-á a questão com base na contraposição possível entre os efeitos de heterocomposição e de autocomposição, tendo como exemplos práticos a arbitragem e a mediação, respectivamente.

## 3. Autocomposição e heterocomposição – adjudicação e consenso no contexto dos métodos alternativos de solução de conflitos – âmbito de aplicação

Na técnica processual já legislada e naquele ainda projetada, *delege ferenda*, os métodos alternativos ao Judiciário para solução de controvérsias só poderão ser utilizados em questões envolvendo direitos patrimoniais disponíveis, exemplo claro da arbitragem (art. 1º da Lei nº 9.307, de 23 de setembro de 1996), ou questões nas quais se permitam transação, exemplos da mediação (art. 1º do Projeto de Lei nº 94/2002) e da conciliação (arts. 334 e 359 do CPC,[28] sendo o último dispositivo com referência a ambas).

No caso da arbitragem, o direito será considerado patrimonial quando possuir expressão monetária, isto é, quando puder fazer parte da universalidade de bens e direito de um indivíduo. Além disso, um direito será disponível na medida em que puder ser exercido livremente por seu titular, sob pena de nulidade ou anulabilidade do ato praticado com sua infringência.[29]

Poderão ser objeto de arbitragem as questões para as quais o Estado não tenha criado limitações, tornando determinados bens como um ele-

[27] WATANABE, K. Acesso à justiça e sociedade moderna. In: GRINOVER, A. P.; DINAMARCO, C. R.; WATANABE, K. (Coord.). *Participação e processo.* Op. cit., p. 133.

[28] Redação bastante ampliada e contendo regras específicas em relação à oportunidade que era criada pelo art. 331 do CPC/1973. Os procedimentos de mediação ou conciliação são previstos de modo mais detalhado no CPC.

[29] MENDONÇA DE LIMA, A. *Dicionário do código de processo civil brasileiro.* São Paulo: Revista dos Tribunais, 1986, p. 225.

mento fora do comércio em virtude da proteção de interesse público, ou seja, que se possa dispor livremente do bem objeto da controvérsia.

Os limites objetivos dos MASCs envolvem todos aqueles bens e direitos que podem ser objeto de contrato.[30] Arrematando o entendimento no sentido que podem ser arbitradas questões abrangendo todos os bens e direitos em relação aos quais as partes possam criar obrigações,[31] e, como afirma Álvaro Mendes Pimentel, diferenciaria transação de compromisso:

> "A transação ultima a contenda; si uma das partes tentar renova-la, oppôr-lhe-á a outra exceptio per transationem finitae. O compromisso affirma o litígio para que o arbitro o dirima.
>
> É da substancia da primeira ser um contacto commutativo. É da natureza do segundo nada cederem as partes nas suas pretensões.
>
> Naquella dá-se renuncia de direito, cada parte entende alienar uma porção do objecto da transação para conservar incontestado o restante. Neste só se pactua a derrogação da ordem legal das jurisdicções para submeter à decisão arbitral todo o objecto do litígio – compromittere est simul promittere stare sentiae arbitri."[32]

Verifica-se a interpretação da lei tem com base na patrimonialidade e a disponibilidade destes direitos, isto é, quando for possível a transmissão ou atribuição a outrem destes direitos por ato de vontade. Embora

[30] O compromisso não se confunde com um contrato, é ato jurídico, já que não extingue, altera ou conserva direitos (Carvalho Santos, J. M. *Código civil brasileiro interpretado*. 4. ed. Rio de Janeiro: Freitas Bastos, 1951, v. XIV, p. 11). Contudo, como se refere a um negócio jurídico, serão arbitráveis questões que envolvem bens e direitos passíveis de serem incluídos nos negócios jurídicos.

[31] Cabe mencionar também que: "A chamada capacidade objectiva, isto é, a determinação do que possa ser objeto de um contrato é um requisito legal sujeito a mutações, segundo as peculiaridades que caracterizam as diversas convenções." (Mendes Pimentel, A. *Da cláusula compromissória no direito brasileiro*. Rio de Janeiro: Typ. do Jornal do Commercio, 1934, p. 139). Assim, o objeto da arbitragem em um contrato administrativo deve ser analisado de modo diferente de um contrato comercial, tendo em vista as peculiaridades de cada ramo jurídico.

[32] Mendes Pimentel, A. *Da cláusula compromissória no direito brasileiro*. Op. cit., p. 164. No mesmo sentido, Carvalho Santos, J. M. *Código civil brasileiro interpretado*. Op. cit., p. 11.

possa ser questionada a padronização destes conceitos, estes são os critérios mais objetivos existentes no nosso ordenamento.

Do ponto de vista subjetivo, por partirem da autonomia da vontade, os métodos de solução de controvérsias dependem da capacidade dos agentes que pretendam utilizá-los como tal.

A capacidade do agente representa um dos elementos indispensáveis do negócio jurídico, ao lado da licitude e possibilidade do objeto e da forma prescrita ou não defesa em lei (art. 104 e incisos do Código Civil), e sua análise deve ser pautada caso a caso, verificando-se a situação de cada parte ou agente em uma determinada situação, com base nas regras estabelecidas, em geral, pelo Código Civil ou especificamente por normas acerca da interpretação dos negócios jurídicos, especialmente com a introdução de conceitos de vulnerabilidade e hipossuficiência, tais como aquelas previstas no CDC.

A capacidade jurídica de fato é tratada com mais relevância em relação à capacidade de gozo, uma vez que somente a primeira terá o condão de permitir que a parte realize, sem o auxílio de terceiros, negócios jurídicos que darão origem a métodos de solução de controvérsias ou que poderão concluí-los.

A capacidade de gozo, todavia, deve ser analisada com o mesmo cuidado porque, não obstante não permita que a parte participe sem representação de um negócio jurídico,[33] atribuiu a ela a possibilidade de ser titular de direitos e obrigações que podem ser objeto dos litígios a serem dirimidos.

A disciplina sobre a capacidade de pessoas físicas é dada pelos arts. 1º a 6º do Código Civil, enquanto a das pessoas jurídicas dependerá do cumprimento dos requisitos previstos na regra geral das pessoas jurídicas e no seu tipo societário ou associativo presentes no Código Civil, arts. 40 a 69 e 966 a 1.195, e na legislação empresarial específica.

Tradicionalmente, as formas de solução de conflitos são divididas em métodos autocompositivos e métodos heterocompositivos, com características, âmbitos de atuação, como já visto (exemplo da arbitragem para os métodos heterocompositivos e da mediação para os métodos autocompositivos), e resultados diversos do ponto de vista da técnica processual, mas não necessariamente do ponto de vista da efetividade do

[33] Abreu Filho, J. *O negócio e a sua teoria geral.*São Paulo: Saraiva, 1984, p. 111.

processo como forma de solução de controvérsias. Nesse sentido, Antonio Carlos de Araújo Cintra, Ada Pellegrini Grinover e Cândido Rangel Dinamarco consideram que:

> "A existência do direito regulador da cooperação entre pessoas e capaz da atribuição de bens a elas não é, porém, suficiente para evitar ou eliminar os conflitos que podem surgir entre elas. Esses conflitos caracterizam-se por situações em que uma pessoa, pretendendo para si determinado bem, não pode obtê-lo – seja porque (**a**) aquele que poderia satisfazer a sua pretensão não a satisfaz, seja porque (**b**) o próprio direito proíbe a satisfação voluntária da pretensão (p. ex., a pretensão punitiva do Estado não pode ser satisfeita mediante um ato de submissão do indigitado criminoso)."[34]

É comum na doutrina brasileira a referência a métodos de solução de controvérsias a partir de gênero representado pela presença ou não de terceiros imparciais na sua condução ou na facilitação, como conformado por Niceto Alcalá-Zamora Y Castillo no início da década de 1970.[35]

Há crítica aos denominados métodos autocompositivos na medida em que eles, supostamente, tornariam as partes que deles fazem uso suscetíveis a imposições causadas por desequilíbrio de poder e pressões para a celebração de acordos. Não se oferece orientação para a sociedade na medida em que a utilização dos métodos autocompositivos é específica para o caso concreto, não se formando precedentes e que dependem da vontade das partes.[36]

Nessa esteira, há crítica ainda em relação à própria classificação e ao alcance da participação de terceiros em tais métodos. Carlos Alberto de Salles considera a dicotomia autocomposição – heterocomposição inadequada, pois, nos métodos autocompositivos em que há a participação

[34] Araújo Cintra, A. C.; Grinover, A. P.; Dinamarco, C. R. *Teoria geral do processo*. 26. ed. São Paulo: Malheiros, 2010, p. 20.

[35] Castillo, N. A. Z. y. *Proceso, autocomposicion y autodefensa*. Op. cit., p. 71 e ss. Nesse sentido: Tartuce, F. *Mediação nos conflitos civis*. São Paulo: Método, 2008, p. 46-85 e Calmon, P. *Fundamentos da mediação e da conciliação*. Rio de Janeiro: Forense, 2007, p. 31 e ss.

[36] Caivano, R. J.; Gobbi, M.; Padilla, R. E. *Negociación y mediación*. 2. ed. Buenos Aires: Ad Hoc, 2006, p. 43-45. Crítica quanto à não formação de precedentes também é apresentada por Goldberg, S. B.; Sander, F. E. A.; Rogers, N. H.; Cole, S. R. *Dispute resolution*. Op. cit., p. 167.

de um terceiro, a classificação mencionada desconsidera o papel daquele na condução dos métodos de solução de controvérsias e na conformação dos interesses das partes. De outro lado, quanto à classificação em métodos heterecompositivos, muitas vezes se despreza o objetivo de desenvolvimento do consenso entre os litigantes, que deve estar presente nos MASCs.[37] Realmente, tais críticas são razoáveis e decorrem da utilização prática de tais métodos, contudo devem ser empregados de modo que sejam mitigadas discussões teóricas sobre sua utilização e tais métodos possam ser adequados aos litígios em discussão com total conhecimento das partes.

Essa é exatamente a dicotomia apresentada pela Resolução nº 125, de 29 de novembro de 2010, ao apresentar a mediação e a conciliação como formas consensuais de solução de controvérsias – e a quando considerando o Judiciário como uma forma adjudicatória de solução de controvérsias (art. 1º, parágrafo único).

Vê-se, portanto, que o âmbito de atuação dos métodos adequados de solução de controvérsias difere sutilmente se estipulado contratualmente. Nos chamados métodos consensuais, são tratados aqueles direitos para os quais haja litígio, tendo a transação sempre um efeito extintivo com concessões recíprocas, mas nem sempre envolvendo só direitos disponíveis. Já nos métodos heterocompositivos extrajudiciais são analisadas somente aquelas questões que possam fazer parte do patrimônio das partes e que sejam passíveis de disposição.

Nesse sentido, outro aspecto a ser analisado para se traçar uma relação entre os métodos autocompositivos e heterocompositivos é a jurisdição do ponto de vista adjudicatório e o consenso utilizado pelos MASCs.

A definição de jurisdição estruturada a partir do direito romano é aquela segundo a qual se opõem o *iurisdictio* e o *imperium* representando uma redução do campo jurisdicional ao seu momento declaratório, não no sentido moderno, mas no sentido de declarar o direito àquela situação concreta apresentada.[38]

[37] SALLES, C. A. de (Coord.). *A arbitragem na solução de controvérsias contratuais da administração pública*. Rio de Janeiro: Forense, 2011, p. 145.

[38] BAPTISTA DA SILVA, O. A. *Jurisdição na tradição romano canônica*. 3. ed. Rio de Janeiro: Forense, 2007, p. 36-37.

Atualmente, porém, o conceito de jurisdição clássico que mais se destaca no direito brasileiro é aquele trazido por Giuseppe Chiovenda, tendo-a como: "função do Estado que tem por escopo a atuação da vontade concreta da lei por meio da substituição, pela atividade de órgãos públicos, da atividade de particulares ou de outros órgãos públicos, já no afirmar a existência da vontade da lei, já no torná-la praticamente efetiva".[39] Nesse sentido, Athos Gusmão Carneiro, a partir de suas anotações do curso ministrado por Galeno Lacerda, sumariza o entendimento retratando que o julgador deve aplicar o direito ao caso concreto, tendo poder de coerção, de documentação e de investigar a matéria de fato.[40]

Obviamente a diversidade de conceituação do início do século XX para o direito romano é clara. É possível notar: a relevante influência do conceito de Estado e exercício de poder nesse conceito em relação àquele romano, caracterizado pelo poder jurídico para a consecução de fins específicos.[41]

E não há como negar a sabedoria das palavras de Piero Calamandrei, para quem: "não se pode dar uma definição do conceito de jurisdição absoluta, válida para todos os tempos e para todos os povos".[42]

Nesse sentido, hoje, há um entendimento de que a jurisdição seja considerada a partir de uma visão teleológica de aplicação do direito ao caso concreto como atividade central, independentemente da atuação direta do Estado. Pode-se dizer, a partir desta interpretação, que a jurisdição é realizada por aquele que aplica o texto legal a uma situação concreta, seja sua função decorrente de uma função institucional ou da vontade das partes, desde que sejam respeitados alguns requisitos como o contraditório e a ampla defesa. É o conceito conhecido como teleológico de jurisdição.

Como mencionado, aqui se adota o conceito teleológico,[43] mais voltado ao objetivo principal, de pacificação da sociedade, e baseado na *cognitio* como faceta principal de seu conceito. Mesmo assim, há outro

[39] Chiovenda, G. *Istituzioni di diritto processuale civile.* Napole: Jovene, 1928, p. 3.

[40] Carneiro, A. G. *Jurisdição e competência.* 15. ed. São Paulo: Saraiva, 2007, p. 8.

[41] Dallari, D. de A. *Elementos de teoria geral do Estado.* 21. ed. São Paulo: Saraiva, 2000, p. 111.

[42] Idem.

[43] Carmona, C. A. *Arbitragem e jurisdição.* Op. cit., p. 305-306.

ponto que difere os métodos autocompositivos e heterocompositivos de solução de controvérsias. Tal diferença diz respeito ao fato de não existir jurisdição, aplicação do direito ao caso concreto, na atuação dos mediadores e conciliadores, ao contrário do que se verifica na jurisdição estatal e na arbitragem. Nesse sentido, Carita Wallgren afirma:

> "ADR é também baseada em um contrato que indica terem as partes envolvidas em um litígio concordado em envolver um Imparcial. Ao contrário de processos judiciais e arbitragem, entretanto, o Imparcial não tem jurisdição sobre qualquer uma das partes. Isso significa que se as partes em disputa concordaram que o Imparcial apresentará uma opinião vinculante, ela será vinculante para as partes somente do ponto de vista contratual."[44]

Cândido Rangel Dinamarco ainda apresenta o interessante conceito de *"justiça parajurisdicional"* no sentido de que a tutela jurisdicional fornecida pelo Estado não é o único meio de alcançar a ordem jurídica justa.[45]

Há, para o referido autor, a autocomposição unilateral, que ocorre com modalidades de renúncia ou submissão (arts. 487, inc. III, alíneas *a*, e *c* e 924, inc. II e IV do CPC)[46] e são categorizadas como autocomposições legítimas na medida em que são previstas em nosso ordenamento jurídico.[47]

De outro lado, há a autocomposição facilitada, com a presença de terceiros, caracterizada pela presença de mediadores ou conciliadores, "intersecção de uma terceira pessoa"[48], nos dizeres do referido autor.

[44] *"ADR is also based on contract which provides that the parties in dispute agree to involve a Neutral. Contrary to court proceedings and arbitration, however, the Neutral has no jurisdiction over any party. This means that even if the parties in dispute have agreed that the Neutral shall present a binding opinion, it will be binding upon the parties as a contractual term only."* (Goldsmith, J. C. (Org.). *ADR in business.* Alphen aan den Rijin: Kluwer Law International, 2006, p. 9) (Tradução livre). Trata-se de uma vinculação contratual com importantes consequências no âmbito processual, especialmente no direito brasileiro e o art. 158 do Código de Processo Civil, como será analisado.

[45] Dinamarco, C. R. *Instituições de direito processual civil.* Op. cit., v. I, p. 121-122.

[46] Redação anterior dos arts. 269, incisos II e V, e 794, incisos I e III, do CPC/1973. A alínea *b* do CPC trata da transação.

[47] Dinamarco, C. R. *Instituições de direito processual civil.* Op. cit., v. I, p. 123.

[48] Dinamarco, C. R. *Instituições de direito processual civil.* Op. cit., v. I, p. 125.

Entretanto, a principal decorrência desse conceito é a ideia de equivalentes jurisdicionais já presentes em Francesco Carnelutti.[49] Nesse aspecto, há a consideração de uma equivalência funcional entre os métodos de solução de controvérsias e o processo civil tradicional em uma perspectiva teleológica na medida em que buscam os mesmos objetivos e estão destinados a prover a mesma utilidade social.[50]

Como se vê, há um espaço para alocação dos métodos de solução de controvérsias ditos alternativos ou adequados no âmbito da ciência processual tradicional. O escopo social do processo ganha cada vez mais relevância em uma análise que deve ser feita com foco nos resultados e na utilidade dos provimentos.

## 4. O direito processual e os métodos alternativos de solução de conflitos – a inafastabilidade da tutela jurisdicional recolocada

A necessária inafastabilidade da tutela jurisdicional é ponto relevante quando se analisa de que modo os métodos alternativos produzirão efeitos e, em última análise, qual é e de que maneira se relacionam com o Judiciário, isto é, como o direito processual atua em face de tais métodos e com quais objetivos.

Inicialmente não se pode abandonar a ideia de que tais mecanismos e o Judiciário, em certas situações, podem ser sucedâneos, complementares[51] ou até mesmo excludentes. Assim, considerando-se também contexto democrático e de pacificação social,[52] algumas linhas comuns existem entre todas as formas de solução de controvérsias, como aquelas baseadas fortemente na soberania nacional ou mesmo em regras de direito do comércio internacional, por exemplo, a *Lex mercatoria* como garantias de efetivação dos métodos adequados de solução de controvérsias devendo a análise da tutela jurisdicional passar a ser feita de modo diverso.[53]

[49] CARNELUTTI, F. *Lezioni di diritto processuale civile*. Padova: CEDAM, 1929, p. 85.

[50] DINAMARCO, C. R. *Instituições de direito processual civil*. Op. cit., v. I, p. 126.

[51] A noção de bens sucedâneos e complementares é trazida por NUSDEO, Fábio. *Curso de economia*. 2. ed. São Paulo: Revista dos Tribunais, 2000, p. 38.

[52] DINAMARCO, C. R. *Instituições de direito processual civil*. Op. cit., v. I, p. 39.

[53] SALLES, C. A. *Mecanismos alternativos de solução de controvérsias e acesso à justiça*: a inafastabilidade da tutela jurisdicional recolocada. In: FUX, L.; NERY JUNIOR, N.; WAMBIER, T. A. A.

O direito processual, como corriqueiramente trata a doutrina, é o conjunto de normas e princípios destinados a regular a forma de solução de conflitos por meio do poder estatal.[54]

O desafio é saber como esse conjunto de regras e princípios, que regula uma forma de solução de conflitos, se comporta na ausência de poder estatal ou na sua presença apenas de modo indireto. Isso porque alguns métodos de solução de controvérsias podem ocorrer em contextos nos quais a identificação de um poder estatal como garantidor da efetivação de decisões proferidas, exemplo das arbitragens internacionais, ou algumas formas nas quais não há sequer exercício de poder por um terceiro neutro,[55] pelo menos não de um poder estatal ou institucionalizado.

Portanto, não há uma relação uníssona entre o direito processual e os métodos de solução de controvérsias em termos de profundidade ou amplitude, mas pode-se dizer que o direito processual serve do mesmo modo para todos esses métodos, isto é, comportar-se-á do mesmo modo, variando apenas a intensidade com a qual interage com os diferentes métodos de solução de controvérsias.

Nesse aspecto, o direito processual se apresenta como uma moldura de regras e princípios, um direito comum cuja aplicação representa uma garantia ao jurisdicionado de boa justiça, ou então de um processo equitativo. O direito europeu, por exemplo, aceita tal postulado, especial-

*Processo e Constituição*: estudos em homenagem ao professor José Carlos Barbosa Moreira. São Paulo: Revista dos Tribunais, 2006, p. 779-792.

54 DINAMARCO, C. R. *Instituições de direito processual civil*. Op. cit., v. I, p. 39, e BAPTISTA DA SILVA, Ovídio A. *Curso de processo civil*. 5. ed. São Paulo: Revista dos Tribunais, 2001, v. I., p. 14.

55 "No Brasil, costuma-se falar apenas em imparcialidade, chegando-se mesmo a repudiar a neutralidade como atributo do julgador. A neutralidade, no entanto, presente na literatura americana sobre mecanismos alternativos, se bem compreendida, aponta para características antecedentes àquela da imparcialidade, ou mais exatamente, dizem respeito à posição do árbitro, juiz, mediador ou conciliador em relação às partes envolvidas na controvérsia. Funciona assim como uma espécie de condição para aquela ser alcançada. [...]. É a neutralidade, enquanto posição de equidistância e independência em relação às partes, portanto, o que efetivamente importa na produção de efeitos processuais." (SALLES, C. A. *Arbitragem em contratos administrativos*. Rio de Janeiro: Forense, 2011, p. 51-52).

mente pela dicção do art. 6º da Convenção Europeia dos Direitos do Homem.[56]

Trata-se de um instrumento utilizado para garantir a autoridade do ordenamento jurídico com a aplicação e o atendimento de necessidades concretas em uma determina situação,[57] ou à vontade das partes. É a partir "das características, condicionantes e peculiaridades de uma área que se deve avaliar e construir a resposta processual".[58]

As regras que regulam o direito processual incidirão sobre qualquer meio jurisdicional de solucionar uma determinada controvérsia ou sobre um método consensual que esteja ligado a um método jurisdicional via

[56] LAGARDE, X. Droit processuel et modes alternatifs de réglement des litiges. In: CHEVALIER, Pierre; DESDEVISES, Yvon; MILBURN, Phillip. *Les modes alternatifs de réglement des litiges*: les voies nouvelles d'une autre justice. Paris: La Documentation Française, 2003, p. 45. Nesse sentido: "Artigo 6º (Direito a um processo equitativo) – 1 – Qualquer pessoa tem direito a que a sua causa seja examinada, equitativa e publicamente, num prazo razoável por um tribunal independente e imparcial, estabelecido pela lei, o qual decidirá, quer sobre a determinação dos seus direitos e obrigações de carácter civil, quer sobre o fundamento de qualquer acusação em matéria penal dirigida contra ela. O julgamento deve ser público, mas o acesso à sala de audiências pode ser proibido à imprensa ou ao público durante a totalidade ou parte do processo: quando a bem da moralidade, da ordem pública ou da segurança nacional numa sociedade democrática, quando os interesses de menores ou a protecção da vida privada das partes no processo o exigirem, ou, na medida julgada estritamente necessária pelo tribunal, quando, em circunstâncias especiais, a publicidade pudesse ser prejudicial para os interesses da justiça. 2 – Qualquer pessoa acusada de uma infracção presume-se inocente enquanto a sua culpabilidade não tiver sido legalmente provada. 3 – O acusado tem, como mínimo, os seguintes direitos: a) Ser informado no mais curto prazo, em língua que entenda e de forma minuciosa, da natureza e da causa da acusação contra ele formulada; b) Dispor do tempo e dos meios necessários para a preparação da sua defesa; c) Defender-se a si próprio ou ter a assistência de um defensor da sua escolha e, se não tiver meios para remunerar um defensor, poder ser assistido gratuitamente por um defensor oficioso, quando os interesses da justiça o exigirem; d) Interrogar ou fazer interrogar as testemunhas de acusação e obter a convocação e o interrogatório das testemunhas de defesa nas mesmas condições que as testemunhas de acusação; e) Fazer-se assistir gratuitamente por intérprete, se não compreender ou não falar a língua usada no processo." (Disponível em: <http://www.cidadevirtual.pt/cpr/asilo1/cesdh.html#artigo_6>. Acesso em: 14 set. 2010).

[57] ARAÚJO CINTRA, A. C.; GRINOVER, A. P.; DINAMARCO, C. R. *Teoria geral do processo*. Op. cit., p. 46.

[58] SALLES, C. A. de (Coord.). *A arbitragem na solução de controvérsias contratuais da administração pública*. Op. cit., p. 25.

escalonamento. Não é por outra razão, por exemplo, que a Lei de Arbitragem brasileira prevê em seu art. 21, § 2º, que o procedimento arbitral, independentemente daquele escolhido pelas partes, deverá respeitar os princípios do contraditório, da igualdade entre as partes e da imparcialidade e do livre convencimento pelos árbitros.

Em um método jurisdicional de solução de controvérsias, como é, por exemplo, a arbitragem, as partes devem ser tratadas de modo isonômico (as diferenças devem ser relevadas na medida da desigualdade entre as partes), permitindo-se a exposição de suas razões e a resposta aos argumentos da parte contrária. De outro lado, o julgador deve ser equidistante às partes e julgar de acordo com o seu livre convencimento.

Esse é o corolário genérico, o quadro, que o legislador considerou razoável para um método de solução de controvérsias, e toda a sua origem e fundamentação repousam no processo civil.

E ainda que alguns terceiros não decidam, os chamados facilitadores do consenso, conciliadores e mediadores, têm um papel nesse contexto de pacificação social. Não se trata de instrumentos de direito processual e sim de algo influenciado por ele, como molde que é, ou referência oficial, mas a ele equivalente.

Mesmo adotando-se uma visão procedimentalista do processo civil, não haverá espaço para se excluírem outros métodos de solução de controvérsias não jurisdicionais, como a mediação e a conciliação, na medida em que, embora o terceiro imparcial não aplique o direito ao caso concreto, existirá "o desenvolvimento de um processo[59] comunicativo pelo qual se dá, por um lado, a resolução dos problemas e, por outro, a aplicação de um direito efetivamente válido".[60]

Portanto, sendo o aprofundamento do processo de negociação, com a sua facilitação, caso da mediação, ou um processo para que as partes consigam atingir consenso sobre uma determinada situação prática, transacionando, caso da conciliação, estará configurada a possibilidade de aplicação do direito ao caso concreto, não por um terceiro, mas por

[59] Nesse caso, processo deve ser entendimento como procedimento, conjunto encadeado de atos (Cf. DINAMARCO, C. R. *Vocabulário do processo civil*. São Paulo: Malheiros, 2009, p. 223).

[60] ROMÃO, J. E. E. A mediação como procedimento de realização de justiça no âmbito do Estado Democrático de Direito. In: AZEVEDO, A. G. de (Org.). *Estudos de arbitragem, negociação e mediação*. Op. cit., p. 62-63.

acordo entre as partes, sozinhas, caso da negociação, ou a partir de um procedimento facilitador, como a mediação e a conciliação.

A tutela deve ser então revista como algo que não é concedido apenas pelo tradicional processo civil, mas também por métodos consagrados e adjudicatórios ou jurisdicionais, como é a arbitragem.

Deve-se também ter em mente que os métodos consensuais, sendo os mais comuns a mediação e a conciliação, são capazes de pacificar situações da vida e, sob esse prisma, os métodos de solução de controvérsias, inclusive o processo, devem ser analisados em conjunto, tendo em vista o seu fim comum.

### 4.1. Os métodos de solução de conflitos no contexto da Teoria Geral do Processo

A Teoria Geral do Processo, também conhecida carinhosamente como TGP, tem sido estudada nas faculdades de direito brasileiras desde que a *Escola Processual de São Paulo*[61] imortalizou a disciplina na obra homônima de Ada Pellegrini Grinover, Antonio Carlos de Araújo e Cintra e Cândido Rangel Dinamarco.[62]

A disciplina se dispunha a traçar um ponto em comum dos processos civil, penal, tributário e trabalhista e, a partir daí, servir como base para um estudo específico de cada um destes processos.

O caminho, contudo, não foi simples. Havia sérias críticas a um tratamento conjunto ou comum, especialmente entre o processo civil, sem sentido amplo, e o processo penal*. Neste aspecto, sempre foi bastante discutível a existência de uma linha comum, em particular por conta do conceito de lide, conflito de interesses caracterizado por uma pretensão resistida no âmbito do processo penal e não só no processo civil.

A tendência de uniformização teve origem na Europa e a sistematização em solo nacional teve origem na Teoria Geral do Processo. Nesse aspecto, coube a Luis Eulálio de Bueno Vidigal caracterizar a tarefa:

[61] Dinamarco, C. R., Badaró, G. H. R. I. e Lopes,. B. V. C., *Teoria Geral do Processo.* 32ª ed. São Paulo: Malheiros, 2020, p. 182 e Paula, J. L. M. de, *História do Direito Processual Brasileiro.* Barueri: Manole, 2002, pp. 354-357.

[62] Cintra, A. C. de A., Grinover, A. P. e Dinamarco, C. R., *Teoria Geral do Processo.* 22ª ed. São Paulo:, Malheiros, 2006.

> *"Debateu-se o primeiro, ao longo de sua fecunda existência, pela unificação, sem quebra de seu sistema de congruência monumental. Se o processo tem por escopo a composição da lide, é preciso caracterizar a lide e sua composição no processo penal.*
>
> *(...)*
>
> *No capítulo referente às ações, os jovens mestres mantêm-se unitaristas. Sustentam que a lide se caracteriza, no processo penal, pela pretensão punitiva do Estado em contraposição à pretensão do indivíduo à sua liberdade".*[63]

Tal visão, no entanto, não é imune a críticas.

Neste aspecto, Willis Santiago Guerra Filho[64] apresenta, em seu texto *Teoria Geral do Processo: Em que Sentido?*, um certo incômodo e algumas indagações sobre o objeto desta Teoria Geral e deste método de trabalho que veio a ser denominado Processo.[65] No mesmo sentido, Fredie Didier Junior também analisa a questão, que gravitaciona especialmente sobre uma Teoria Geral do Processo que possa ser aplicada ao Processo Penal,[66] principalmente a partir dos ensinamento de Rogério Lauria Tucci. Este defende que diversos institutos de processo civil, não poderiam simplesmente ser aplicados ao processo penal, como objeto do processo e lide (e, neste conceito, nós ampliaríamos para litígio, conflito, por exemplo).[67]

Em primeiro lugar, a Teoria Geral do Processo não é propriamente uma ciência, embora também não se disponha a isso, mas sim uma *"logia"*, um estudo do Processo. O segundo grande ponto diz respeito ao fato deste Processo estudado estar muito centrado no processo judicial, função jurisdicional do Estado,[68] o que também deve ser criticado

[63] Vidigal, L. E. de B., *Prefácio da 1ª Edição* in Cintra, A. C. de A., Grinover, A. P. e Dinamarco, C. R., *Teoria Geral do Processo...* Op. Cit.,,. O Mesmo, com os falecimento de Ada Pellegrini Grinover e Antonio Carlos de Araújo e Cintra, em Dinamarco, C. R., Badaró, G. H. R. I. e Lopes,. B. V. C., *Teoria Geral do Processo...* Op. Cit.

[64] Professor com o qual eu tive a honra de lecionar na graduação da Escola Paulista de Direito.

[65] Guerra Filho, W. S., *Teoria Geral do Processo: Em que Sentido?* In: Rodrigues, H. W. (org.), *Lições Alternativas de Direito Processual.* São Paulo: Editora Acadêmica, 1995, p. 226.

[66] Didier Junior, F., *Sobre a Teoria Geral do Processo, Essa Desconhecida.* 3ª ed. Salvador: JusPODIVM, 2016, pp. 117-121.

[67] Tucci, R. L., *Considerações Acerca da Inadmissibilidade de uma Teoria Geral do Processo* In: *Revista Do Advogado* nº 61, São Paulo, AASP, 2000, pp. 89-103.

[68] Guerra Filho, W. S., *Teoria Geral do Processo: Em que Sentido?...* Op Cit., pp. 226-227.

em um trabalho voltado à inserção dos métodos de solução de conflitos, jurisdicionais e consensuais, neste Processo.

Mas que vantagem temos em ter uma Teoria Geral do Processo? Como explica Fredie Didier Junior:

> *"É intuitivo que o profissional do Direito, por ter uma formação teórica sólida, tenha mais facilidade em compreender juridicamente os fatos e buscar soluções dogmaticamente mais adequadas. (...) a lei deve observar os conceitos construídos pela Teoria Geral do Direito e, consequentemente, da Teoria Geral do Processo".*[69]

Em uma fase científica do processo civil, os conceitos foram plenamente definidos, especialmente ação, jurisdição e processo. Seus conteúdos, no entanto, são absolutamente mutáveis e devem ser adaptados. Sobretudo para métodos consensuais e para o *Screening* e o *Design* de Solução de Conflitos, que serão vistos adiante, um regramento geral sobre formas e processos de solução de conflitos são essenciais do ponto de vista prático.

A estruturação, contudo, não é simples. Como não foi trivial o caminho do estudo da ciência processual.

Como se sabe, o Direito Processual inicia sua peregrinação à autonomia a partir do século XIX. Trata-se de momento histórico em que a dicotomia direito material e direito processual sequer existia; o segundo era tratado como um mero apêndice do primeiro, uma simples forma de exercer direitos previstos no âmbito material.

Não se vislumbrava a ação, conceito fundamental do processo civil moderno como algo autônomo, mas sim como uma expressão do próprio direito previsto. Contudo, a indagação sobre uma relação jurídica de outra natureza, para além daquela já conhecida de direito material, previsão abstrata da norma e comportamento esperado ou punível dos sujeitos, foi o mote para um notável desenvolvimento científico.

Neste momento, estudiosos passaram a se dedicar à edificação e explicação de um fenômeno até então encoberto pela ciência jurídica. Esta fase, dita Autonomista ou Conceitual, lançou os alicerces de todos os estudos que se fazem hoje, consolidando a base científica do direito processual.

[69] Didier Junior, F., *Sobre a Teoria Geral do Processo, Essa Desconhecida*, Op. Cit., pp. 150-151.

É exatamente neste momento que os conceitos fundamentais de ação, condição da ação e processo são descritos, juntando-se ao já estudado conceito de jurisdição, que ganha novos contornos. Tudo ainda bastante incipiente, embora não pouco notável. Trabalhos como a grande polêmica entre Windscheid-Muther sobre a origem romana do direito de ação ("*actio romana*")[70] e de Oskar von Bülow[71] são representativos deste momento histórico e resgatam a análise romanista do processo sob um novo ponto de vista.[72]

Embora edificante especialmente do ponto de vista dos conceitos de ação, relação processual e ordenamento jurídico, esta fase carecia de uma postura crítica sobre o fenômeno do processo e se concentrava basicamente em descrever institutos, justificando a autonomia do processo em face de outros ramos do Direito, mais do que em interligá-los. O grande ponto era separar o processo de algo mais amplo e desenvolvê-lo como autônomo, o que só depois de quase um século passou a ser visto como algo impensável.

É neste momento que surge a denominada fase instrumentalista.[73] A partir de meados do século XX, o mundo passa a observar o fenômeno do processo de modo crítico, atingindo um desenvolvimento bastante expressivo. No direito brasileiro, grandes obras de autores italianos como Mortara-Chiovenda e Carnelutti-Liebman foram fundamentais, assim como as polêmicas que travaram sobre as demandas inibitórias/coisa julgada e sobre título executivo, respectivamente.[74]

Essas polêmicas, muitas vezes retratadas em artigos e artigos-resposta em tradicionais revistas especializadas, com destaque àquelas de origem italiana, foram fundamentais para permitir um intercâmbio de ideias e debates, ainda que com algum lapso temporal entre observações e contra observações, mas talvez com muito mais profundidade e medi-

[70] Dinamarco, C.R, *Polêmicas do Processo Civil* In: Doutrinas Essenciais de Processo Civil. vol. 1, São Paulo: RT, Out / 2011, pp. 523-542 (RT 424/21 • fev./1971).

[71] Bülow, O. von, *La teoria de las excepciones procesales y los presupuestos procesales*. Buenos Aires: Europa-America, 1964.

[72] Dinamarco, C. R., Badaró, G. H. R. I. e Lopes,. B. V. C., *Teoria Geral do Processo...* Op. Cit., p. 310.

[73] Dinamarco, C.R, *A Instrumentalidade do Processo*. 15ª ed., São Paulo, Malheiros, 2013, pp. 313-362.

[74] Dinamarco, C.R, *Polêmicas do Processo Civil...* Op. Cit., pp. 523-542.

tação sobre ideias e conceitos do que a vida moderna tem permitido, de modo a possibilitar o avanço e o desenvolvimento da ciência processual a caminho do século XXI.

São delineadas as grandes matrizes do sistema processual à luz da Constituição, como reconhecimento do direito de ação, processo e jurisdição como fenômenos autônomos e basilares dos direitos fundamentais.

É exatamente nesta fase que surge o relevantíssimo trabalho de Mauro Capeletti e Bryant Garth sobre Acesso à Justiça, um conceito estruturado a partir dos anos 1970 e que passa a servir de referência para qualquer estudo sobre o Processo Civil. Este trabalho tem uma aspecto norteador de pontos a serem combatidos ou superados no sistema, de modo a levar o processo à superação de algumas barreiras.[75]

Basicamente, os autores se debruçam sobre as questões que limitam o Acesso à Justiça, em um contexto que já tinha apresentado o grande "*The Varieties of Dispute Processing*" de Frank E. Sander.[76] A grande novidade são os dados empíricos que demonstram as sugestões teóricas, algo completamente novo e, até hoje, infelizmente, pouco comum no estudo dos métodos de solução de conflitos.

E tais questões são identificadas, dissecadas e obtêm ainda sugestões de solução, começando pela denominada Primeira Onda Renovatória, de assistência judiciária aos mais pobres, com escritórios particulares atendo-os, defensorias públicas estruturadas, gratuidade para litígios e sistema de *ombudsman*, por exemplo. Já a Segunda Onda Renovatória trata de novas demandas, novos direitos fundamentais reconhecidos e que precisam ser tutelados, tais como o direito à saúde, meio-ambiente, consumo, ordem econômica segura etc. Por fim, a Terceira Onde Renovatória trataria da racionalização do processo, com mecanismos adequados e próprios para a solução dos mais diversos tipos de conflito.

Para Mauro Capeletti e Bryant Garth, a superação destas ondas representaria a entrada em uma nova fase da ciência processual.

[75] Capppelletti, M. e Garth, B., *Acesso à Justiça*, Northfleet, E. G. (trad. Ing.). Porto Alegre: Sérgio Antonio Fabris Editor, 2000, pp. 31-74.

[76] Sander, F., *Varieties of Dispute Processing*, In Leo A. Levin & Russell R. Wheeler (eds), The Pound Conference: Perspectives on Justice in the Future 84 (1979).

Os desafios, contudo, não são apenas teóricos. Ao largo da evolução da ciência processual, existem influxos de natureza política e social que impactam de grande modo na estruturação teórica. Por exemplo, a estrutura de solução de conflitos tem que lidar com o gigantismo do Judiciário e com o demandismo como forma de cidadania. Rodolfo de Camargo Mancuso faz o alerta e indica que *"Por conta de se insistir no vezo de lidar com o efeito – a sobrecarga de processos – deixando* in albis *os fatores que lhes são a base, enfeixados no demandismo judiciário excessivo, não é de se estranhar que a crise judiciária brasileira venha recrudescendo"*.[77]

Assim como se verá e se proporá, os institutos fundamentais do Processo (ação, jurisdição e processo) são fundamentais para explicar e justificar uma Teoria Geral que também abarcará os métodos de solução de conflitos.

O Processo atende não só ao processo judicial, mas aos processos de arbitragem, de mediação, de conciliação, de negociações, bem como outros que venham a ser criados. Como ensina Flávio Luiz Yarshell: *"(...) não é possível isolar os arbitralistas e processualistas, como se o exercício do poder conferido ao árbitro não estivesse sujeito ao modelo processual geral"*.[78]

**Hoje deve-se falar em Teoria Geral dos Processos, no plural.**

## 4.2. A ação

Trata-se não só de um conceito fundamental quando se analisa o Direito Processual e a solução de conflitos, mas também de um motor relevantíssimo, como já se viu, para a evolução da ciência processual. Os estudos e polêmicas acerca do direito de ação foram importantes para a estruturação e a evolução dessa ciência.

Historicamente, a organização em grupos, sociedades e governos centralizados levou a um monopólio jurisdicional, excepcionando-se apenas em algumas situações a autotutela, a autocomposição e a arbitragem. Assim, aquele que tem uma pretensão resistida deve invocar o exercício da atividade jurisdicional deste grupo (modernamente Estados).

[77] Mancuso, R. de C., *Acesso à Justiça – Condicionantes Legítimas e Ilegítimas*. São Paulo: RT, 2011, p. 53.

[78] Yarshell, F. L., *Breves Considerações sobre Arbitragem e Provas* in Carta Forense, publicado em 5.11.2012.

Do ponto de vista conceitual, é pelo direito de ação que se permite provocar o exercício da atividade jurisdicional; jurisdição, que, por sua vez, se exerce por meio do Processo ou de um processo.

É importante salientar que este direito de ação e a sua relação com o direito subjetivo material estiveram no cerne das discussões sobre a sua natureza. O entendimento aceito atualmente é o de que o direito de ação é autônomo em relação ao direito subjetivo material que possa ser trazido à discussão. Isso significa, por exemplo, que o direito para uma ação de despejo não se confunde ou representa uma faceta do direito subjetivo material locatício.

A teoria imanentista do direito de ação parte do conceito mais tradicional do jurista romano Celso, segundo o qual a ação seria o direito de pedir em juízo aquilo que nos é devido.[79] Ou seja, o direito de ação era um desdobramento episódico do direito substancial: não há ação sem direito, não há direito sem ação e a ação segue a natureza do direito.

Esta teoria foi criticada, especialmente porque, mesmo com a inexistência do direito declarado pela decisão, bem ou mal, houve o exercício do direito de ação e de uma atividade jurisdicional. De outro lado, o autor tem também a possibilidade de, pela via da ação declaratória negativa, declarar a inexistência de uma relação jurídica e, portanto, de um direito subjetivo material. O que também não se coadunava com a proposta daquela teoria.

Alguns séculos depois, na célebre Polêmica Windscheid-Muther, o estudo do direito de ação dá um passo em direção ao conceito que se tem hoje do instituto. Windscheid partiu do conceito da teoria imanentista em contraposição a Muther, que distinguiu nitidamente o direito lesado da ação, na linha de que da ação nascem dois direitos de natureza pública: a tutela jurídica e o direito à eliminação da lesão. De uma contradição absoluta, Windscheid acabou aceitando algumas ideias de Muther.[80]

[79] A ideia de uma visão de sistema para métodos de solução de conflitos foi brilhantemente explorada acerca da arbitragem por Eduardo Parente em PARENTE, E., *Processo Arbitral e Sistema*. São Paulo: Atlas, 2012. Os sistemas não são isolados, mas têm pontos de contato que devem ser bem marcados.

[80] Dinamarco, C. R., Badaró, G. H. R. I. e Lopes,. B. V. C., *Teoria Geral do Processo*... Op. Cit., p. 310.

A partir daí, a ação passa a ser tratada como um direito autônomo e concreto. Autônomo, posto que independe da existência do direito subjetivo material violado ou não; e concreto, a partir da conceituação de Wach, porque só poderia ser satisfeito por meio de proteção concreta, isto é, só existiria quando a sentença fosse favorável, muito como um método de trabalho na perspectiva do autor.[81]

Desta teoria se aproximou Chiovenda para o direito de ação como algo autônomo, visto que *"a ação não se assimila à obrigação, não é o meio para atuar a obrigação, não é a obrigação e sua tendência de atuação, não é um efeito da obrigação (...)"*. De outro lado, a concretude exsurge de que *"(...) é impensável que a nova norma processual não conserve ao menos a ação de condenação por qualquer obrigação subsistente"*.[82] Ao fim e ao cabo, trata-se de um direito potestativo da ação.

A evolução mais aparente para um direito de ação como algo autônomo e abstrato surge a partir dos trabalhos de Degenkolp, Plósz e Alfredo Rocco.[83] O direito de ação, a bem da verdade, independe da existência do direito subjetivo material invocado. A sentença que nega uma pretensão decorre também do exercício do direito de ação. Nesta linha, Francesco Carnelutti[84] e Edoardo Couture[85] também desenvolvem os seus estudos.

Superada a discussão sobre a autonomia do direito de ação, a teoria se desdobra em abstrata ou concreta. Na teoria concreta, não se descreve o fenômeno da ação, e atos praticados até a sentença para casos de

[81] Goldschmidt, J. *Teoria Geral do Processo*, Andrade, M. F. e Marques, M. (trads. es.). Porto Alegre: Livraria do Advogado. 2021, pp.17-21, Couture, E. J., *Introdução ao Estudo do Processo Civil*. Russomano, M. V. (trad. es). Rio de Janeiro: José Konfino, 1951, p. 21 e Dinamarco, C. R., Badaró, G. H. R. I. e Lopes,. B. V. C., *Teoria Geral do Processo*... Op. Cit., p. 310--311.

[82] Chiovenda, G., *Instituições de Direito Processual Civil*. Menegale, J. G., (trad. it.). Vol. I, São Paulo: Saraiva, 1942, pp. 55-56.

[83] Couture, E. J., *Introdução ao Estudo do Processo Civil*... Op. Cit., , pp. 22-23 e Dinamarco, C. R., Badaró, G. H. R. I. e Lopes,. B. V. C., *Teoria Geral do Processo*... Op. Cit., p. 312.

[84] Autonomia entre a relação jurídica e a lide (pretensão e resistência à pretensão). Duas relações existem para Francesco Carnelutti, na linha de um fenômeno de direito material e de um fenômeno de direito processual: Carnelutti, F., *Instituiciones del Nuevo Processo Civil Italiano*. Guasp, J. (trad. It.). Barcelona: Bosch, 1942, pp.34-39. Corroborando este entendimento: Couture, E. J., *Introdução ao Estudo do Processo Civil*... Op. Cit., p. 24.

[85] Couture, E. J., *Introdução ao Estudo do Processo Civil*... Op. Cit., , pp. 17-24.

improcedência. Ou seja, o direito de ação é um direito a uma sentença favorável.[86]

A partir deste momento histórico, já no século XX, passam a surgir as chamadas teorias ecléticas e o ideário do direito de ação como aquele de fazer o Estado agir, provocar o poder/dever da jurisdição.[87]

Enrico Tulio Liebman traça o direito de ação como um direito subjetivo, poder instrumental de provocar a sujeição da outra parte e instrumentalmente conexo com a pretensão, mas sem se confundir ou decorrer dela ou de qualquer aspecto de direito material. A função jurisdicional será exercida somente quando o julgador pronuncie uma sentença sobre o mérito, favorável ou desfavorável, sendo as condições da ação o ponto de contato entre o direito material e o direito processual.[88]

Esse é o viés que persiste ou fundamenta o entendimento atual da Teoria Geral do Processo, embora existam críticas sobre o fato de afirmar que, por si só, o direito de ação seria capaz de obter uma sentença de mérito, desconsiderando a possibilidade de sentenças terminativas como consequência do exercício do direito de ação.[89] De outro lado, a doutrina abalizada, com destaque para Flávio Luiz Yarshell, afirma que o direito de ação deveria ser melhor conceituado como um "autêntico poder", na medida em que não há um direito subjetivo, mas sim um sujeição para o Judiciário (Estado) por meio do exercício da ação.[90]

Em relação à natureza jurídica deste direito, tem-se como uma situação jurídica desfrutada pelo autor perante o Estado, exercida contra este, mas com efeitos na esfera de direitos de particulares. Trata-se de uma decorrência inclusive constitucional no caso do direito brasileiro (art. 5º, inc. XXXV da CF).

[86] Chiovenda, G., *Instituições de Direito Processual Civil...* Op. Cit., , pp. 54-60.

[87] Dinamarco, C. R., Badaró, G. H. R. I. e Lopes,. B. V. C., *Teoria Geral do Processo...* Op. Cit., pp. 312-316.

[88] Liebman, E. T. *L'Azione Nella Teoria Del Processo Civile.* In: Rivista Trimestrale di Diritto e Procedura Civile. Milano: Giuffrè. Anno IV, 1950, pp 47-71.

[89] Dinamarco, C. R., Badaró, G. H. R. I. e Lopes,. B. V. C., *Teoria Geral do Processo...* Op. Cit., p. 315 e Arruda Alvim, *A Ação e as Condições da Ação no Processo Civil Contemporâneo* In: Zufelato, C. e Yarshell, F. L. (orgs.). *40 Anos de Teoria Geral do Processo no Brasil.* São Paulo: Malheiros. 2013, p. 154.

[90] Yarshell, F. L. *Curso de Direito Processual Civil.* São Paulo: Marcial Pons, 2014, p. 79.

Temos, portanto, o direito a um provimento jurisdicional, qualquer que seja a natureza deste, favorável ou desfavorável. Como caracteres, a autonomia decorre da independência em face da existência do direito subjetivo material e é instrumental, porque presta-se a dar solução a uma pretensão material.

Razões de ordem política legislativa e de organização do Poder Judiciário explicam a existência de limitações a este direito bastante amplo e relevante. Por conta disso, são estabelecidas condições para que a ação possa ser exercida em sua plenitude. Assim, são colocados filtros neste direito geral e absoluto.

As chamadas condições da ação definem, de modo objetivo, os instrumentos processuais adequados e necessários para o exercício deste direito (interesse de agir), bem como, do ponto de vista subjetivo, indicam os sujeitos pertinentes a determinado pedido de provimento jurisdicional (legitimidade de agir), aplicando-se, apesar das polêmicas, ao processo civil e ao processo penal.

Tradicionalmente, se estabelecia também a possibilidade jurídica do pedido como uma condição da ação. O CPC, contudo, deslocou-a para uma análise de mérito, deixando de ser uma condição da ação.

Como se viu, a ação não é um direito exclusivo do autor. Ela tem um reverso relativo ao réu, pois se trata da exceção, bilateralidade da ação, bilateralidade do processo. Se há o direito de dizer, provando, via ação, há o direito de contradizer também provando. É esse binômio ação--exceção que constitui a própria estrutura do processo.

Na teoria, as exceções são classificadas como (i) processuais e substanciais (de mérito); (ii) dilatórias, que não têm o condão de extinguir o processo, e peremptórias, que podem extingui-lo; e, por fim, (iii) objeções, cujas matérias podem ser conhecidas de ofício, e exceções em sentido estrito, que precisam ser alegadas pelo réu. Esse é o ferramental à disposição do réu para contradizer, contrapor o direito do autor e exercer o direito de ação.

### 4.3. Jurisdição

É no instituto da jurisdição, contudo, que se verificam as intersecções entre as esferas civil e penal, havendo uma classificação por exclusão para a esfera civil. Ou seja, aquilo que não for penal, não envolver a pretensão punitiva do Estado, será civil. Isso do ponto de vista sistemático[91].

Ocorre que há uma série de situações em que as jurisdições civil e penal podem se relacionar.

A relação entre estas jurisdições é indicada em diversos diplomas legais. O CPP, por exemplo, determina que, havendo dúvida sobre o estado civil das pessoas para apuração de uma infração, o processo penal ficará suspenso.[92] Trata-se de um indicativo interessante sobre a coordenação e a lógica do sistema.

De outro lado, há a indicação de eficácia civil da Sentença Penal Condenatória, com o claro escopo de aproveitamento dos atos processuais ao máximo e de otimização dos recursos, na medida em que a lógica das decisões possa solucionar determinados fatos. Com isso, diminuem também as tensões sociais com a demora e a incerteza da definição das questões. O mesmo se diga sobre a eficácia civil da Sentença Penal Condenatória transitada em julgado (art. 515, VI do CPC), a prova emprestada (art. 372 do CPC), prova de falsificação de um documento em esfera penal como suficiente para uma ação rescisória (art. 966, inc. VI do CPC) e as sentenças de falência e que concedem as recuperações judiciais ou extrajudiciais como condições objetivas para apuração de crimes falimentares (art. 180 da LRF).

Esta representatividade para a disciplina da solução de conflitos, obviamente, demonstra a complexidade do instituto. Este fato também

[91] Dinamarco, C. R., Badaró, G. H. R. I. e Lopes,. B. V. C., *Teoria Geral do Processo*... Op. Cit. pp. 272.

[92] Art. 92. Se a decisão sobre a existência da infração depender da solução de controvérsia, que o juiz repute séria e fundada, sobre o estado civil das pessoas, o curso da ação penal ficará suspenso até que no juízo cível seja a controvérsia dirimida por sentença passada em julgado, sem prejuízo, entretanto, da inquirição das testemunhas e de outras provas de natureza urgente.

(...)

Art. 93. Se o reconhecimento da existência da infração penal depender de decisão sobre questão diversa da prevista no artigo anterior, da competência do juízo cível, e se neste houver sido proposta ação para resolvê-la, o juiz criminal poderá, desde que essa questão seja de difícil solução e não verse sobre direito cuja prova a lei civil limite, suspender o curso do processo, após a inquirição das testemunhas e realização das outras provas de natureza urgente.

é trazido pela sua vertente de "Dizer o Direito" e de Execução, exercício de poder, de imposição das decisões.

Todavia, este caráter dúplice não existia no Direito Romano (*"Não há direito subjetivo sem ação judicial que o tutele em caso de violação"*), no qual se acreditava que a função executiva não era de fato jurisdicional.[93] Hoje, interessante notar, a mesma ideia parece retornar, com a iniciativa do PLS nº 6.204/2019 sobre a desjudicialização da execução civil no Brasil,[94] o que já aconteceu em outros países de tradição jurídica romano germânica.[95]

Se a jurisdição já representou quase um sinônimo do poder estatal, bem como a aplicação do direito ao caso concreto e a efetivação das decisões eram atividade uníssona e exclusiva do Estado e de seus agentes até há bem pouco tempo,[96] hoje ele apresenta uma ampla tendência de descentralização, o que já era comum para "Dizer o Direito" (arbitragem, por exemplo) e agora também para a Execução.

De qualquer modo, a jurisdição é, antes de tudo, um fenômeno social, um instituto forjado e desenvolvido especialmente porque os indivíduos optaram por viver em grupo e sob determinadas regras, em troca de proteção contra agressões internas ou externas e para ter a sua sobrevivência facilitada.[97] Essa opção é também uma forma de solução de conflitos conhecida como autotutela.

Sem o Estado ou, ao menos, uma entidade soberana, a repressão às agressões era feita por meio da vingança (*jus punitionis*).[98]

Esse regime era exatamente a autotutela. Embora pudesse dar a impressão de solução para um determinado conflito, este método aca-

[93] Alves, J. C., *Direito Romano*. Vol. I. 12ª ed. Rio de Janeiro: Forense. 1999, p. 181.

[94] https://www25.senado.leg.br/web/atividade/materias/-/materia/139971, Acessado em: 31 ago 2021.

[95] Há uma tendência de desjudicialização dos executivos, como já ocorre no modelo processual norte americano: Zaclis, L., *Direito Processual Estadunidense*. In: Tucci, J. R. C. (org.). *Direito Processual Civil Americano Contemporâneo*. São Paulo: LEX. 2010. pp. 198-199.

[96] Oliveira Junior, W. M. Do *Juizo Arbitral*. In: In: Grinover, A. P.; Dinamarco, C. R.; Watanabe, K. (Coord.). *Participação e processo*. Op. cit., p. 320. Importante notar que é recente a aceitação na Teoria Geral do Processo de formas de legação deste exercício: Dinamarco, C. R., Badaró, G. H. R. I. e Lopes,. B. V. C., *Teoria Geral do Processo...* Op. Cit. pp. 268-269.

[97] Harari, Y. N. *Uma Breve História da Humanidade Sapiens*. São Paulo: L&PM, 2018.

[98] Alves, J. C., *Direito Romano...* Op. Cit., pp. 181-182.

bava gerando uma sequência de ataques, até que um indivíduo destruísse o outro ou um grupo destruísse o outro. Era uma péssima opção para o desenvolvimento econômico e científico.[99]

Além disso, do ponto de vista técnico jurídico, a autotutela apresenta características que não a tornam uma solução de conflitos estável. É por isso que se diz que a autotutela é precária (incerta e inconsistente) e aleatória (depende do acaso) e, em consequência, não garantia a justiça, mas sim a vitória do mais esperto e do mais astuto. Afinal, diante da ausência de um juiz, um terceiro imparcial, que faria a distinção entre as partes, ocorria, geralmente, a imposição da vontade de uma das partes à outra.[100]

Paralelamente à autotutela, a autocomposição também era utilizada como forma de solução de conflitos.[101] Sua grande vantagem era mitigar o uso da violência, embora pudesse gerar tensões pelas formas com as quais se verificava, tais como a desistência (renúncia à pretensão),[102] a submissão (renúncia à resistência à pretensão)[103] e a transação (acordo).[104]

Os indivíduos começaram a abandonar soluções parciais e passaram a buscar soluções de terceiros (árbitros) que normalmente eram outros indivíduos com alguma ascendência social, normalmente sacerdotes, pessoas respeitáveis, quer pela idade, quer pela ascendência social, podendo estes terceiros lançar mão de formas consensuais de solução de conflitos.[105]

Contudo, esta forma arcaica de arbitragem e a autocomposição lidavam com a existência ou inexistência do direito, cuja efetivação dependia do cumprimento voluntário ou da autotutela.

A situação começa a ser organizada no Império Romano. O Direito Romano Arcaico (origens até o século II a.C.) contou com a Lei das XII

99 HARARI, Y. N. *Uma Breve História...* Op. Cit..

100 CASTILLO, N. A. Z. y. *Proceso, Autocomposición y Autodefensa – Contribución al estudio de los fines del proceso.* 3ª ed. 1ª Reimp. México DF: UNAM. 2000. pp. 47-54.

101 CASTILLO, N. A. Z. y. *Proceso, Autocomposición y Autodefensa...* Op. Cit. pp. 71-83.

102 CASTILLO, N. A. Z. y. *Proceso, Autocomposición y Autodefensa...* Op. Cit. pp. 83-85.

103 CASTILLO, N. A. Z. y. *Proceso, Autocomposición y Autodefensa...* Op. Cit. pp. 85-89.

104 CASTILLO, N. A. Z. y. *Proceso, Autocomposición y Autodefensa...* Op. Cit. pp. 89-94.

105 Por isso atualmente o mais adequado é se referir aos métodos não adjudicatórios como consensuais, superando-se a dicotomia autocompositiva e heterocompositiva.

Tábuas, mediante a qual o Estado conseguia indicar qual lei era preponderante e quais regras programáticas a sua população deveria observar. Em caso de conflito, cidadãos compareciam ao pretor que registrava a controvérsia (*in iure*), sem a possibilidade de interferência do Estado (*litiscontestatio*). Depois, um árbitro era escolhido para decidir pelas partes (*apud iudicem*).[106]

No Período Formular ou Clássico(século II a.C. / Século II d.C.), o Estado passa a indicar o árbitro – uma espécie de arbitragem obrigatória –, até que, na *Cognitio extra Ordinem*, há a substituição da justiça privada pela justiça pública, vedada a autotutela.[107]

É interessante notar que, no plano internacional, não se verificou esta centralização do poder, como se viu internamente entre os Estados. A autotutela é representada pela agressão bélica, ocupações, invasões e julgamentos dos inimigos por tribunais de adversários. Há também espaço para o consenso e atividade diplomática, como, por exemplo, por meio da arbitragem facultativa. Os Tribunais de órgãos internacionais, contudo, apesar da forma pública, carecem de efetividade, ou seja, da capacidade de imposição de suas decisões.[108]

O Estado, como se viu, tem a capacidade de imperativamente impor decisões e julgar órgãos da estrutura estatal, o que só foi possível com a doutrina de Montesquieu sobre a separação de poderes (Executivo, Legislativo e Judiciário).

Esta atividade, como bem lecionou Cândido Rangel Dinamarco, tem escopos tradicionais.[109] O escopo social é aquele de pacificação, sendo que *"O Estado está, com isso está positivando o seu poder, no sentido de evitar condutas desagregadoras"*.[110] Já o escopo político diz respeito à efetivação

[106] Tucci. J. R. C. e. e Azevedo, L. C. de. *Lições de História do Processo Civil Romano.* 2ª ed., São Paulo: RT. 2013. pp. 61-109.

[107] Tucci. J. R. C. e. e Azevedo, L. C. de. *Lições de História do Processo Civil Romano...* Op. Cit. pp. 111-130.

[108] Dinamarco, C. R., Badaró, G. H. R. I. e Lopes,. B. V. C., *Teoria Geral do Processo...* Op. Cit. pp. 279-283.

[109] Podem ser destacados também escopos modernos, Escopos modernos: (i) educação, representando a do garantia do sistema jurídico pelo conhecimento dos indivíduos, (ii) preservação da liberdade; e (iii) atuação da vontade concreta do direito, que se aproxima do escopo jurídico tradicional.

[110] Dinamarco, C.R, *A Instrumentalidade do Processo...* Op. Cit.. p.189.

dos objetivos políticos do Estado que se encontram na própria lei. Como mencionado acima, a Lei das XII Tábuas foi o primeiro referencial no Império Romano. Este escopo político depende da difusão e observação das regras estabelecidas normalmente pelo Poder Legislativo.[111] Por fim, o escopo jurídico relaciona-se com a garantia da aplicação das regras previstas no ordenamento jurídico, é aquela certeza e segurança da atuação jurisdicional, que também pode ser refletida na previsibilidade de resultados ou resposta estatais semelhantes para condutas semelhantes.[112]

Toda esta estruturação do Estado, no entanto, torna a autotutela perniciosa e, por isso mesmo, proibida. Não por acaso, no Estado brasileiro atual, ela é repelida como crime, conforme o art. 345 do CP (exercício arbitrário das próprias razões) e apenas excepcionalmente é admitida, como nas hipóteses de proteção da posse (art. 1.210, § 1º do CC) e legítima defesa (art. 23, inc. II do CP), por exemplo.

Embora haja uma intrínseca relação entre a lei geral e abstrata, definida para observação da população, e a regra específica, resultante da atividade jurisdicional para uma determinada situação, trata-se de duas ordens de atividades do Estado para regulação de relações intersubjetivas, como se mencionou da clássica divisão de Montesquieu.[113]

Exatamente por isso, jurisdição, legislação e administração como funções estatais se diferenciam. A jurisdição difere da legislação, porque consiste em pacificar situações concretas apresentadas ao julgador, seja aplicando o direito ao caso concreto (conhecimento), seja efetivando uma determinação (execução); também difere da atividade administrativa, porque o administrador cumpre a lei, mas não tem o escopo de atuá-la – não há caráter substitutivo e os atos administrativos não são definitivos.[114]

[111] Dinamarco, C.R, *A Instrumentalidade do Processo...* Op. Cit.. pp. 198-207.

[112] Dinamarco, C.R, *A Instrumentalidade do Processo...* Op. Cit.. pp. 208-263. Em sentido semelhante: Mesquita, J. I. B. *Teses, Estudos e Pareceres de Processo Civil.* Vol. I. São Paulo: RT. 2005. pp. 99-100.

[113] Couture. E. J. *Interpretação das Lei Processuais.* Russomano, G. M. C. M. (trad. es.). São Paulo: Max Limonad. 1956. p. 35.

[114] A diferença também se dá pela atuação preponderante de cada Poder. O Judiciário pode editar normas (Provimentos e Regimentos Internos) e administra seu orçamento e a sua estrutura, tal como o legislativo, mas sua atividade preponderante é a jurisdicional.

De outro lado, se assemelham como Poder, porque as funções estatais são aglutinadas.[115]

Estes dois planos serão trabalhados pelo terceiro imparcial de modo a decidir ou ajudar as partes a atingirem uma solução, caso estejamos diante de um método adjudicatório ou consensual de solução de conflitos, respectivamente.

A legislação, via de regra, define as normas consideradas adequadas para reger as relações, segundo a consciência dominante e sem importar a forma pela qual se escolha os rumos dessa consciência; normalmente, é geral e abstrata. Já a jurisdição cria normas para o caso de surgirem conflitos entre as pessoas, representando a efetivação das normas gerais e abstratas definidas pela legislação. Isso se dá mediante a determinação do preceito (representada pelo que chamamos de processo de conhecimento) e efetivação da decisão concreta aplicando a norma abstrata (naquilo que chamamos de execução).

São dois planos distintos que serão trabalhados conforme o método escolhido pelas partes para solucionar o conflito.[116]

Esta visão sobre a atuação da jurisdição deu origem a uma das grandes polêmicas processuais do século passado entre Giuseppe Chiovenda e Francesco Carnelutti. Isto porque o primeiro defendia uma Teoria Dualista do ordenamento, na medida em que o ordenamento jurídico cuida do direito material e do direito processual, sem que haja qualquer participação efetiva do julgador.[117] O segundo defendia uma Teoria Unitária considerando que o comando contido no direito objetivo é incom-

O Executivo também pode editar normas (Medidas Provisórias) e julgar indivíduos, como faz a Receita Federal e tantos órgãos administrativos, mas a sua função preponderante é governar, administrar. O legislativo, por sua vez, também administra seu orçamento e a sua estrutura, julga autoridades por crime de responsabilidade (art. 52 e seguintes da CF), mas sua função principal é legislar.

[115] Dinamarco, C. R., Badaró, G. H. R. I. e Lopes, B. V. C., *Teoria Geral do Processo...* Op. Cit. pp. 63-65.

[116] Na lição de José Roberto dos Santos Bedaque, Processo, jurisdicional, é um método de trabalho (Bedaque, J. R. dos S. *Efetividade do processo e técnica processual.* Op. cit. , p. 34-35.). Esta visão, contudo, poderia ser ampliada para os métodos consensuais, especialmente após Lei de Mediação e Lei de Licitações para os Dispute Boards, que serão estudados mais adiante.

[117] Chiovenda, G., *Instituições de Direito Processual Civil...* Op. Cit. pp. 71-74.

pleto, portanto, o direito processual permite a atividade criativa do juiz para aplicar o direito ao caso concreto e fazer Justiça.[118]

Como se vê, a Teoria Unitária prevaleceu. A jurisdição passou a ser conceituada como uma das funções do Estado que substitui a vontade das partes em conflito para impor uma solução. José Roberto dos Santos Bedaque, a partir dos ensinamentos de Enrico Tullio Liebman, conceitua jurisdição como a atividade estatal destinada a garantir a eficácia prática do ordenamento jurídico[119], dividindo-se em (i) um Poder, relativo à capacidade de decidir e de impor imperativamente as suas decisões; (ii) uma Função, correspondente ao encargo de promover a pacificação dos conflitos, mediante a realização do direito justo e utilização do método de solução de conflitos; e (iii) uma Atividade, referente ao complexo de atos do terceiro imparcial exercendo o poder e cumprindo a função que lhe compete.[120]

E esse Poder-Função-Atividade da jurisdição é exercido pelo Estado ou por quem ele indicar mediante o processo judicial ou outros métodos de solução de conflitos institucionalizados. Isso inclui, além dos métodos consensuais e dos métodos adjudicatórios, forma de submissão ou desistência, por exemplo. O Estado permite, mas não obriga, ao menos na esfera civil, que os conflitos sejam solucionados. Apenas na esfera penal, o processo pode começar, em algumas situações, independentemente da vontade expressa do ofendido.

Um dos principais caracteres da jurisdição é a sua substitutividade, já que exercendo a sua atividade o Estado atua pelas partes, totalmente (em métodos adjudicatórios) ou parcialmente (em métodos consensuais). Não se pode dizer que esta substituição exista apenas em métodos adjudicatórios, porque a permissão do Estado para a utilização dos métodos consensuais, eventualmente a disponibilização de estrutura, mas especialmente a observância de seus resultados, faz com que estejam sob o palio da atividade jurisdicional. Este caráter substitutivo pode ser mais marcante em métodos adjudicatórios, mas não é inexistente em

[118] Carnelutti, F., *Instituiciones...* Op. Cit. pp.29-30.

[119] Bedaque, J. R. dos S. *Breves Notas sobre Jurisdição e Ação* In: Zufelato, C. e Yarshell, F. L. (orgs.). *40 Anos de Teoria Geral do Processo no Brasil...* Op. Cit. p. 539.

[120] Dinamarco, C. R., Badaró, G. H. R. I. e Lopes,. B. V. C., *Teoria Geral do Processo...* Op. Cit. pp. 257-258.

métodos consensuais. No processo penal, esta substitutividade é absoluta e encontra algumas exceções no processo civil[121] – como já se disse, o processo penal muitas vezes se desenvolve independentemente da vontade do ofendido.

Outro caractere importante da jurisdição é a inércia, isto é, deve haver provocação da atividade jurisdicional para que ela possa ser exercida. Caso não fosse assim, a imparcialidade do julgador, ou a neutralidade do terceiro em métodos consensuais, poderia ser comprometida e gerar conflitos, discórdias e eventuais perseguições, essencialmente em métodos adjudicatórios.[122] No entanto, há algumas exceções a esta regra, como nas hipóteses dos arts. 73 e 74 da LRF, art. 873 da CLT, art. 654, 2º do CPP e art. 105 da LEP.

De outro lado, o caractere do escopo jurídico de atuação do direito indica que a jurisdição visa a obter, na experiência concreta, os resultados preconizados pelo direito material, embora a ideia de que o processo tem como caractere apenas um escopo de realização do direito (jurídico) seja simplista, na medida em que há um escopo social, mais destacado no processo.[123]

Por fim, a imutabilidade é um aspecto fundamental da jurisdição. Só os atos jurisdicionais podem se tornar imutáveis com a coisa julgada, aquela qualidade de imutabilidade dos efeitos da sentença, decisão ou acordo. Garante que nem as partes possam propor a mesma demanda em juízo ou agir de modo diverso daquele que foi determinado.

Tradicionalmente, a exposição sobre a jurisdição estaria encerrada, mas havia que se dar um passo além.

Como defendeu, em mais de uma oportunidade, Carlos Alberto Carmona, e a legislação arbitral brasileira acolheu a partir de 1996, *"A nova lei de arbitragem deverá ser precedida de uma ampla revisão de alguns conceitos da teoria geral do processo, a começar pela própria noção de jurisdição"*. E prossegue em tom premonitório e tecnicamente escorreito:

[121] DINAMARCO, C. R., BADARÓ, G. H. R. I. e LOPES,. B. V. C., *Teoria Geral do Processo...* Op. Cit. pp. 258-259.

[122] BEDAQUE, J. R. dos S. *Breves Notas sobre Jurisdição e Ação* In: ZUFELATO, C. e YARSHELL, F. L. (orgs.). *40 Anos de Teoria Geral do Processo no Brasil...* Op. Cit. pp. 548-550.

[123] DINAMARCO, C.R, *A Instrumentalidade do Processo...* Op. Cit.. p.189.

*"Em síntese, a discussão sobre arbitragem e jurisdição não é meramente acadêmica. A jurisdicionalização da arbitragem é uma realidade, que o legislador brasileiro já reconheceu. Resta saber se haverá coragem suficiente para libertar o instituto das teias a que se encontra preso (...)"*[124]

*"A tarefa não assusta: quem poderia imaginar, na época em que o Código foi editado, que cerca de dez anos depois o procedimento processual poderia ser simplificado ao máximo, como preconizado na lei que instituiu o Juizado Especial de Pequenas Causas?"*[125]

Embora critique a exacerbação do consenso e a identificação de vilania do Judiciário, Owen Fiss demonstra, de modo claro, que há uma preocupação de eficiência e um sistema, de fato amplo de solução de conflitos, que dialoga com a sociedade e se apresenta como opção ao jurisdicionado:

*"O Juiz Burguer não é movido pelo amor ou pelo desejo de encontrar novos caminhos para restaurar ou preservar as relações amistosas, mas sim por preocupações relativas à eficiência e à ordem política. Ele busca alternativas para a litigância com o propósito de diminuir o volume de casos no Judiciário ou, de forma mais plausível, de isolar o status quo da possibilidade de reforma do Judiciário"*.[126]

E, finalmente nesta esteira de uma nova era, Ada Pellegrini Grinover fez a mesma observação para os métodos consensuais, especialmente a conciliação: *"a conciliação, como vimos, se insere no plano da política judiciária e pode ser enquadrada numa acepção mais ampla de jurisdição, vista numa perspectiva funcional e teleológica"*[127] e *"Mesmo com essa moderna vocação a oferecer*

[124] Carmona, C. A. Arbitragem e jurisdição. In: Grinover, A. P.; Dinamarco, C. R.; Watanabe, K. (Coord.). *Participação e processo.* Op. cit., p. 306

[125] Carmona, C.A. *A Arbitragem no Processo Civil.* São Paulo: Malheiros, 1993 pp. 135-136. E a sugestão foi atendida: *"Art. 18. O árbitro é juiz de fato e de direito, e a sentença que proferir não fica sujeita a recurso ou a homologação pelo Poder Judiciário. (...) Art. 31. A sentença arbitral produz, entre as partes e seus sucessores, os mesmos efeitos da sentença proferida pelos órgãos do Poder Judiciário e, sendo condenatória, constitui título executivo"*.

[126] FISS, *Fora do Paraíso* In: FISS, O. *Um Novo Processo Civil: Estudos norte-americanos sobre jurisdição, constituição e sociedade,* Salles, C. A. de, Silva, D. P. da S. e Rós, M. de M. (trad. in.), São Paulo: RT, 2004, p. 147.

[127] Grinover, A. P. *A Conciliação Extrajudicial* In: Grinover, A. P.; Dinamarco, C. R.; Watanabe, K. (Coord.). *Participação e processo.* Op. cit., p. 283.

*tutelas jurisdicionais diferenciadas, a Justiça estatal não é o único caminho pelo qual se procura oferecer solução aos conflitos".*[128] São verdadeiros equivalentes jurisdicionais na lição de Carnelutti.[129]

Como se viu, é necessário, e decorre da prática, um conceito ampliativo de jurisdição.

## 4.4. Processo

Processo é palavra polívroca, podendo denominar diversos objetos não só para o Processo, ciência processual, grafado como inicial em maiúscula. Mesmo na prática de solução de conflitos, processo também significa os autos do processo.

De qualquer modo, na ciência processual ou em outros ramos de conhecimento, processo significa uma marcha adiante do ponto de vista etimológico,[130] processo evolutivo, processo de auditoria fiscal-contábil etc.

Originalmente, para a ciência processual, o processo era uma simples sucessão de atos, reforçando uma sinonímia entre processo e procedimento, que não é verdadeira. Procedimento é o próprio aspecto formal do processo, mas não se confunde com este. É só a forma pela qual o processo se desenvolve.[131] A mudança deste conceito e da visão sobre o processo começou com a obra de Oskar Von Bülow, que teorizou a existência de uma força motriz para justificar e para motivar a prática dos atos processuais.[132]

128 Grinover, A. P. *Ensaio sobre a Processualidade – Fundamentos para uma nova teoria geral do processo*, Brasília: Gazeta Jurídica, 2016. p. 61.

129 Carnelutti, F., *Instituiciones...* Op. Cit. pp.77-85.

130 *"Sequência contínua de fatos ou fenômenos que apresentam certa unidade ou se reproduzem com certa regularidade; andamento, desenvolvimento: "Porque é preciso dizer que já há muito tempo eu me desprendera da religião trazida do colégio. O processo foi lento, como uma vagarosa desagregação, sem surpresa nem violência"* (RQ)." In Dicionário Michaelis Online – https://michaelis.uol.com.br/moderno-portugues/busca/portugues-brasileiro/processo/, Acessado em: 1º setembro 2021.

131 Yarshell, F. L. *Curso de Direito Processual Civil...* Op. Cit., p. 293.

132 Bülow, O. *La Teoria de las Excepciones Procesales y los Presupuestos Procesales.* Lichtschein, M. A. R. (trad. al.). Buenos Aires: Ediciones Jurídicas Europa-América. 1964, p. 36.

O fato é que o processo é indispensável à função jurisdicional, a partir da provocação do direito-poder de ação. O processo é o instrumento por meio da qual a jurisdição se opera.

Para explicar o fenômeno, foram buscados fundamentos de direito público e de direito privado. Obviamente, com o início da preocupação com a estruturação científica do processo no século XIX, a primeira referência foi o direito contratual, na exacerbação do individualismo.

O processo recebe influxos de textos romanos de Ulpiano (D. XV, I)[133], mas tem a sua estrutura calcada na ideia do contrato social de Rousseau.[134] A concepção, como se vê, era essencialmente privatista do fenômeno processual.

Na França, o Processo era visto como *quase* contrato, algo que se assemelha a um contrato, mas com ele não pode se confundir, na medida em que a relação processual tem a participação de um terceiro. Não sendo também um delito, nesta dicotomia clássica, o processo só poderia ser um *quase* contrato.[135]

A definições que mais tiveram adeptos, como já se viu, foram do processo como relação jurídica, tendo Oskar Von Bülow como grande teórico, indicando uma relação entre partes e juiz diversa daquela relação de direito material.[136] As principais críticas a esta teoria dizem respeito à divisão, ainda calcada no direito romano, de *in iure* e *apude iudicem*. De outro lado, o juiz tem obrigações no processo, mas não sanções, e as partes têm obrigações no processo, mas não estão em um simples estado de sujeição à autoridade jurisdicional.[137]

[133] Pochat, R. *Direito Romano – Accepções do vocábulo jus – Direito objectivo e direito subjectivo* In: https://www.revistas.usp.br/rfdsp/article/download/65036/67648, pp. 210-211, Acessado em: 1º setembro 2021 e Dinamarco, C. R., Badaró, G. H. R. I. e Lopes,. B. V. C., *Teoria Geral do Processo...* Op. Cit. pp. 341.

[134] Dinamarco, C. R., Badaró, G. H. R. I. e Lopes,. B. V. C., *Teoria Geral do Processo...* Op. Cit. pp. 341.

[135] Guényveau, H. A. de, *Du quasi-contrat judiciaire : mémoire couronné par la Faculté de droit de Poitiers.* Poitiers : Impr. de A. Dupré, 1857 e Dinamarco, C. R., Badaró, G. H. R. I. e Lopes,. B. V. C., *Teoria Geral do Processo...* Op. Cit. pp. 258-341.

[136] Bülow, O. *La Teoria de las Excepciones Procesales y los Presupuestos Procesales...* Op. Cit., p. 34.

[137] Bülow, O. *La Teoria de las Excepciones Procesales y los Presupuestos Procesales...* Op. Cit., p. 3.

Noutra banda, James Goldschmidt teorizou que o direito, se dinamizando com o processo, tornava aquilo que era um direito subjetivo uma possibilidade, uma chance.[138] As principais críticas a esta teoria diziam respeito a uma descrição pela exceção, tomando, como regra, deformações do processo. Não havia também uma situação no processo, mas um complexo de situações. Ademais, o processo seria o conjunto de relações jurídicas que recebe o nome de situação jurídica processuais.

De qualquer modo, a teoria foi importante, porque esclareceu uma série de conceitos, ônus, sujeições, sendo o processo a síntese de uma relação progressiva, relação processual, com poderes e faculdades, posições jurídicas ativas, e sujeição de deveres, posições jurídicas passivas.[139]

Finalmente, a posição que prevalece hoje foi a teorizada por Elio Fazzalari, em que o processo, de modo simples, seria o procedimento, conjunto encadeado de atos, animado pelo contraditório.[140]

O processo seria, então, o procedimento realizado mediante o desenvolvimento da relação entre seus sujeitos, presente o contraditório (art. 5º, LV da CF). A legitimação se dá, nesta ótica, pelo procedimento e pelo contraditório.

A relação processual caracteriza-se como tríplice do ponto de vista subjetivo: Estado, demandante e demandado, na classificação mais angular, triangular do processo judiciário tradicional, mas com estes três sujeitos.[141] Estes mesmo elementos seriam encontrados também nas relações consensuais, embora possam não formar uma figura triangular, mas sim um círculo em que o mediador, por exemplo, coloca-se no mesmo ciclo das partes:

[138] Goldschmidt, J. *Teoria Geral do Processo*... Op. Cit., pp.117-118.

[139] Bülow, O. *La Teoria de las Excepciones Procesales y los Presupuestos Procesales*... Op. Cit.

[140] Fazzalari, E. *Processo (teoria generale)* In: *Novissimo Digesto Italiano.* 3ª ed. Vol. XIII. Turim: UTET, 1957, pp. 1072-1076.

[141] Dinamarco, C. R., Badaró, G. H. R. I. e Lopes,. B. V. C., *Teoria Geral do Processo*... Op. Cit. pp. 349-350.

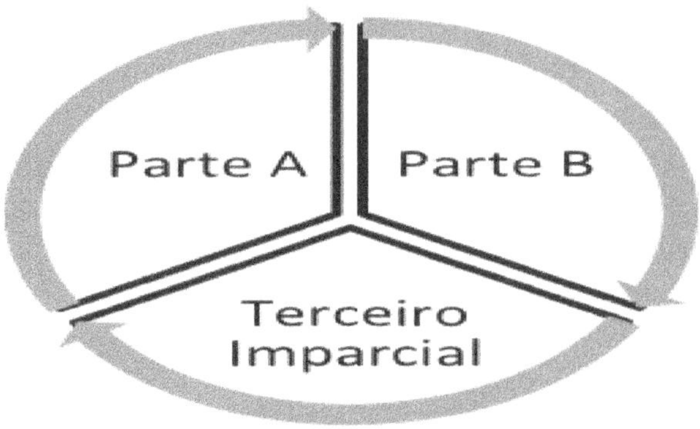


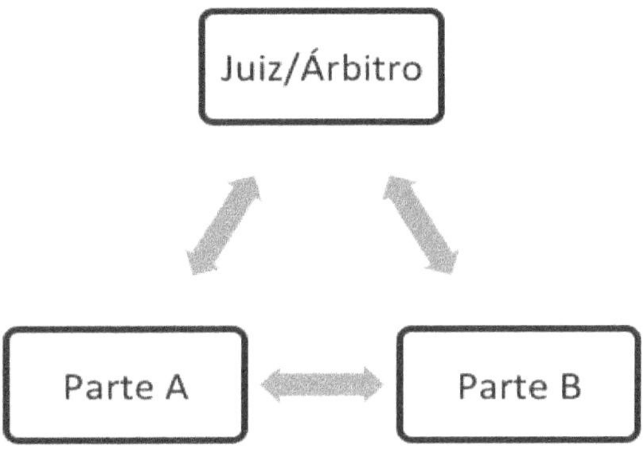


Outro aspecto relevante é a presença do Estado exercendo a jurisdição, diretamente, ou emanando esta jurisdição por meio de terceiros delegados, autorizados para tanto. Este é um traço distintivo e indicativo da existência de um processo jurisdicional.

Independente do formato de angularização, a relação processual tem por objeto um bem da vida (objeto das relações jurídicas substanciais – de natureza primária) e a prestação jurisdicional (objeto da relação jurídica processual – de natureza secundária).[142]

Da mesma forma, via-se métodos consensuais ou adjudicatórios, em que a existência de pressupostos processuais será necessária. Estes correspondem aos requisitos para que se tenha a tutela e, por consequência, o bem da vida pretendido. Objetiva e intrinsicamente, os pressupostos processuais demandam a regularidade procedimental e a existência de comunicação – citação no processo judicial, notificação na arbitra-

[142] Dinamarco, C. R., Badaró, G. H. R. I. e Lopes,. B. V. C., *Teoria Geral do Processo*... Op. Cit. p. 351.

gem e notificação e comparecimento na sessão em métodos consensuais. Objetiva e extrinsecamente, devem inexistir impedimentos para o provimento jurisdicional.[143]

Do ponto de vista subjetivo, a relação processual depende da capacidade de postular das partes, ou de exporem seus argumentos em métodos consensuais, bem como a investidura do julgador ou a confiança no terceiro imparcial selecionado.[144]

A relação processual é ainda complexa, soma de uma série de posições jurídicas, com progressividade (continuidade, dinamismo), unidade (coordenação de todos os atos e posições para um objetivo comum), estrutura tríplice, como se viu, e natureza pública em sua essência.[145]

O processo tem o seu início e o seu fim com atos bem marcados quando se trata de processos adjudicatórios, conforme art. 312 do CPC, arts. 24 e 29 do CPP, art. 840, §§ 1º e 2º da CLT e art. 19 da Lei de Arbitragem. Para os métodos consensuais, a Lei de Mediação estabelece as regras nos arts. 21 e 24. Já a finalização do processo adjudicatório normalmente se dá por sentença, concedendo ou não o provimento jurisdicional pleiteado (conforme arts. 487 do CPC, art. 43 do CPP e art. 850 da CLT e art. 26 da Lei de Arbitragem), ou anormalmente, tais como o reconhecimento da carência de ação, o indeferimento da denúncia, o não comparecimento do reclamante na audiência de conciliação (conforme arts. 485 do CPC, arts. 381 e seguintes do CPP, art. 844 da CLT e o art. 26 da Lei de Arbitragem). Já os métodos consensuais se encerram por acordo ou desistência de qualquer das partes, conforme art. 20 da Lei de Mediação.

A ciência evoluiu, o conceito de processo também, mas ainda existem alguns pontos sensíveis notadamente do ponto de vista de efetividade do Processo e de Acesso à Justiça, como se verá a seguir.

[143] Dinamarco, C. R., Badaró, G. H. R. I. e Lopes,. B. V. C., *Teoria Geral do Processo...* Op. Cit. pp. 353-355.

[144] Dinamarco, C. R., Badaró, G. H. R. I. e Lopes,. B. V. C., *Teoria Geral do Processo...* Op. Cit. pp. 349-351.

[145] Sica, H. V. M. *Velhos e Novos Institutos Fundamentais do Direito Processual Civil* In: Zufelato, C. e Yarshell, F. L. (orgs.). *40 Anos de Teoria Geral do Processo no Brasil...* Op. Cit. pp. 439-441.

Por conta destas questões, como lecionou Ada Pellegrini Grinover, *"É necessário adaptar e flexibilizar o procedimento para que responda à crise de direito material subjacente"*.[146] Ou seja, são os processos que se amoldam aos conflitos e não o contrário. Determinados processos, ainda, são adequados para determinadas fases dos litígios, também como se viu sobre as polêmicas processuais e o conceito de lide, conflito, litígio, crise de direito material etc. – enfim, o objeto de trabalho dos métodos de solução, o que é trazido para aplicação destes processos.

Como arrematou José Roberto dos Santos Bedaque em sua perspicaz afirmação para defesa da Instrumentalidade do Processo: *"Instrumentalidade do Processo: Não Li e Não Gostei"*, o procedimento simplificado pode ser válido desde que garanta o contraditório efetivo.[147] O mesmo deve se aplicar aos métodos consensuais, em que, garantido o contraditório e a partir de um conjunto encadeado de atos com uma marcha à frente, teremos um verdadeiro processo, inclusive na acepção mais técnica da teoria jurídico processual, como se propõe neste trabalho. Nesse sentido, já decidiu o Judiciário brasileiro:

> *"(...) a correta interpretação a ser dada ao dispositivo legal é que, embora seja uma faculdade das partes a presença de advogado, quando uma delas comparecer acompanhada de um profissional, a outra necessariamente será também assistida, devendo o mediador inclusive suspender a solenidade.*
>
> *Com efeito, atenta contra o princípio do devido processo legal a possibilidade de uma das partes estar acompanhada de advogado e a outra não, comprometendo o efetivo contraditório e a paridade de armas"*.[148]

Não por acaso, esta é uma preocupação da lei nº 13.140, Lei de Mediação (art. 10º), e do Código de Processo Civil quando trata dos métodos consensuais, mediação e conciliação.

[146] Grinover, A. P. *Ensaio sobre a Processualidade... Op. Cit*, , p. 72.

[147] Bedaque, J. R. dos S. *Instrumentalidade e Garantismo* In Lucon, P. H. dos S., Faria, J. C. de, Marx Neto, E. A., Rezende, E. C. G. N. (org.) *Processo Civil Contemporâneo: Homenagem aos 80 Anos do Professor Humberto Theodoro Junior.* Rio de Janeiro; Gen/Forense, 2018, pp. 172-173.

[148] TJRS, AI nº 5083453-94.2020.8.21.7000/RS, 17ª Câm. Cív., Rel. Des. Giovanni Conti, j. em 31.3.2021.

### 4.5. A trilha para uma Teoria Geral dos Processos

Como dito, as ondas renovatórias do processo civil de Mauro Capelletti e Bryant Garth pautaram os estudos dos métodos de solução de conflitos no final do século XX e deixaram as bases metodológicas para os métodos de solução de conflitos do terceiro milênio (século XXI).

Se o processo passou a ganhar um colorido social com a oferta de Justiça aos mais pobres (1ª onda), o atendimento de direitos que não eram endereçados pelo Processo Civil (2ª onda), a 3ª onda representa o avanço técnico[149] para o novo paradigma técnico de solução de conflitos e a entrada em uma nova fase (que chamamos de sistematizadora dos métodos de solução de conflitos).[150]

O Acesso à Justiça deve também ser tempestivo. Como afirmou Ruy Barbosa: *"Justiça atrasada não é justiça, senão injustiça qualificada e manifesta"*.[151] Kazuo Watanabe arrematou o entendimento:

> *"A política judiciária adotada pela Resolução CNJ nº 125/2010 trouxe profunda* mudança no paradigma dos serviços judiciários *e, por sua via de consequência, atualizou o conceito de acesso à justiça, tornando-o muito mais* acesso à ordem jurídica justa, *e não* mero acesso aos órgãos judiciários *para a obtenção de solução adjudicada por meio de sentença"*.[152]

Não sem razão, o princípio da razoabilidade na duração do processo foi alçado à Constituição Federal (art. 5º, inc. LXXVIII da CF): *"a todos, no âmbito judicial e administrativo, são assegurados a razoável duração do processo e os meios que garantam a celeridade de sua tramitação"*.

Como se viu, os institutos tradicionais do Processo (ação, jurisdição e processo) permitem a utilização e a inserção de novos métodos de solução de conflitos. Há, assim, processo no sentido técnico.

Embora o termo "Processo", em sentido técnico, seja aplicável para outros métodos, ele foi pensado para o processo civil judicial em geral

[149] É neste ponto que se chegou na obra de Capelletti e Garth. 40 anos depois, estamos prontos para este salto.

[150] CAPPPELLETTI, M. e GARTH, B., *Acesso à Justiça*... Op. Cit., pp. 31-74.

[151] BARBOSA, R. *Oração dos Moços*, Rio de Janeiro, 5ª ed., Edições Casa de Rui Barbosa, 1999, p. 40.

[152] WATANABE, K., *Acesso à Ordem Jurídica Justa (conceito atualizado de acesso à justiça) Processos Coletivos e Outros Estudos*, Belo Horizonte, Del Rey, 2019, p. 100.

(cível, tributário e trabalhista) e em boa medida, mas não pouco polêmica, para o processo penal.

Contudo, esta aplicação não pode ser limitada à mera releitura dos institutos tradicionais do processo, mas demanda ressignificação. Agora, alguns métodos inseridos na Teoria Geral dos Processos – por exemplo, a mediação e conciliação – não têm aplicação do direito ao caso concreto por um terceiro. No caso, o direito ao caso concreto está calcado em um contrato, acordo, construído pelas partes com o auxílio de um terceiro.

Assim, a ação provoca o exercício da atividade jurisdicional.

A jurisdição, por sua vez, aplica o direito ao caso concreto, ainda que a partir da cada vez maior participação dos jurisdicionados.

E o processo é o método de trabalho escolhido pelas partes para este fim.

E qual é o próximo passo? O resultado dos métodos consensuais, acordo, contrato, deve ter os mesmos efeitos da sentença judicial ou arbitral. Esta é a fronteira a ser transposta. Os métodos consensuais não podem ser meros passaportes para métodos adjudicatórios,[153] mas sim sucedâneos completos destes métodos.[154]

Substancialmente, não há grande diferença para o escopo social do processo,[155] no sentido de pacificação social apresentado por Dinamarco, entre o resultado do processo judicial (sentença) e o resultado do processo consensual (contrato). Como ensina Hans Kelsen:

> "*Quer dizer: este acto é um facto produtor de Direito se e na medida em que a ordem jurídica confere a tal facto esta qualidade; e ela confere-lhe esta qualidade, tornando a prática do facto jurídico-negocial, juntamente com a conduta contrária ao negócio jurídico, pressuposto de uma sanção civil*".[156]

Ou seja, a diferenciação entre sentença e contrato é opção política do legislador e não opção técnica.[157]

[153] Como se verá a seguir, tratamento de condições da ação.

[154] Grinover, A. P. , *Ensaio sobre a Processualidade... Op. Cit*, , pp. 65-70.

[155] Dinamarco, C. R. *A Instrumentalidade do Processo...* Op. Cit. pp. 188-197.

[156] Kelsen, H. *Teoria Pura do Direito*, Machado, J. B. (trad. Al.), 6ª ed., Coimbra, Armênio Amado, 1984, p. 351.

[157] Em sentido contrário bem marcado é a opção do direito italiano, que influencionou sobremaneira o direito brasileiro que, agora, parece caminhar em outro sentido. Há sepa-

É isso que ensina P. S. Atiyah. A liberdade contratual perde fôlego no século XX e, por tabela, o contrato perde o seu lugar como fonte do direito. Isso também porque os governos e não os particulares passam a movimentar as economias. O mencionado autor trata do exemplo britânico. A questão é, como se vê, político-econômica, de opção, e não tem eco necessariamente do ponto de vista técnico jurídico.[158]

O próprio sistema processual positivado caminha em um sentido de configurar o resultado dos métodos consensuais (contrato) como um título executivo híbrido (entre o judicial e o extrajudicial),[159] permitindo no futuro uma terceira via de títulos executivos ou a sua completa integração como títulos executivos judiciais ou jurisdicionais.

Não há uma diferença ontológica substancial entre a justiça oferecida pelo sistema estatal e pelas próprias partes, para determinados casos, conscientes de suas escolhas e também da forma pela qual definem soluções. O sistema processual, Processo Civil, é um quadro amplo de regras de aplicação geral para a solução de conflitos, como define Xavier Lagard, *"um droit commum du process"*.[160]

Como se verá nos capítulos a seguir, estes métodos podem se relacionar e funcionar em um sistema uno e amplo ou ampliado, previsto

ração bem destacada ("*sostanziale*") entre um processo que termina com uma sentença ou com um acordo (BENIGNI, F. *Conclusioni* In BENIGNI, F. e FRANZINI, F. (ORG.) *Compozione delle Controversie Commerciali com le Procesure "ADR"*. Milano: Giuffrè, 2004, pp. 253-245).

[158] ATIYAH, P. S., *The Rise and Fall of Freedom of Contract.* 2ª ed. Oxford: Oxford University Press, 2000, pp. 716-726.

[159] Art. 515. São títulos executivos judiciais, cujo cumprimento dar-se-á de acordo com os artigos previstos neste Título:

(...)

II – a decisão homologatória de autocomposição judicial;

III – a decisão homologatória de autocomposição extrajudicial de qualquer natureza;

(...)

Art. 784. São títulos executivos extrajudiciais:

(...)

IV – o instrumento de transação referendado pelo Ministério Público, pela Defensoria Pública, pela Advocacia Pública, pelos advogados dos transatores ou por conciliador ou mediador credenciado por tribunal;

[160] LAGARD, X. *Droit Processuel et Modes Alternatifs de Réglament des Litiges* in CATALA. P. e FLÉCHEUX G. *Les Modes Alternatifs de Règlament des Litiges: les voies Nouvelles d´une autre justice*, Paris: La Documentation Française, 2003, p. 45.

também no CPC, especialmente no art. 3º.[161] Trate-se de uma evolução e não uma revolução,[162] o sistema é harmonizável. Não há ruptura, mas sistematização entre diversas formas com o mesmo fim, uma visão sistematizadora dos instrumentos que o ordenamento disponibiliza ao jurisdicionado para a solução de conflitos.

[161] Art. 3º Não se excluirá da apreciação jurisdicional ameaça ou lesão a direito.
§ 1º É permitida a arbitragem, na forma da lei.
§ 2º O Estado promoverá, sempre que possível, a solução consensual dos conflitos.
§ 3º A conciliação, a mediação e outros métodos de solução consensual de conflitos deverão ser estimulados por juízes, advogados, defensores públicos e membros do Ministério Público, inclusive no curso do processo judicial.

[162] RIVIER, M. C. *Les Modes Alternatifs de Réglament des Conflits . Um Object Nuveau Das Le Dicours des Juristes Français?* In: P. CATALA e FLÉCHEUX, *Les Modes Alternatifs...* Op. Cit., pp. 33-34.

# PARTE III

## 5. Os métodos de solução de controvérsias

### 5.1. Os métodos de solução de controvérsias básicos

A doutrina dos métodos alternativos de solução de controvérsias geralmente indica três métodos como básicos[163] ou primários: (i) negociação; (ii) mediação; e (iii) arbitragem.

A negociação é um processo de comunicação que tem por escopo atingir uma decisão conjunta entre as partes envolvidas em um determinado conflito. Trata-se de um método voluntário e consensual no qual as partes controlam a conformação e o desenvolvimento do modo pelo qual obterão um acordo.[164]

Na negociação, seguindo a chamada Escola de Harvard, o foco da estratégia das partes para a solução do conflito deve estar na matéria discutida, que deu origem ao conflito e, em segundo lugar, de que modo que a negociação será conduzida.

Não se trata de discutir com uma postura mais ou menos transigente, e sim de buscar: (i) a separação entre a pessoa, cuja posição é antagônica, e o problema discutido. A esse propósito as emoções são indissociáveis dos seres humanos, mas devem ser controladas no contexto da negociação; (ii) o foco das partes deve centrar-se nos seus interesses,

[163] Araújo Cintra, A. C.; Grinover, A. P.; Dinamarco, C. R. *Teoria geral do processo*. Op. cit., p. 25. No mesmo sentido: Caivano, R. J.; Gobbi, M.; Padilla, R. E. *Negociación y mediación*. 2. ed. Buenos Aires: Ad Hoc, 2006, p. 40.

[164] Gibbons, T. F.; Morrow, J. W. *Mediation training*. Chicago: Northwestern University, 2008, p. 24.

não em suas posições; (iii) criação de possibilidades, suplantando a contraposição de ideias entre as partes e ampliando os pontos de vistas para conciliar interesses diversos; e (iv) busca de resultados lastreados em critérios objetivos, refletindo, por exemplo, as necessidades de um mercado específico e organizado no qual o conflito tenha se originado.[165]

O processo para solução da controvérsia de acordo com esse método envolve três fases, sendo a primeira delas de análise e diagnóstico das circunstâncias que envolvem a controvérsia, a segunda de planejamento, filtrando quais são as questões que devem ser levadas em consideração e de que modo, objetivamente, quais são os escopos que se pretende alcançar. Por fim, há a discussão propriamente em que as análises e os objetivos estabelecidos pelas partes serão contrapostos com o escopo de gerar opções. É o momento no qual as frustrações, angústias e raiva das partes, bem como dificuldades de comunicação, devem ser contornadas.[166]

Essa flexibilidade do método permite que a negociação seja conduzida e concluída de diferentes modos, mas sempre tratando de questões, posições e interesses das partes. As questões, nesse caso, indicam aquele conjunto de bens da vida, geralmente concretos e tangíveis pelos quais as partes disputam e que são permeados por perspectivas, nesse caso diversas, que encerram as posições. Por fim, os interesses são as necessidades e as motivações que levam as partes a adotar uma determinada perspectiva sobre certo bem da vida.

A negociação não pode ser vista como um jogo de "perde e ganha" entre as partes, isto é, uma agindo para obter vantagem em detrimento da outra, porém como um método que permite a criação de soluções com maiores possibilidades de êxito e resultados mais duradouros.[167]

O método nesse caso é indubitavelmente autocompositivo e consensual. Qualquer solução dependerá única e exclusivamente da vontade e da atuação das partes por meio de uma solução consensuada, que de nenhum modo será influenciada ou facilitada por terceiros.

[165] Em relação à adequação da negociação a âmbitos específicos de Mercado, verificar: Fisher, R.; Ury, W.; Patton, B. *Getting to yes*. 2. ed. New York: Penguin Books, 1991, p. 13 e ss. No mesmo sentido: Gabbay, D. M. Negociação. In: Peluso, A. C.; Richa, M. de A. (Coord.). *Conciliação e mediação*. Op. cit.

[166] Fisher, R.; Ury, W.; Patton, B. *Getting to yes*. Op. cit., p. 18 e ss.

[167] Caivano, R. J.; Gobbi, M.; Padilla, R. E. *Negociación y mediación*. Op. cit., p. 41.

No direito norte-americano, por exemplo, a negociação é comparada à divisão de uma torta, sendo seu ponto fundamental definir como será a sua divisão e a quem caberá cada um dos pedaços.[168] Na verdade, a questão parte de um problema alocativo, da escassez de um bem e dos critérios de justiça para realizar a atribuição desse bem. E é exatamente com esse problema alocativo que lida a negociação, e mais, relacionando as partes que foram responsáveis pelo corte da torta – forma de dividir pela escolha do pedaço – forma de atribuição do bem da vida.

A grande crítica em relação a tal método diz respeito à possibilidade de imposição de uma solução dada à diferença de poder entre as partes.[169] Pela solução partir diretamente das partes e delas depender, não há nenhuma instância de controle ou de minimização do eventual desequilíbrio de força entre as partes negociantes. Há ainda um comportamento vetorialmente contrário entre os agentes, bem como uma percepção distinta acerca da forma de tratamento do problema alocativo apresentado.[170]

A mediação, por sua vez, é um processo de solução de controvérsias no qual um terceiro imparcial facilita as negociações entre duas ou mais partes para que elas obtenham um acordo.[171] Nesse sentido, Fernanda Tartuce considera que a mediação e a conciliação são as duas técnicas de autocomposição, sendo a conciliação aquela na qual o terceiro imparcial, mediante atividades de escuta e investigação, auxiliará as partes a celebrarem um acordo, até mesmo expondo pontos fortes e fracos de suas posições e o propondo.[172] A mediação, por sua vez, conta com a participação de terceiros que auxiliarão as partes no conhecimento das ori-

[168] Em relação aos aspectos práticos da negociação, verificar: Goldberg, S. B.; Sander, F. E. A.; Rogers, N. H.; Cole, S. R. *Dispute resolution*. Op. cit., p. 82.

[169] Caivano, R. J.; Gobbi, M.; Padilla, R. E. *Negociación y mediación*. Op. cit., p. 43.

[170] Tratando da mediação: Freitas Junior, A. R. Conflitos de justiça e limites da mediação para difusão da cultura da paz. In: Salles, Carlos Alberto de (Coord.). *As grandes transformações do processo civil brasileiro*: homenagem ao professor Kazuo Watanabe. São Paulo: Quartier Latin, 2009, p. 518. A utilização de uma nota tratando da mediação em nada desqualifica a citação, considerando que a mediação pode ser vista como uma negociação facilitada. No mesmo sentido: Exposição de motivos do "projeto de lei sobre a mediação e outros meios de pacificação". In: Grinover, A. P. *O processo*: estudos e pareceres. São Paulo: DPJ, 2005, p. 610.

[171] Gibbons, T. F.; Morrow, J. W. *Mediation training*. Op. cit., p. 24.

[172] Tartuce, F. *Mediação nos conflitos civis*. Op. cit., p. 66-69.

gens multifacetadas do litígio fazendo com que elas próprias, após esse conhecimento ampliado, proponham soluções para os seus litígios.[173] Petrônio Calmon, por sua vez, considera que a mediação é a ingerência de um terceiro facilitador, mediador, em uma negociação já existente entre as partes que apenas ampliará os canais de comunicação entre elas, sem qualquer poder de decisão. Já a conciliação seria realizada diretamente pelo juiz ou por pessoa que faça parte do aparelho judiciário, com o marcante traço de que o terceiro imparcial, conciliador, "manifesta sua opinião sobre a solução justa para o conflito e propõe os termos do acordo".[174]

A mediação é indicada como algo inerente ao convívio humano na medida em que a esse convívio é marcado por situações nas quais um terceiro age como um facilitador da comunicação entre as partes, com o uso da razão, não da violência.[175]

O mediador geralmente é uma pessoa não envolvida com o litígio e/ou com a matéria em litígio. O primeiro fundamento, portanto, é a aceitação das partes de um terceiro que não tenha nenhuma relação com a controvérsia ou com o assunto em controvérsia.[176]

O mediador não tem poder de decidir, o que diferencia claramente tal método da arbitragem ou do Judiciário, mas isso, contudo, não significa que o mediador não possa ter nenhuma influência no processo de solução de controvérsias das partes. Elementos como a confiança depositada pelas partes no mediador e o conhecimento que ele detém com a atuação em casos semelhantes são fundamentais para auxiliar no processo de solução de controvérsia e até mesmo influenciar as partes na solução por elas obtidas.

Essa intervenção do terceiro no conflito representa a participação em um sistema de relações entre pessoas ou grupos com o propósito de ajudá-las,[177] sendo fundada essencialmente no diálogo, ou na negociação

173 Idem, p. 69-74.

174 Calmon, P. *Fundamentos da mediação e da conciliação*. Op. cit., p. 119-122.

175 Kolb, D. M. *The mediator*. Cambridge: The MIT Press, 1985.

176 Moore, C. W. *The mediation process*. 3. ed. San Francisco: Jossey-Bass, 2003, p. 16.

177 Argyris, C. *Intervention theory and method*: a behavioral science view. Boston: Addison-Wesley, 1970, p. 15.

com o envolvimento de um terceiro que irá atribuir uma nova dinâmica para a interação entre as partes.[178]

Como caracteres gerais, tem-se que a mediação é pautada pela existência de uma disputa e que a comunicação entre as partes esteja comprometida. Embora possa mitigar as consequências de um litígio, é certo que o processo de mediação depende da existência de um impasse entre as partes para que um terceiro possa exercer sua atividade e facilitar a comunicação entre elas.[179]

De outro lado, a figura que atuará como terceiro imparcial deve ter sido aceita pelas partes, sendo a chave do processo e a responsável pela condução do MASC que deve culminar em uma solução mutuamente satisfatória entre as partes. Há a necessidade de demonstrar às partes que o acordo pode maximizar a satisfação com a solução da controvérsia a partir de um método que elas mesmas construíram e ajudaram a conduzir.[180]

Por fim, o processo decorre da autodeterminação das partes, que não serão objeto de imposição de qualquer entendimento pelo terceiro imparcial, bastando que qualquer uma das partes manifeste sua vontade de não continuar para que ele termine. Essa característica se liga a outra que diz respeito à informalidade e à flexibilidade do processo de mediação.[181] A autonomia de vontade das partes na condução desse processo é mais ampla.

Do ponto de vista normativo, as disposições sobre mediação se restringem a menções esparsas, especialmente no âmbito do direito do trabalho,[182] com exceção dos serviços educacionais e da Lei nº 9.870, de 23 de novembro de 1999, e a regras próprias de Tribunais.[183]

[178] Moore, C. W. *The mediation process.* Op. cit., p. 16.

[179] Caivano, R. J.; Gobbi, M.; Padilla, R. E. *Negociación y mediación.* Op. cit., p. 200.

[180] Galanter, M. The quality of settlements. Mo. J. Disp. Res. 55. Disponível em: <www.lexisnexis.com>. Acesso em: 10 jul. 2011, p. 67-68 e 82-83.

[181] Caivano, R. J.; Gobbi, M.; Padilla, R. E. *Negociación y mediación.* Op. cit., p. 201.

[182] Braga Neto, A. Mediação de conflitos e legislação brasileira. *Valor Econômico,* São Paulo, Caderno E2, 24 set. 2004.

[183] Além das já mencionadas do Tribunal de Justiça do Estado de São Paulo e da Resolução nº 125 do CNJ, há também 2.348, de 17 de dezembro de 2001, que dispõe sobre a Justiça Comunitária no referido estado (*Vf.* Tartuce, F. *Mediação nos conflitos civis.* Op. cit., p. 252--259).

A ideia, no direito brasileiro, especialmente do CPC,[184] parece ser a de tornar sinônimos a conciliação e a mediação avaliadora dos EUA. Nesse caso, o terceiro poderia propor soluções às partes, ao passo que na mediação avaliadora ou na mediação, como se pretende adotar no Brasil, o terceiro imparcial não apresentaria nenhuma solução. Essa é a proposta do art. 165 do CPC. Na mesma linha, a Lei de Mediação, que precisa ser interpretada em conjunto com CPC, prevê em seu art. 2º a posição do mediador como alguém que "estimula o consenso, facilitando a resolução de conflitos".

Não se pode esquecer, nesse sentido, o papel avaliativo que o mediador pode desempenhar durante o processo de facilitar a comunicação entre as partes. E no direito brasileiro esquece-se o caráter avaliativo que a mediação pode ter conforme a corrente que se adote, reduzindo-a a um método de facilitação de controvérsias entre as partes.

No modelo americano, a conciliação, comum em nosso sistema jurídico,[185] é colocada entre uma mediação facilitadora e uma mediação avaliativa, caso seja considerado um espectro de participação e influência do terceiro imparcial no método de solução de controvérsias.[186]

Nesse aspecto, Juliana Demarchi parece apontar para uma diferença de técnica do terceiro imparcial nos processos de mediação e conciliação, e não necessariamente uma diferença entre os próprios métodos. A atuação do mediador parte das técnicas da conciliação de exposição e discussão do conflito, porém o mediador atua de maneira mais profunda no litígio e com perguntas mais genéricas, de modo a se preocupar também com a relação pretérita das partes e não ficar centrado nas circunstâncias da controvérsia. Quanto à postura perante a negociação das partes, não se indica uma flagrante diferença entre a postura do mediador e a do conciliador.[187]

A partir desse estudo, pode-se concluir pela aproximação da mediação (como espécie) e da conciliação como forma de solução de confli-

[184] Versão do PLS nº 166, de 2010 (Disponível em: <http://www.senado.gov.br/atividade/materia/getPDF.asp?t=84496>).

[185] Presente nos arts. 334, 359, 515, inc. III, do CPC.

[186] Gibbons, T. F.; Morrow, J. W. *Mediation training*. Op. cit., p. 75.

[187] Demarchi, J. Técnicas de conciliação e mediação. In: Grinover, A. P.; Watanabe, K.; Lagrasta Neto, C. (Coord.). *Mediação e gerenciamento do processo*. São Paulo: Atlas, 2007, p. 58-62.

tos idênticos quanto ao processo, alterando-se apenas a postura do terceiro imparcial, sendo a conciliação, portanto, uma espécie avaliativa de mediação.

Como já tivemos a oportunidade de defender doutrinariamente, e a Lei de Mediação, parece confirmar isso, mediação em verdade é gênero, que se divide na mediação facilitadora (*facilitative mediation*) e na mediação avaliativa (*evaluative mediation* – equivalente daquilo que no Brasil chamamos de conciliação, até por motivos históricos – art. 160 da Constituição de 1824). Na prática, porém, uma das vertentes da mediação e conciliação se confundem.[188]

Por fim, a arbitragem é método de solução de controvérsias que difere dos demais na medida em que há um terceiro imparcial que julga uma determinada demanda trazida entre as partes, tendo a decisão tomada por este terceiro ou por um grupo de terceiros a mesma eficácia de uma sentença judicial (art. 31 da Lei de Arbitragem). Nos dizeres de Charles Jarrosson, "é a instituição pela qual um terceiro julga as diferenças que opõe duas ou mais partes, no exercício da função jurisdicional que a ele foi confiada por elas".[189]

Como dito, a arbitragem é instituto também presente há muito no ordenamento jurídico brasileiro, sendo responsável pela solução de conflitos históricos internacionais envolvendo o Brasil, por exemplo, a Questão Christie, na qual o governo brasileiro rompeu relações com o governo inglês, terminando a questão por ser resolvida pelo rei Leopoldo II da Bélgica, e as questões territoriais relativas à fronteira das Guianas e ao espólio da Guerra do Paraguai.[190]

Mesmo assim a arbitragem não tinha alcançado *status* de método de solução de controvérsias de utilização corriqueira no Brasil, tanto para conflitos internacionais quanto para conflitos internos. Tal estado de coisas alterou-se apenas recentemente, com a vigência da Lei de Arbitragem.

[188] Guerrero, L. F. *A Mediação no Direito Brasileiro: A já Conhecida Conciliação e as Técnicas da Novidade* In: Holanda, F. (coord.). *Métodos Extrajudiciais de Resolução de Conflitos Empresariais.* São Paulo: IOB Sage. 2017, pp. 109-126.

[189] Jarroson, C. *La notion d'arbitrage.* Paris: Librairie Generale de Droit et de Jurisprudence, 1987, p. 372. (Tradução livre).

[190] Rodrigues, J. H.; Seitenfus, R. A. S. *Uma história diplomática do Brasil*: 1531-1945. Rio de Janeiro: Civilização Brasileira, 1995, p. 173-183, 184-200 e 241.

No âmbito internacional, o instituto desenvolveu-se a partir da superação da dicotomia entre a natureza contratual ou jurisdicional da arbitragem que dominou a primeira metade do século XX. Com a conclusão de que a arbitragem tem uma natureza *sui generis* ou mista,[191] contratual na origem e jurisdicional quanto ao processo, o instituto passou a ser estruturado de um modo diverso.

No Brasil, o quadro alterou-se definitivamente com a promulgação da Lei de Arbitragem em 1996 e com o julgamento do Supremo Tribunal Federal sobre a constitucionalidade da referida lei.[192] Fortaleceram-se assim duas alterações legislativas que são fundamentais para a consolidação do instituto nos dias de hoje: (i) execução específica da convenção de arbitragem; e (ii) autonomia da cláusula compromissória em relação ao contrato que a contém.[193]

Assim, a parte interessada na utilização da arbitragem como forma de solução de controvérsias pode exigir da parte contrária, em situações de recalcitrância, que o processo se desenvolva, produzindo os efeitos previstos pela convenção, especialmente quanto à produção de uma sentença. De outro lado, mesmo alegações de nulidade do contrato que continha a cláusula compromissória passarão a não impedir a realização da arbitragem, sendo os árbitros competentes para analisarem essa questão preferencialmente ao Judiciário.

Em relação a essa segunda peculiaridade da convenção de arbitragem, importou-se um brocardo do direito processual alemão (*Kompetenz-kompetenz*). Para evitar o afastamento da análise de questões de nulidades contratuais da arbitragem, a lei criou esse antídoto, embora não se ignorem situações em que, por terem origem comum, as nulidades aplicáveis ao contrato e à cláusula sejam idênticas.[194]

Com isso, o instituto foi dotado de um caráter vinculativo capaz de atuar na autonomia de vontade das partes como nunca visto anteriormente, sendo uma das razões fundamentais para o atual estágio de

[191] Gaillard, E. *Legal theory on international arbitration*. Leiden: Martinus Nijhoff, 2010, p. 13.

[192] STF, AgR na SE 5206 – Espanha, Tribunal Pleno, Rel. Min. Sepúlveda Pertence, j. em 12-12-2001.

[193] Com efeitos de suspensão, desde que haja compromisso das partes, a Lei de Mediação prevê estev raciocínio (art. 23).

[194] Lei de Mediação (art. 23).

sucesso do instituto como forma de solução de conflitos no direito brasileiro. É uma característica marcante do ponto de vista de efetivação de uma cláusula inserindo um MASC.

A arbitragem será ou não utilizada como forma de solução de controvérsias a partir de uma convenção de arbitragem, que, em geral, é um negócio jurídico processual[195] que tem por escopo transferir a capacidade de aplicação do direito ao caso concreto em demandas que envolvam direitos patrimoniais disponíveis por terceiros, sendo acompanhada de um processo, respeitando os princípios do contraditório e da ampla defesa, produzindo uma sentença que será considerada um título executivo judicial (art. 515, inciso VII do CPC).

A diferença marcante entre negociação, mediação e conciliação, de um lado, e arbitragem, de outro, está no fato de as primeiras não conterem a adjudicação como traço marcante, mas sim o consenso como modo de solução de controvérsia.

### 5.1.1. O renascimento do consenso

A negociação é o método de solução de conflitos não violento mais intuitivo que existe. Dos métodos potencialmente violentos, o destaque fica para a autotutela, coibida em termos gerais nos dias de hoje[196] e utilizada apenas em situações excepcionalíssimas, conforme já seu viu acima.

Desta característica intrínseca tão intuitiva nos seres humanos, a negociação não recebia um tratamento técnico. Acontecia, mas pouco se descrevia.

A exacerbação do individualismo dos séculos XVII e XIX marcou o apogeu deste métodos de solução de conflitos. Claro, sem nenhuma amarra ou preocupação com eventuais desequilíbrios nas relações e nas negociações.

De outro lado, um sistema de crédito seguro depende da segurança e da previsibilidade das operações. De outro lado, sempre baseado na confiança das operações futuras, na crença do futuro, como

[195] As demais cláusulas de solução de controvérsias também o são.

[196] GUERRERO, L. F. *Os Métodos de Solução de Conflitos e o Processo Civil*. São Paulo: Atlas. 2015. P. 27.

ensina Yuval Harari[197], a negociabilidade torna-se um aspecto fundamental do mercado. Junto com a possibilidade de cessão dos créditos e débitos, o sistema se desenvolve e as operações de mercado se fortalecem.[198]

Ademais, o Direito buscou formas de garantir a sanidade desta cadeia de negociações, o que, em última análise, tutela credor e devedor, bem como o mercado. A lógica não é diversa daquela que se busca implementar com legislações sobre crédito e insolvência no século XXI. Afinal, o sistema continua baseado na confiança, em seres humanos e em suas interações.

Assim, a negociação é utilizada como meio adequado em duas pontas, na concessão e na recuperação do crédito, mas os procedimentos de cobrança, nesta época, deveriam ser severos e, muitas vezes, combinados com medidas criminais, mas o procedimento para execução de deveres contratuais, na prática, não era eficiente:

> *"If the preservation of property and the enforcement of contracts were regarded as the chief functions of the law in eighteenth-century England, one might* a priori *have expected a fairly rigorous and severe enforcement process. (...) that to fail do pay a debt was not so serious as to steal. It is therefore not surprising that the procedure for enforcing contractual duties was exceedingly inefficient".*[199]

Esta fase, contudo, foi superada. Não que a sociedade capitalista tenha desaparecido, mas a negociação ganhou alguns temperos, algumas amarras. Isso, de modo a equilibrar a relação credor-devedor, de um lado, e, de outro, a possibilidade de discussão, maior rigor na recuperação do crédito e no esgotamento das discussões. Talvez por conta da superação desta fase, com reflexos nas leis e nas interações sociais, a negociação foi relegada a um patamar quase clandestino. A negociação estava no sistema, mas como algo implícito, desprovido de cientificidade.

De outro lado, à maior exacerbação da ciência processual e do Processo como método básico e público de solução de conflitos[200], recru-

[197] Harari, Y. N. *Uma Breve História... Op. Cit.,*.

[198] Atiyah, P. S. *The Rise and Fall... Op. Cit.*, pp. 135-137.

[199] Atiyah, P. S. *The Rise and Fall... Op. Cit.*, p. 189.

[200] Dinamarco, C.R. Badaró, G. H. R. I. e Lopes, B. V. C. *Teoria Geral... Op. Cit.*, pp. 71-74.

desceu-se a utilização de outros métodos. Embora tenha sido útil para afirmação do direito processual como ciência e o desenvolvimento de seus conceitos, garantindo a sua autonomia, impediu-se uma maior abertura e análise sistêmica de um conjunto de solução de conflitos, com caráter instrumentalista, só alcançado já no final século XX.[201]

O maior destaque ao princípio da boa-fé objetiva, especialmente nas relações privadas a partir de sua inclusão expressa no Código Civil de 2002 (art. 422), trouxe à baila uma preocupação com o modo pelo qual as negociações se desenvolvem. Na mesma esteira, aumenta-se a utilização dos chamados métodos consensuais de solução de conflitos. Por esse motivo, hoje pode-se falar em uma renascimento da negociação, em diversos níveis e ramos do Direito.

Como se vê, não é diferente na área de insolvência.

A mudança legislativa de 2005 trouxe, embarcada na revogação do Decreto Lei nº 7.661, de 21 de junho de 1945, uma ideia de mudança de paradigma, no sentido de que a insolvência deixasse de ser um método dominado pelo processo e fosse dominada pela atuação das partes, e de que as decisões fossem tomadas menos pelos juízes e mais pelos atores dos processos de insolvência. Já neste momento, a negociação voltava a ganhar destaque neste ambiente específico.[202]

É neste cenário que surgiu também a alteração legislativa da insolvência brasileira, com os arts. 20-A a 20-D, especialmente, da LRF.[203]

[201] Dinamarco, C.R. Badaró, G. H. R. I. e Lopes, B. V. C. *Teoria Geral... Op. Cit.*, pp. 71-74.

[202] "Afinal, enquanto que a extinta concordata representava uma moratória imposta por sentença homologatória, um benefício outorgado ao devedor pelo Estado, ou, simplesmente, um favor pessoal, imprime-se à recuperação judicial uma natureza complexa do Direito Econômico, com viés contratual, sendo o plano de recuperação judicial um negócio de cooperação, assemelhando-se ao contrato plurilateral – disso resulta grande semelhança entre a posição dos credores com a de um sócio minoritário em uma sociedade. Por isso, diz-se que são os credores os responsáveis diretamente pela aprovação do plano de recuperação judicial submetido pela empresa recuperanda. Trata-se de ilação feita à luz da soberania concedida pela atual lei à assembleia-geral de credores (LRE, art. 39, § 2º)." (Orleans e Bragança, G. J. *Administrador Judicial: Transparência no Processo de Recuperação Judicial.* São Paulo: *Quartier Latin.* 2017, pp. 50-51).

[203] Para uma análise mais detalhada da questão: Guerrero, L. F. e Orleans E Bragança, G. J. de, *O Novo Instituto da Negociação Prévia* in Vasconcelos, R., Piva. Fernanda Neves, Orleans E Bragança, G. J. de. Haneska, T. e Sant'Anna, T. L. (orgs.), *Reforma da Lei de Recuperação e Falência (Lei nº 14.112/20).* São Paulo: IASP. 2021, pp. 335-354

Em 2020, na esteira também da Pandemia COVID-19[204], as alterações vão no mesmo caminho e com maior aceleração neste sentido. Por isso, diz-se que a negociação renasceu. Chegou-se ao ponto, mesmo sem haver uma condição da ação específica, determinar-se uma fase negocial necessária e prévia a um processo judicial:[205]

> *"O Estado do Maranhão não objetiva, por nenhum modo, deixar de honrar a dívida. Requer somente seja possibilitada a renegociação dos termos do contrato e a readequação de suas cláusulas geradoras de onerosidade excessiva", diz trecho do pedido do Estado.*
>
> *Com base nas provas documentais apresentadas pelo Estado do Maranhão, o juiz determinou abertura de negociações a fim de garantir a continuidade do contrato. O banco também não pode declarar inadimplência do Estado do Maranhão no contrato, pelo prazo de 12 meses, a contar da data do vencimento da próxima parcela (23 de julho). A data também o limite máximo para o banco dar início ao procedimento de renegociação do contrato.*
>
> *A decisão do magistrado inclui, ainda, o prazo de 15 dias para as partes apresentarem propostas de renegociação. Uma audiência de conciliação, por meio de videoconferência, foi agendada para o dia 22 de junho".*[206]

Por fim, a Lei do Superendividamento, já em 2021, com alterações importantes no CDC, deixou também a ideia à baila, permitindo também uma conciliação coletiva entre o endividado e os seus credores, com a opção de renegociar (art. 104-A e seguintes).

Como se vê, o sistema busca reafirmar o protagonismo da negociação como forma de solução de conflitos.

[204] Guerrero, L. F. *O Custo dos Litígios e dos Métodos de Solução de Conflitos* In: Sousa, A. F., Bortoli Neto, A. de e Luporini, C. E.e M. (orgs.), Kiyokawa, F. e Marques, N. de S. (coords.), *Manual de Gestão Empresarial – Teoria e Prática*. Barueri: Manole. 2021, pp. 265-268.

[205] Guerrero, L. F. *Os Métodos... Op. Cit.*, p. 27.pp. 83-147.

[206] PGE/MA – *Justiça determina abertura de negociação em contrato firmado entre Estado do Maranhão e Banco Merril Lynch* in https://www.pge.ma.gov.br/2020/04/18/justica-determina-abertura-de-negociacao-em-contrato-firmado-entre-estado-do-maranhao-e-banco-merril-lynch/, acessado em 24 jan. 2020.

## 5.2. Os métodos de solução de controvérsias combinados ou secundários

Além de métodos básicos de solução de controvérsias, existem outros baseados na autonomia de vontade das partes, seguindo legislação específica, que podem surgir a partir da combinação daqueles básicos ou ser apenas nele pautados para a solução de controvérsias.

A distinção se torna importante na medida em que métodos combinados, fundados em métodos de solução de controvérsias com legislação específica, como é o caso da arbitragem, terão consequências de acordo com a lei que os regula.

É exatamente nesse aspecto que os americanos comparam a atividade daquele que desenvolve um método de solução de controvérsias à atividade de arquitetos, que constroem prédios a partir de uma estrutura já existente ou, conforme o caso, são obrigados a desenvolver soluções específicas para determinados casos concretos, identificando objetivos e situações desagradáveis, criando prioridades e métodos adequados para os problemas apresentados, implementando o método para superar relutâncias e afinar o seu desenvolvimento.[207]

Em relação à combinação de métodos, o sistema norte-americano é pródigo em oferecer opções. Podem ser destacadas as *Final Offer Arbitrations*, que combinam negociação e arbitragem para a discussão de termos de um contrato e a sua celebração. Há também a *Arbitration under a "High-Low" Contract*, em que se estabelecem limites indenizatórios entre as partes. Também associa a negociação e a arbitragem, mas com conteúdo adjudicatório, posto que limita obrigações entre as partes. Essas são apenas algumas das formas de combinação. O mais famoso dos métodos combinados, porém, talvez seja a *med-arb*. Nesse caso, o terceiro imparcial primeiramente atuará como mediador e, se necessário, caso as partes não alcancem um acordo, atuará como árbitro em um processo arbitragem subsequente. Há a possibilidade também de que outro terceiro seja indicado como árbitro.[208]

207 Goldberg, S. B.; Sander, F. E. A.; Rogers, N. H.; Cole, S. R. *Dispute resolution*. Op. cit., p. 285-287.

208 Goldberg, S. B.; Sander, F. E. A.; Rogers, N. H.; Cole, S. R. *Dispute resolution*. Op. cit., p. 285-294.

Quanto aos métodos desenhados, há grande destaque para os *Dispute Boards*, que se aplicam a contratos de média ou longa duração, permitindo que questões que antes permaneciam sem solução ou até como fontes de tensão entre as partes sejam solucionadas. É um caso típico de *design* para situações específicas, com larga utilização em contratos de construção e infraestrutura, por exemplo.

O *Dispute Board* é um órgão permanente e independente cuja função é auxiliar as partes a resolver, por elas mesmas, qualquer disputa que apareça durante a execução do contrato, podendo proferir recomendações (no caso dos *Dispute Review Boards*) ou decisões (no caso dos *Dispute Adjudication Boards*) ligadas à execução do contrato[209].[210] Hoje há até uma fundação internacional dedicada ao instituto, a *Dispute Resolution Board Foundation*.[211]

Na origem, este método foi desenvolvidos tendo em vista o risco de investimentos em grandes obras internacionais (especialmente a independência do Judiciário do local da obra, frente ao Poder Executivo local, muitas vezes contratante) e a demora de solução de métodos como a arbitragem. Assim, a partir dos anos 1960, financiamentos passaram a ser liberados levando em conta a utilização do instituto[212] e a sua utilização de intensiva e se internacionaliza com o célebre caso do *Eisenhower Tunnel*.[213] É um método combinado, utilizando elementos consensuais, mas também podendo ser orientador e até sancionador.

[209] Disponível em: <http://www.iccwbo.org/court/dispute_boards/id4528/index.html>. Acesso em: 31 jul. 2011. Há ainda a possibilidade de o *Dispute Board* ser combinado: *Combined Dispute Board*.

[210] Disponível em: <http://www.iccwbo.org/court/dispute_boards/id4528/index.html>. Acesso em: 31 jul. 2011. Há ainda a possibilidade de o *Dispute Board* ser combinado: *Combined Dispute Board*.

[211] https://www.drb.org/. acessado em 20.8.2021. Embora o insituto tenha nascido no âmbito de projetos de construção, nada impediria a sua utilização para quaisquer relações continuadas.

[212] Vaz, G. J. *Os Dispute Boards e os contratos Administrativos* in Revista de Arbitragem e Mediação, São Paulo, IOB Thompson, v. 10, n. 38, 2013, p. 166. Para mais referência sobre o tema: Figueiredo, A. B. e Salla, R. M. (orgs.) *Manual de Dispute Boards*, São Paulo, Quartier Latin, 2021 e Marcondes, F. (org.). *Direito da Construção: Estudos Sobre as Várias Areas do Direito aplicadas ao mercado da construção.* São Paulo, Pini, 2014.

[213] Silva Neto, A. B. DE F. E *Os Dispute Board no Brasil: evolução histórica, a prática e perspectivas futuras.* In: Revista Brasileira de Alternative Dispute Resolution. Belo Horizonte: FOCO, 2019, p. 71.

Na hipótese de uma das partes não concordar com a recomendação em um prazo estabelecido contratualmente, a disputa poderá ser solucionada por meio de arbitragem. De qualquer modo, há um procedimento prévio, permanente e próximo às partes que fomenta a confiança e pode, sem dúvida nenhuma, diminuir a litigiosidade entre elas. Há um acompanhamento dos membros do *Dispute Board* no canteiro de obras, ouvindo queixas das partes e solucionando questões ainda em fase embrionária.[214]

Nesse caso, há um sistema de origem negocial, que pode ser ou não adjudicatório, evitando que o ambiente negocial existente entre as partes para a celebração de um contrato transmute-se para um ambiente competitivo na execução do contrato, gerado pelas tensões que a realidade dos problemas surgidos e imprevistos gera entre as partes[215]. De qualquer modo, Antonio Fernando Mello Marcondes indica que 97% das disputas surgidas têm análise final nos *Dispute Boards*, evitando-se recursos para a arbitragem ou para o Judiciário.[216]

Em nosso sistema jurídico, a figura dos *Dispute Boards* (Comitês de Prevenção e Solução de Disputas) passou a ser um instituto com indicação expressa em lei. Trata-se de um instituto resultante de um *design* de solução de conflitos que foi incorporado pela lei.

No âmbito nacional, a Lei do Município de São Paulo nº 16.873, de 22 de fevereiro de 2018, regulamentada pelo Decreto nº 60.067, de 10 de fevereiro de 2021, passou a tratar deste tema no âmbito municipal em São Paulo-SP.

A grande novidade a respeito de legislação federal surgiu na Lei nº 14.133, de 1º de abril de 2021, Lei de Licitações, que em seus arts. 151 a 154, contendo um Capítulo sobre "Meios Alternativos de Solução de Controvérsias", abarcou o instituto expressamente no *caput* do art. 151.

Em relação aos documentos legislativos mencionados, pode haver discussão com este caráter sancionador dos *Dispute Boards*. Isto porque o efeito de título executivo é atribuído especificamente a determinados

[214] MARCONDES, F. Os "dispute board" e os contratos de construção. In: BAPTISTA, L. O.; PRADO, M. *Construção civil e direito*. São Paulo: Lex Magister, 2011, p. 124.

[215] GENTON, P. M. The dispute board and the ICC DB rules. In: GOLDSMITH, J. C. (Org.). *ADR in business*. Op. cit., p. 94.

[216] MARCONDES, F. Os "dispute board" e os contratos de construção. In: BAPTISTA, L. O.; PRADO, M. *Construção civil e direito*. Op. cit., p. 124.

documentos conforme o Código de Processo Civil. Contudo, no âmbito contratual, este nível de vinculação seria aceitável, como se verá a seguir.

Há, de um lado, uma lei municipal conferindo este efeito sancionador (art. 18) e, de outro lado, uma lei federal silente, que trata dos métodos de solução de conflitos consensuais, listados no caput do art. 151, e entre eles inclui o *Disput Board*. A interpretação que parece mais razoável neste contexto é a de que a lei municipal não poderia disciplinar este assunto, tratando da eficácia deste *Dispute Board* sancionador, e que a lei federal tratou o instituto como um método consensual. Ou seja, as conclusões do Dispute Board seria sugestivas em âmbito federal e a vinculação das partes tem natureza contratual.

Outro exemplo de *design* foi desenvolvido pela CCBC para o Comitê de Solução de Controvérsias em Nomes de Domínio.[217] Como se sabe, os nomes de domínio devem ser registrados em órgãos estabelecidos por cada um dos países. No caso do Brasil, o órgão responsável pelo registro é o denominado *registro.br*.

Por se tratar de um bem escasso, visto que domínios idênticos não coexistem, ao contrário de marcas com denominações idênticas que podem coexistir, o *registro.br*, em convênio com a CCBC, passou a se valer de um método de solução de controvérsias entre titulares de registro e terceiros reclamantes. Desenvolveu-se um método adjudicatório de solução de controvérsias no qual um comitê, após um processo, decide a pertinência da reclamação, podendo inclusive determinar que o *registro.br* realize a transferência de domínio do titular para o reclamante.

A atuação do órgão é restrita, bastante delimitada, podendo ser precedida por conciliações e mediações e resultar em arbitragem ou processos judiciais nos quais se discutirão apuração de danos, eventuais práticas de crimes etc., não abarcados pelos limites de sua competência.

Ainda no contexto do desenho de mecanismos, há o sistema de solução de controvérsias estabelecido pelo Tribunal de Justiça do Estado de Goiás, com o fito de prover uma justiça tempestiva para os jurisdicionados, criado por meio do Decreto Judiciário nº 20/1997, de 31 de janeiro de 1997, designado por Projeto de Câmaras de Conciliação e Arbitragem (CCA). Estruturou-se, nesse caso, uma atuação entre o Judiciário, Ordem dos Advogados do Brasil e entidades de classe. Com isso, foram

[217] Disponível em: <http://www.ccbc.org.br/ccrd.asp>. Acesso em: 31 jul. 2011.

criadas diversas Câmaras no Estado de Goiás e na capital, Goiânia, principalmente aplicando a arbitragem como forma de solução de controvérsias.

O primeiro ponto polêmico dessa iniciativa, porém, diz respeito à forma de vinculação das partes e ao pleno conhecimento dos órgãos aos quais elas estariam ligadas para a solução de seus conflitos. Para o leigo, não havia uma clara distinção entre o público, Judiciário, e o particular, arbitragem.

De outro lado, ainda havia a figura de um juiz revisor, designado pelo Judiciário para revisar decisões proferidas pelas Câmaras de Conciliação e Arbitragem. No entanto, algo não se coadunaria com a disposição da Lei de Arbitragem na medida em que o árbitro é juiz de fato e de direito (art. 18) e eventual questionamento da decisão proferida pode ser analisada apenas pelo Judiciário nas hipóteses de ação de anulação de sentença arbitral (art. 32). Tais questões foram apontadas, também, em pesquisa coordenada pelo Comitê Brasileiro de Arbitragem (CBar) e pela Fundação Getulio Vargas de São Paulo.[218] De outro lado, ainda mais, se previa a nomeação de árbitros pelo presidente do Tribunal de Justiça com mandato de dois anos.

Analisando o caso, o Conselho Nacional de Justiça julgou o Procedimento de Controle Administrativo nº 0001101-19.2011.2.00.0000, instaurado a pedido Ministério Público do Estado de Goiás em face do Tribunal de Justiça do mesmo Estado, para que não houvesse nenhuma vinculação entre qualquer órgão do Judiciário e arbitragem. O conselheiro José Adonis Callou de Araújo Sá ponderou em seu voto: "Permanece a indevida vinculação do Tribunal de Justiça com as cortes de arbitragem, seja em razão da previsão de um juiz supervisor, seja pelo fato do decreto estipular a nomeação dos árbitros, pelo presidente do tribunal, por prazo determinado de dois anos."[219]

Sem dúvida, a iniciativa é importante no contexto de solução de controvérsias, mas deve-se tomar cuidado para que a parte que deseja se valer de um método de solução de controvérsias tenha plena ciência

[218] Disponível em: <http://www.cbar.org.br/PDF/Relatorio_final_pesquisa_GV_CBAR.pdf>. Acesso em: 31 jul. 2011, p. 14.

[219] Disponível em: <http://www.cnj.jus.br/noticias/cnj/14844:cnj-considera-ilegal-intervencao-do-tjgo-nas-cortes-de-conciliacao-do-estado>. Acesso em: 31 jul. 2011.

dos seus limites e efetividade. Não se critica o apoio do Judiciário aos MASCs, mas deve ser condenada a sua ingerência. Esse até seria o caso das *Court-Annexed Arbitrations*, mas elas são vedadas no direito brasileiro.[220] A arbitragem deve ser afastada da estrutura do Judiciário embora outros métodos possam ser organizados e coordenados pelo Judiciário desde que se garanta a independência do terceiro imparcial que dele tomará parte.

[220] Goldberg, S. B.; Sander, F. E. A.; Rogers, N. H.; Cole, S. R. *Dispute resolution*. Op. cit., p. 294.

# PARTE IV

## 6. As convenções de solução de controvérsias

### 6.1. As bases de direito privado – transação e compromisso

A autonomia da vontade é preceito basilar quando se discutem contratos. É ela que permite a manifestação livre de vontade por um indivíduo ou grupo, e é ela que vai permitir a junção dessa manifestação de vontade livre com outra de mesma natureza emitida por outro indivíduo, representando diverso polo ou grupo de interesses, que se unem para atingir um determinado fim comum.

Em poucas palavras, essa seria a definição singela de contrato, fundado sempre na autonomia da vontade. Como sustentou Caio Mário da Silva Pereira: "Em suas linhas gerais eis o princípio da autonomia da vontade que genericamente pode enunciar-se como a faculdade que têm as pessoas de concluir livremente os seus contratos."[221] Trata-se de ainda da expressão de uma "declaração de vontade constante da lei para a formação do contrato sem a intenção das partes é coisa sem qualquer possibilidade na formação das convenções individuais".[222]

Francesco Galgano complementa tal conceito afirmando que o contrato é a forma máxima de aquisição de propriedade e circulação de riquezas. Nesse aspecto, a liberdade de contratar significa que as par-

[221] Pereira, C. M. da S. *Instituições de direito civil*: fonte das obrigações. Rio de Janeiro: Forense, 1963, v. III, p. 17-18.

[222] Fernandes, A. *O contrato no direito brasileiro*. Rio de Janeiro: A. Coelho Branco Filho Editor, 1945, v. I, p. 84-85.

tes podem definir, e só elas podem constituir, regular ou extinguir um negócio jurídico de natureza patrimonial.[223]

Pratica-se a autorregulamentação dos interesses privados diante de pressupostos de igualdade e liberdade entre titulares de direitos, definindo regras da referida contratação e optando, inclusive pela não vinculação.[224]

A liberdade de contratar indica a possibilidade de celebrar ou não um negócio jurídico, e, no caso dos MASCs, a lei permite que as partes deles se valham para solucionar seus conflitos. Contudo, a outra vertente da autonomia da vontade, liberdade contratual, limita o conteúdo do contrato. Nesse caso, em relação ao ADR há limitações impostas pela lei, especialmente de acordo com os arts. 1º e 2º da Lei de Arbitragem e o art. 134, § 1º e seguintes, do CPC, que limitam essas questões a uma análise da natureza dos direitos envolvidos.

Enquanto a arbitragem pode ser utilizada para direitos patrimoniais disponíveis, os demais MASCs podem ser utilizados para questões passíveis de transação, sendo esse objeto mais amplo e ligado apenas à disponibilidade dos direitos, como se verá no item 6.1.2 a seguir.

Obviamente, autonomia contratual não é absoluta. Cada Estado, no limite de sua soberania, ou órgão internacional, nos limites de suas atribuições, impõem limites para a liberdade das partes, selecionando questões que podem ser objeto da disposição das partes. No entanto, tal autonomia se apresenta sob duas formas distintas, podendo indicar aspectos da liberdade de contratar e da liberdade contratual.[225] São impostas limitações éticas de interesse privado e de interesse coletivo, também social e de ordem econômica, que se ligam a princípios informadores de ordem pública em todas as atividades.[226]

A origem da escolha dos métodos de solução de controvérsias é algo que tem sua gênese no direito privado. Usualmente, as partes detêm autonomia, proveniente de lei, para escolherem qual é a melhor forma de solução de controvérsias para o conflito que apresentam. Nesse

[223] GALGANO, F. *Diritto privato*. 14. ed. Padova: CEDAM, 2008, p. 223-224.

[224] BITTAR, Carlos Alberto. *Direito dos contratos e dos atos unilaterais*. Rio de Janeiro: Forense Universitária, 1990, p. 34-35.

[225] WALD, A. *Direito civil brasileiro*: direito das obrigações. Rio de Janeiro: Lux, 1962, p. 151-152.

[226] FERNANDES, A. *O contrato no direito brasileiro*. Op. cit., v. I, p. 85.

aspecto, tratando da utilização dos MASCs no âmbito da administração pública norte-americana, Carlos Alberto de Salles afirma:

> "A utilização de mecanismos alternativos no âmbito da Administração Pública norte-americana, como ademais em relações privadas, costuma ser precedida de uma espécie de contrato ou convenção, denominada ADR agreement [...]. É através dessa convenção que as partes, com auxílio de seus advogados realizam o conhecido design (desenho) dos mecanismos de solução de controvérsias."[227]

Como afirma ainda Arnoldo Wald, "a liberdade contratual só sofre restrições em virtude da ordem pública, que representa a projeção do interêsse social nas relações interindividuais".[228] Nesse aspecto, há a crescente interferência do Estado na ação dos indivíduos, não só como agente econômico, mas também como regulador da esfera de atuação dos particulares. Nesse aspecto, Caio Mário da Silva Pereira demonstra ainda que as leis proibitivas e imperativas limitam a ação livre de cada um, sem deixar aos particulares a liberdade de derrogá-los, e também até certos limites, por meio de pactos privados. "Os contratos sujeitam pois sua vontade ao ditado dos princípios de ordem pública,[229] e dos bons costumes."[230]

Ademais, o Código Civil em vigor no Brasil traz à baila dispositivos referentes à boa-fé objetiva,[231] arts. 113 e 422,[232] que são fundamentais

[227] Salles, Carlos Alberto de (Coord.). *A arbitragem na solução de controvérsias contratuais da administração pública*. Op. cit., p. 175-176;

[228] Wald, A. *Direito civil brasileiro*. Op. cit., p. 152.

[229] Há um alargamento do campo de atuação da ordem pública de direito material. As bases contratuais vêm sendo limitadas, não existindo mais a noção de autonomia contratual absoluta (Aprigliano, R. de C. *Ordem pública e processo*: o tratamento das questões de ordem pública no direito processual civil. São Paulo: Atlas, 2011, p. 25-26).

[230] Pereira, C. M. da S. *Instituições de direito civil*. Op. cit., p. 18.

[231] Tepedino, G. Introdução: crise de fontes normativas e técnica legislativa na parte geral do Código Civil de 2002. In: Tepedino, Gustavo (Coord.). *A parte geral do novo código civil*. Rio de Janeiro: Renovar, 2007, p. XXXI e XXXII. "Tanto no direito brasileiro como no direito comparado, a boa-fé objetiva provoca substanciais modificações no direito obrigacional, flexibilizando-o e, em certos casos, afastando o princípio da autonomia privada, [...] A conveniência da inserção do princípio da boa-fé objetiva em cláusula geral, como ocorre no Projeto de Reforma do Código Civil, resulta, ainda, da circunstância de evitar, esta técnica, tanto a ocorrência de rupturas sistemáticas quanto a exacerbação da atividade legis-

para a interpretação de disposições contratuais, fornecendo uma fundamental conexão entre a lei e a ordem constitucional vigente, tendo como base o art. 170 da Constituição Federal.[233]

Essa concepção é clara e relevante tradicionalmente. A autonomia privada passa a fazer parte de uma variada gama de preceitos fundamentais que englobam a função social do contrato, a boa-fé e a justiça contratual.[234] Depois da lei, tal corolário também está presente na jurisprudência a partir do Enunciado nº 23 do Conselho da Justiça Federal.[235]

Estabelecidos esses preceitos, observam-se, em relação aos MASCs, duas situações muito interessantes. A primeira delas é a cada vez maior planificação de solução de controvérsias na qual as partes criam praticamente um sistema de solução de controvérsias tornando-o adequado para o litígio que possuem. De outra banda, há situações em que um litígio já é existente e está sendo manejado sob as regras de um método de solução de controvérsias jurisdicional, Judiciário ou arbitragem, que

lativa, porquanto enseja o contínuo desenvolvimento do direito e a sua maleabilidade às novas exigências sociais." (Costa, J. M. *A boa-fé no direito privado.* São Paulo: Revista dos Tribunais, 2000, p. 517-518). Nesse contexto, determina-se com que diligência deve ser exercido o dever de informar e de lealdade, buscando-se o equilíbrio das prestações com a proteção da confiança entre as partes (Menezes Cordeiro, A. M. da R. *Da boa-fé no direito civil.* Coimbra: Almedina, 2001, p. 660).

232 J. M. Othon Sidou apresenta críticas ao referido artigo do Código Civil em primeiro lugar porque se tratou de emenda tardia e em segundo lugar porque não adicionou nada ao ordenamento jurídico brasileiro, na medida em que só repetiu ditames do art. 170 da Constituição Federal de 1988 e afirmou o óbvio, pois a atividade econômica se instrumentaliza pelo contrato (Othon Sidou, J. M. *Sobre o novo código civil.* 2. ed. Rio de Janeiro: Forense Universitária, 2004, p. 49).

233 Tal dispositivo legal impõe um equilíbrio entre a liberdade de atuação econômica e os requisitos protetivos de cunho social. É uma expressão macroscópica da dicotomia entre liberdade contratual e liberdade de contratar. Cf. Costa, N. N.; Alves, G. M. *Constituição federal anotada e explicada.* 3. ed. Rio de Janeiro: Forense, 2006, p. 465-468 e Moraes, A. de. *Constituição do Brasil anotada e legislação constitucional.* 5. ed. São Paulo: Atlas, 2006, p. 2.003-2.005.

234 Rosenvald, N. In: Peluso, A. C. (Coord.). *Código civil comentado.* Barueri: Manole, 2007, p. 313-314.

235 "23 – Art. 421: a função social do contrato, prevista no art. 421 do novo Código Civil, não elimina o princípio da autonomia contratual, mas atenua ou reduz o alcance desse princípio quando presentes interesses metaindividuais ou interesse individual relativo à dignidade da pessoa humana.".

permitem a aplicação do que se convencionou chamar, na *Common Law*, de *case management*, como será analisado com mais vagar a seguir, no item 6.3.[236]

É muito comum a referência ao princípio da autonomia da vontade quando se discutem MASCs no Brasil, especialmente arbitragem. Isso porque os terceiros que participarão de qualquer método de solução de controvérsias, exceto o juiz togado, receberão os seus poderes por meio de uma convenção privada celebrada entre as partes. Como considera Carlos Alberto Carmona, a Lei de Arbitragem permitiu o grau máximo de autonomia da vontade para as partes ao possibilitar inclusive que elas escolhessem a lei aplicável ao mérito do litígio, podendo inclusive optar por usos e costumes internacionais, regulamentos de corporações etc.[237]

Nesse contexto também estão presentes regras de boa-fé indicadas pela doutrina como fundamentais para a interpretação da manifestação de vontade das partes no tocante à intenção de arbitrar.[238] Tal entendimento pode ser estendido, sem muito risco, aos demais métodos de solução de controvérsias, especialmente porque a origem contratual de métodos adjudicatórios e consensuais é semelhante.

[236] Como ensina Marco Antonio Garcia Lopes Lorencini, essas são as duas formas de instauração dos MASCs, a partir de um sistema de solução de controvérsias já instituído, como o Judiciário, tendo este o papel de incentivar a utilização dos métodos alternativos de solução de controvérsias. E, de outro lado, modos contratuais. De qualquer modo, deve haver uma superação do formalismo e a sua superação como instrumento de segurança (LORENCINI, Marco Antonio Garcia. Prestação jurisdicional pelo Estado e meios alternativos de solução de controvérsias convivência e formas de pacificação social: uma sugestão de integração. Tese (Doutorado em Direito) – Faculdade de Direito, Universidade de São Paulo, São Paulo, 2006, p. 172-178).

[237] CARMONA, C. A. *Arbitragem e jurisdição.* Op. cit., p. 15. Nesse contexto, o Professor Jacob Dolinger analisa a possibilidade de escolha da lei aplicável à solução de um determinado litígio à luz do direito brasileiro. A conclusão é a de que as partes deverão sempre ter em mente, quando contratam, em que local será proferida a sentença arbitral para que não se corra o risco de perder todo o trabalho realizado. No mais, deve prevalecer a vontade das partes (DOLINGER, J. *A autonomia da vontade para escolha da lei aplicável no direito internacional brasileiro.* In: CARMONA, C. A.; BATISTA MARTINS, P. A.; LEMES, S. M. (Coord.). *Arbitragem*: estudos em homenagem ao Prof. Guido Fernando da Silva Soares in memoriam. São Paulo: Atlas, 2007, p. 72-111).

[238] GUERRERO, L. F. *Convenção de arbitragem e processo arbitral.* São Paulo: Atlas, 2009, p. 38-39.

É por isso que se pode dizer com tranquilidade que, na fase contratual dos métodos de solução de controvérsias, todos os preceitos basilares dos contratos, especialmente a autonomia da vontade e as suas limitações como a função social do contrato e os preceitos de boa-fé ganham força. Está-se tratando de um momento de deliberação entre as partes no qual elas debatem, em conjunto, de que modo a controvérsia será solucionada.

Tal debate é mais ou menos difícil se existente ou não o conflito. Se inexistente, na maioria das vezes, as partes estarão discutindo a forma de solução de controvérsias de modo genérico e futuro, por meio de cláusulas contratuais, instituindo um método de solução de controvérsias ou mesmo misturando-os ou até mesmo prevendo uma escala entre vários, nas chamadas cláusulas escalonadas de solução de controvérsias que serão analisadas com mais vagar a seguir. Do contrário, já presente o conflito, as partes em geral disciplinam formas de solucioná-los por meio de compromissos, especialmente em situações nas quais tais conflitos são submetidos a alguma entidade de solução de conflitos vinculada ao Poder Judiciário.[239]

Dificilmente as partes, por si, estarão juntas para debater o MASC mais adequado e suas regras para a solução do seu conflito depois que ele eclodiu. Esse era um dos principais motivos para o insucesso da arbitragem no Brasil até 1996, até o advento da execução específica da cláusula compromissória.

A arbitragem, contudo, padecia por não poder utilizar a salvaguarda do Judiciário, posto que é um método jurisdicional, ao passo que a mediação e a conciliação não o são. Somente depois da criação de um sistema de salvaguarda para a arbitragem, utilizando-se o Judiciário apenas para garantir a sua efetivação, sem interferir no seu desenvolvimento (art. 8º da Lei de Arbitragem), o panorama mudou.

É fundamental fazer uma análise de dois relevantíssimos institutos de direito civil para os MASCs, quais sejam transação e compromisso,

[239] Não há nenhuma diferença teleológica entre tais formas de instituir um ADR. Ideia semelhante em relação à arbitragem já foi apresentada em Lima, C. V. de. Ensaio sobre os efeitos do uso da expressão "convenção de arbitragem" na lei nº 9.037/96. In: Pucci, A. N. (Coord.). *Aspectos atuais da arbitragem*. Rio de Janeiro: Forense, 2000, p. 68-74; e Guerrero, L. F. *Convenção de arbitragem e processo arbitral*. Op. cit., p. 10.

fundamentais para o bom funcionamento de qualquer método de solução de controvérsias, estabelecendo diferenciações entre eles e, mais do que isso, bases conceituais rigorosas, tendo em vista a enorme confusão encontrada na doutrina entre método e resultado.

Buscar-se-á deixar claro que a mediação e a conciliação, assim como a arbitragem, no tocante à sua origem contratual, não constituem acordo sobre mérito do litígio, embora nele possam resultar, mas, sim, significam uma concordância de vontades acerca de um método de solução de controvérsias.

A seguir, serão analisados os institutos fundamentais quando se trata de solução de controvérsias de modo independente da manifestação de jurisdição do Estado.

### 6.1.1. O compromisso e as cláusulas simples

A Lei de Arbitragem, quando promulgada em 1996, revogou todos os dispositivos do então Código Civil em vigor que tratavam do compromisso, bem como todas as disposições do CPC/1973 que disciplinavam o instituto da arbitragem.

No entanto, nem por isso o compromisso deixou de existir em nosso ordenamento. Até porque os arts. 11 e seguintes da Lei de Arbitragem preveem regras sobre o compromisso arbitral, bem como, com o novel Código Civil, surgiram os arts. 851, 852 e 853 para disciplinar de modo genérico o instituto.

A definição contida no art. 851, indubitavelmente, recebeu um avanço funcional, bem como uma melhor alocação do instituto jurídico, posto que deixou de constar como um método extintivo das obrigações como no Código Civil de 1916, para ser uma modalidade de contrato no código vigente (incluído no Título VI – Das Várias Espécies de Contratos, Capítulo XX). Tal alteração tem o escopo nítido de atender às atribuições que o legislador deseja do instituto. Assim, a ausência de disposição específica pode representar dúvida para importação dessa modalidade contratual para outros métodos de solução de controvérsias.

Durante muito tempo a doutrina discutiu qual seria a natureza desse instituto, se inserido no âmbito do direito processual ou se no âmbito do direito material. Contudo, aqueles que consideram que o compromisso é um instituto de direito processual se equivocam, já que, embora tenha efeitos processuais, o compromisso tem origem no acordo de vontade entre as partes e natureza contratual. Embora a arbitragem possa surgir de um compromisso, não se confunde com ele. De outro lado, a arbitragem pode resultar em uma transação, mas, também, não se confunde com ela.[240]

De outro lado, Washington de Barros Monteiro, contudo, indica que o compromisso teria uma "analogia com a arbitragem do direito internacional. Aquele e esta constituem modos de solução para determinada controvérsia, mediante julgamento de um estranho e por acordo dos próprios interessados".[241]

Inicialmente, há que esclarecer não haver diferença de natureza e efeitos entre a arbitragem nacional e a arbitragem internacional, exceto pela presença de um elemento de estraneidade na segunda. E tal dicotomia sequer foi abarcada pela legislação nacional que se limita a diferenciar entre arbitragens nacionais e estrangeiras de acordo com o critério do local de proferimento da sentença (art. 34 da Lei de Arbitragem, art. I, I da Convenção de Nova Iorque – Sobre o Reconhecimento e a Execução de Sentenças Arbitrais Estrangeiras, e art. 4º da Convenção do Panamá – Convenção Interamericana sobre Arbitragem Comercial Internacional).

Ademais, o revogado Código Civil, em nenhum momento, indicava que o compromisso seria utilizado para a solução de litígios, mas sim que poderia definir métodos, no caso explicitamente a arbitragem, para a solução desses litígios, o que é bastante diferente!

Essa indicação do instituto de direito civil responsável pelo vínculo entre as partes para definição de um MASC com a própria forma de solução de controvérsias já era combatida por J. M. Carvalho Santos, para quem:

> "O juízo arbitral, em uma alta análise, é a própria potencialidade do compromisso de traduzir-se em ação, de desempenhar a sua finalidade, representando o nexo indispensável entre o direito em abstrato e a sua concreta atuação. Sem o compromisso, o juízo arbitral não teria eficácia, por lhe

[240] Nesse sentido é a lição de Buzaid, A. Do juízo arbitral. *Revista da Faculdade de Direito da Universidade de São Paulo*, v. LV, São Paulo, EDUSP, 1960, p. 187.

[241] Monteiro, W. de B. *Curso de direito civil*. 33. ed. São Paulo: Saraiva, 2001, v. V, p. 325.

faltar o ponto de apoio e a sua razão de ser, não podendo ele sobreviver sem o vínculo de relação com o direito substancial."[242]

Atualmente, a cláusula compromissória tem a mesma eficácia do compromisso de acordo com os arts. 3º e seguintes da Lei de Arbitragem, mas pode-se apenas acrescentar que sem o compromisso, acordo de vontades, nenhum método de solução ocorreria, já que a forma de adesão aos MASCs é contratual.

Modernamente, sem dúvida, o compromisso pode ter aplicação mais ampla. Pode ser utilizado em qualquer sucedâneo ao Judiciário como forma de extinção de conflitos e de obrigações. Nesse aspecto, são corretas as palavras de Clóvis Bevilacqua:

> "a sua collocação nos Codigos civis deve ser entre as regras das obrigações e, em particular, entre os modos de extingui-las. Mas os Codigos civis devem limitar-se a estabelecer o instituto, e deixar as leis de organização judiciária e do processo as condições do seu funcionamento e da sua ritualidade".[243]

Desta feita, o instrumento jurídico está estabelecido e as partes podem, utilizando a autonomia da vontade e os limites das leis processuais, em certos casos, disciplinar suas formas de solução de controvérsias.

Transação e compromisso são instrumentos jurídicos. Arbitragem, mediação, conciliação, de outro lado, são métodos de solução de controvérsias que utilizam institutos jurídicos diversos em seu bojo. Assim, a posição esposada por Silvio Rodrigues parece mais razoável na medida em que "o compromisso é um ato de vontade capaz de criar relações na órbita do direito e, por conseguinte, é negócio jurídico. Ele se ultima

[242] Carvalho Santos, J. M. *Código civil brasileiro interpretado.* Op. cit., v. XIV, p. 7. No mesmo sentido: Arnoldo Wald (Wald, A. *Direito civil brasileiro.* Op. cit., p. 99). Há que se mencionar ainda o antiquíssimo e relevante parecer de lavra de F. Mendes Pimentel de 1916, para quem a arbitragem era uma forma de solução de controvérsias como qualquer outra, com a restrição de que a sentença arbitral, na época, deveria ser homologada (Mendes Pimentel, F. Fornecimento de energia electrica. *Revista Forense,* Rio de Janeiro, Forense, v. XXVI, 1916, p. 76-100).

[243] Bevilacqua, C. *Código civil dos Estados Unidos do Brasil.* 8. ed. Rio de Janeiro: Livraria Francisco Alves, 1950, v. IV, p. 190.

pelo consenso de vontade de duas ou mais pessoas que indicam árbitros e se vinculam a acatar as suas decisões".[244]

Frise-se sempre que o entendimento sobre compromisso não se restringe à arbitragem, embora ela seja o MASC mais tradicional. Em qualquer caso, indubitavelmente, trata-se de negócio jurídico com consequências processuais.[245]

Portanto, o compromisso se mostra um meio idôneo para que as partes definam de que modo o conflito entre elas será solucionado, indicando de que modo eventual terceiro neutro[246] atuará e quais serão as consequências dessa atuação. Tal terceiro poderá ser um facilitador da comunicação entre as partes e aí estaremos diante de um compromisso para mediação.

Sem dúvida, o compromisso pode servir de base para a instituição de qualquer método de solução de controvérsias que as partes desejarem, ressalvadas as especificidades e as exigências legais de cada um.

Nesse sentido, o compromisso poderá ser judicial ou extrajudicial de acordo com a dicção do art. 851 do Código Civil. Disposição semelhante é encontrada no art. 9º da Lei de Arbitragem, nele sendo estipulado também que o compromisso deve ter a forma escrita,[247] podendo ser considerado nulo se não o for.

Ademais, o compromisso pode ter a forma de instrumento público ou particular assinado por duas testemunhas (Lei de Arbitragem, art. 9º, § 2º). A necessidade formal de o instrumento particular de compromisso ser firmado por duas testemunhas ou ser celebrado por instrumento público tem o único escopo de conferir maior efetividade ao instituto. Isso porque o CPC prevê, em seu art. 784, incs. II e III,[248] que esses documentos são títulos executivos extrajudiciais, se tiverem tais características.

[244] RODRIGUES, S. *Direito civil*. 30. ed. São Paulo: Saraiva, 2005, v. III, p. 380.

[245] GUERRERO, L. F. *Convenção de arbitragem e processo arbitral*. Op. cit., p. 7-25.

[246] Vide nota nº 53.

[247] É disposição recorrente que o compromisso deve ser celebrado por escrito (art. 1.443 do Código de Processo Civil Francês). Sua prova pode ser oferecida por todos os meios, inclusive por troca de correspondência, desde que exista recíproca aceitação entre as partes. No mesmo sentido: STRENGER, I. *Comentários à lei brasileira de arbitragem*. São Paulo: LTr, 1998, p. 75.

[248] Assim como o CPC/1973 já fazia em seu art. 743, incisos II e III.

Se for celebrado judicialmente, o compromisso retirará do juiz togado a possibilidade de analisar aquela matéria que lhe fora submetida por inteiro ou em parte, pois nada impede que as partes celebrem um compromisso para solução de apenas parte do seu litígio, permanecendo o restante para ser solucionado pelo Judiciário.

Embora o Código Civil não tenha estabelecido requisitos necessários para a celebração de um compromisso, sendo intuitivo que tal instituto siga as regras gerais do contrato, vigendo também aqui o princípio da autonomia da vontade,[249] tendo como referência os elementos indispensáveis e facultativos do compromisso arbitral estabelecidos pela Lei de Arbitragem.[250]

Assim, além dos elementos obrigatórios e facultativos, poderão existir também elementos convencionais que originarão o compromisso. A ausência de um dos elementos obrigatórios não levará necessariamente à nulidade do compromisso de plano, exatamente como previsto desde o sistema revogado do CPC/1973 (art. 1.074), podendo gerar impedimentos para a utilização do MASC escolhido.

Os elementos fundamentais que devem constar do compromisso arbitral, e de acordo com o presente estudo em qualquer compromisso que institua um MASC, estão previstos no art. 10 da Lei de Arbitragem, e se referem à qualificação das partes e dos árbitros, ou da entidade que os indicará se a arbitragem for institucional, e ainda não houver indicação dos árbitros, a matéria que dirimida pelos julgadores ou analisada por mediadores e conciliadores e o local em que a sentença arbi-

[249] Isso quer dizer que as partes podem estabelecer de modo livre, nos limites da utilização dos ADR, cláusulas específicas para o caso que estejam discutindo. Não podem, contudo, abrir mão das cláusulas ditas obrigatórias.

[250] A dicotomia entre requisitos obrigatórios e facultativos já existia quando o compromisso era regulado pelo Código Civil de 1916. Lá se previam, nos arts. 1.039 e 1.040, requisitos facultativos que hoje seriam esdrúxulos, como a possibilidade de recurso da decisão proveniente do compromisso (Bevilacqua, C. *Código civil dos Estados Unidos do Brasil.* Op. cit., p. 192-193). A ideia de recurso de uma decisão decorrente de um método ADR, acertado por meio de um compromisso, ofende a ideia de equivalente jurisdicional que já era esposada e exposta por José de Moura Rocha (Rocha, J. de M. *Do contrato de transação judicial.* Op. cit., p. 24-26) a partir das ideias de Francesco Carnelutti, para quem havia uma nítida equivalência entre as soluções contratuais e jurisdicional da lide. Os dois métodos seriam capazes de solucionar a lide de modo justo (Carnelutti, F. *Lezioni di diritto processuale civile.* Padova: CEDAM, 1933, v. II, p. 87).

tral deverá ser proferida[251] (art. 10 da Lei de Arbitragem) ou em que o acordo for celebrado. O objetivo é claro de indicar, com clareza, que são as partes que submeteram seu litígio a um terceiro e em que local têm interesse que esse pronunciamento ou acordo sejam efetivados.

Não obstante a presença e a importância de tais requisitos, eles devem ser mitigados e analisados com parcimônia sempre que possível, porque a ausência de uma correta indicação de endereço ou a incorreção de algum dado qualificativo de uma das partes ou dos árbitros pode ser, no mais das vezes, suprida, não devendo as partes se concentrar e procurar filigranas para dificultar a utilização do método de solução de controvérsias.[252] Tal ideia, todavia, não significa que as partes tenham liberdade total para a celebração de um compromisso e não tenham nenhum limite legal.

Obviamente, precisarão estar atentas para disposições relativas ao regime de casamento e possibilidade de demandar, especialmente de acordo com os arts. 53 e seguintes do CPC, bem como com a capacidade das partes para contratar, em geral, e a natureza dos direitos envolvidos que devem ser patrimoniais disponíveis.

No caso da arbitragem, por exemplo, estando clara a vontade para arbitrar, as partes estarão completamente vinculadas e até a demanda prevista no art. 7º da Lei de Arbitragem poderá ser utilizada para que efetive a utilização do instituto, suprindo-se judicialmente alguma falha que ele contenha e que não seja decorrente da natureza do direito envolvido ou relativa à capacidade das partes, vícios em geral insanáveis. Em relação à mediação e à conciliação, como se verá, a análise da vinculação e os efeitos do compromisso e da cláusula compromissória são um pouco diversos pela própria natureza de tais métodos de solução de controvérsias. Nesse diapasão, A Lei de Mediação garante a efetivação

[251] Fundamental para a aferição de necessidade de procedimento de homologação de sentença estrangeira caso a sentença arbitral seja proferida fora do Brasil. Os países do Mercosul possuem a facilidade do Protocolo de Las Leñas, procedimento simplificado para a homologação de sentenças estrangeiras.

[252] Carmona, C. A. *Arbitragem e processo.* São Paulo: Malheiros, 1998, p. 177. No mesmo sentido: P. A. B. Martins, *Aspectos Jurídicos do Compromisso* in Carmona, C. A.; Batista Martins, P. A.; Lemes, S. M. F. (Org.). *Aspectos fundamentais da lei de arbitragem.* Rio de Janeiro: Forense, 1999, p. 238-240.

do método por meio da execução específica da cláusula compromissória, mas não impõe resultado por meio de acordo.

Ainda no caso da mediação e da conciliação, por não haver conteúdo decisório na atividade do terceiro, o compromisso arbitral pode indicar uma eleição de foro ou, se nada for disposto a respeito, podem ser aplicadas as regras do art. 9º da Lei de Introdução ao Código Civil, com o brocardo *locus regit actum*.

No tocante aos requisitos facultativos do compromisso, no art. 11 da Lei de Arbitragem são indicados os seguintes: (i) local, ou locais, onde se desenvolverá a arbitragem; (ii) a autorização para que o árbitro ou os árbitros julguem por equidade, se assim for convencionado pelas partes; (iii) o prazo para apresentação da sentença arbitral; (iv) a indicação da lei nacional ou das regras corporativas aplicáveis à arbitragem, quando assim convencionarem as partes; (v) a declaração da responsabilidade pelo pagamento dos honorários e das despesas com a arbitragem; e (vi) a fixação dos honorários do árbitro, ou dos árbitros.

O local ou locais em que se desenvolverá a arbitragem traz à baila o conceito de sede da arbitragem, que não é adotado pelo ordenamento jurídico brasileiro e, por isso, tal requisito é apenas facultativo.

Para o direito brasileiro, tem relevância apenas o local em que será proferida a sentença arbitral, definindo-se aí se ela será nacional ou internacional. O local em que se praticam os atos do processo arbitral é algo que fica na esfera de voluntariedade e interesse das partes, exceto se daí decorrer algum prejuízo ao contraditório e à ampla defesa. Tal situação se verifica, por exemplo, quando a oitiva de uma testemunha é determinada para local distante somente para dificultar o deslocamento de uma das partes. Esse tipo de comportamento, por óbvio, não pode ser tolerado.

No entanto, a sede da arbitragem tem relevância para se determinar com clareza, por exemplo, se o Judiciário conferirá medidas de apoio à arbitragem, a despeito da nacionalidade das partes ou local de proferimento da sentença arbitral, sem que seja necessária maior divagação.[253]

[253] "Ao ponderar possíveis sedes, a análise do risco/benefício deverá envolver tanto a lei nacional quanto as convenções que envolvam a questão. Sucintamente, o estudo da sede, do ponto de vista jurídico, tem repercussão para: (i) definição da nacionalidade do laudo com reflexos na execução; (ii) definição da competência do Judiciário para controle do laudo via

No tocante aos itens (ii) e (iv), relativos ao julgamento por equidade e indicação de regras para julgamento, menciona-se que se dirigem aos árbitros, podendo as partes indicar, de antemão, sob quais regras desejam ver o seu caso julgado. E tais requisitos se aplicam somente à arbitragem porque somente nesse MASC haverá julgamento.

Valendo-se da equidade, os julgadores poderão aplicar entendimentos diversos daquele vigente nos ordenamentos jurídicos aplicáveis, que podem estar relacionados com o caso concreto, valendo mais o seu senso de justiça para cada caso do que as disposições legais ou regulamentares. Assim, exclui-se a aplicação direta de uma lei, jamais do direito.[254]

A arbitragem *ex aequo et bono*[255] indica que o árbitro, se houver a permissão das partes na convenção de arbitragem, poderá afastar-se da lei, portanto, para realizar o seu julgamento. Trata-se de uma atividade intuitiva do julgador na qual este não utiliza a lei como a sua fonte de julgamento, mas pode se valer de outras regras.[256] Há uma permissão das partes para que os julgadores busquem fonte de obrigações que considerem mais adequadas para o caso concreto.

Por isso, o julgamento por equidade não pode ser considerado *contra legem*, pois sempre haverá um substrato do ordenamento jurídico aplicável a embasá-lo.[257] A análise, portanto, será sempre *secundum legem*, com aplicação de regras que o julgador considerar mais adequadas. Julgar por equidade não quer dizer que o julgador estará desobrigado de

ação de nulidade; (iii) a lei da sede tem papel subsidiário para regular a validade da convenção arbitral; e (iv) a lei da sede também desempenha papel importante nas disposições procedimentais imperativas." (Braghetta, A. A escolha da sede da arbitragem. *Revista do Advogado*, São Paulo, nº 87, AASP, 2006, p. 10; e Braghetta, A. *A importância da sede da arbitragem*. Rio de Janeiro: Renovar, 2010.).

254 Couture, E. J. *Vocabulário jurídico*. Buenos Aires: Depalma, 1988, p. 258.

255 Ou no direito francês a figura do *amiable compositeur*. O entendimento no referido ordenamento jurídico é o de que algumas disputas podem ser tão complexas que por vezes é razoável permitir que os árbitros julguem além da lei, isto é, tenham instrumentos além da lei para analisar a demanda (Delvolvé, J.-L.; Rouche, J.; Pointon, G. H. *French arbitration law and pratice*. The Hague: Kluwer Law International, 2003, p. 152-153; e Vidal, D. *Droit français de l'arbitrage commercial international*. Paris: Gaulino, 2004, p. 245).

256 Rotondi, M. Equitá e principì generali di diritto. In: Rotondi, M. *Studio di diritto comparato e teoria generale*. Padova: CEDAM, 1972, p. 23.

257 Idem, p. 31.

fundamentar o seu livre convencimento. Este terá que continuar sendo motivado.

Ademais, tal determinação não significa que o julgador deva necessariamente se afastar da lei, como sustenta Carlos Alberto Carmona, mas somente dela se afastar naquela situação concreta de verificar que a disposição legal não lhe parece justa,[258] adequando-se a norma particularmente ao caso que se pretende resolver.[259] Não se trata de um juízo que se desvincula do juízo legal, sendo conferida tutela jurisdicional por meio de uma derivação deste. Há nítida liberdade para o julgador, mas esta não é absoluta, ela deve estar em conformidade com o ordenamento jurídico aplicável.[260]

Nos dizeres de Selma Maria Ferreira Lemes, "o juízo de equidade tem as seguintes funções: (a) interpretativa; (b) quantificadora; (c) supletiva; (d) corretiva; (e) substitutiva", mas o juiz e o árbitro, quando julgam por equidade na acepção da Lei de Arbitragem, exercem apenas a função substitutiva, posto que estarão autorizados a se valer de uma norma diversa da lei para proferir o seu julgamento.[261]

Esse tipo de regra de julgamento, contudo, não é comum em arbitragens brasileiras e internacionais envolvendo partes brasileiras, tendo em vista resistências culturais, e a utilização da equidade não ofenderá a ordem pública nacional.[262] Chiara Tenella Sillani, por sua vez, afirma existir um renascimento desse tipo de arbitragem por equidade a partir do aprofundamento da globalização e da maior influência do direito francês. As raízes latinas do instituto ainda são bastante vivas no direito francês, e essa influência vem se irradiando a partir da figura do *amiable compositeur*[263] ou compositor amigável.

[258] Carmona, C. A. *Arbitragem e jurisdição*. Op. cit., p. 66.

[259] Verde, G. *Profili del proceso civile*. Napole: Jovene, 1982, p. 99-100.

[260] Fradera, V. M. J. Aspectos problemáticos na utilização da arbitragem privada na solução de litígios relativos a direitos patrimoniais disponíveis: comentários à lei de arbitragem. In: Marques, C. L.; Araújo, N. de (Org.). *O novo direito internacional*: estudos em homenagem a Erik Jayme. Rio de Janeiro: Renovar, 2005, p. 407.

[261] Lemes, S. M. F. *A arbitragem e a decisão por equidade no direito brasileiro e comparado*. In: Carmona, C. A.; Batista Martins, P. A.; Lemes, S. M. (Coord.). *Arbitragem*. Op. cit., p. 196.

[262] Muniz, J. T. de P.; Basílio, A. T. P. *Arbitration law of Brazil*: practice and procedure. Huntington: Juris Publishing, 2006, p. 40-41.

[263] Sillani, C. T. *L'arbitrato di equitá*. Milano: Giuffrè, 2006, p. 254-255.

Essa tendência, verificada do comércio internacional, realmente ainda não ganhou no Brasil, mas deve evoluir na medida em que a arbitragem e os métodos de solução de controvérsias em geral se tornarem mais utilizados e fizerem parte do dia a dia dos profissionais do direito.

Além disso, há a possibilidade de fixação do prazo para a sentença arbitral, requisito que invariavelmente é redimensionado pelos árbitros, pois somente eles, ao tomarem conhecimento do volume da causa, conhecedores do seu ritmo de trabalho e estimando as provas que consideram necessárias, poderão fixar com clareza um prazo para que a sentença seja proferida. Não por isso, tal requisito também é facultativo e serve de norte para os árbitros.

Não obstante, não havendo acordo entre as partes, não se pode olvidar que, de acordo com o art. 12, inciso III, da Lei de Arbitragem, se referido prazo não for cumprido, o compromisso arbitral poderá até ser extinto. É um alerta para que as partes e os árbitros fixem prazos razoáveis e palatáveis.

Finalmente, os itens (v) e (vi) indicam regras de atribuição de ônus de sucumbência que podem ser repartidos entre as pessoas que participarão da arbitragem, serem arcados pelo vencido, pela parte economicamente mais forte no caso de um MASC consumerista, enfim, há ampla liberdade para as partes. É importante, todavia, que os árbitros, conciliadores, mediadores e as respectivas câmaras prevejam mecanismos seguros para a remuneração do seu trabalho e efetivo recebimento.

Assim, na linha de ampliação dos dispositivos da Lei de Arbitragem para os demais MASCs, não se poderia esperar que o legislador de 1996 antevisse o horizonte atual, com a ampliação dos métodos de solução de controvérsias ao, aparentemente, restringir o instituto do compromisso somente para a arbitragem. Não obstante, tal interpretação não é a mais razoável. A Lei de Arbitragem pode ser vista sim como um norte, uma referência para os métodos de solução de controvérsias. É necessário porém que as disposições relativas à arbitragem, método de solução de controvérsias jurisdicional, não sejam aplicadas indistintivamente para os métodos consensuais em todas as situações. No entanto, algumas soluções que o direito brasileiro prevê para a arbitragem podem ser utilizadas para os métodos consensuais. A disciplina da relação entre a arbitragem e o Judiciário e os efeitos positivos e negativos da convenção de arbitragem são as bases para o tratamento na categoria de questões prévias dos MASCs consensuais em relação ao Judiciário, como se analisará no item 7.2 e 7.3 a seguir.

Tanto é assim que o art. 851 do Código Civil apresenta disposição ampla, de modo a abarcar todas as formas de solução de controvérsias, nos limites do art. 852 do mesmo Código.

Os fundamentos legais para a larga utilização do instituto do compromisso como substrato para os métodos de solução de controvérsias estão apresentados Há inclusive tendo o compromisso arbitral como referência. Não se pode olvidar também que todas as disposições do compromisso podem estar em um contrato mais amplo e a manifestação de vontade para utilização de um MASC pode estar presente em cláusulas simples de solução de controvérsias, exatamente como na arbitragem, nos termos dos arts. 853 do Código Civil e 3º e seguintes da Lei de Arbitragem.

O contrato que contiver a cláusula de solução de controvérsias deverá reunir todos os elementos essenciais previstos pela lei para o compromisso, exceto a indicação pormenorizada do litígio, uma vez que, ao serem celebrados o contrato e a cláusula de solução de controvérsias, não se sabe com certeza quais litígios poderão advir daquele negócio jurídico.

### 6.1.2. A transação

O conceito de transação apresentado pelo art. 840 do Código Civil indica que tal método de extinção das obrigações pode ser utilizado como forma de extinção ou prevenção de conflitos.

Como indica Caio Mário da Silva Pereira, transação é uma modalidade especial de negócio jurídico que tem por escopo pôr termo a litígio existente ou a litígio eventual entre as partes. "Podemos defini-la como um acordo liberatório, com a finalidade de extinguir ou prevenir litígios, por via de concessões recíprocas das partes."[264]

No sentido técnico, posto que transação pode ainda representar qualquer relação comercial, constitui um negócio jurídico bilateral e oneroso pelo qual as partes, mediante concessões mútuas, põem termo a um determinado litígio ou a um possível litígio. Nos dizeres de Francisco Cavalcante Pontes de Miranda:

[264] PEREIRA, C. M. da S. *Instituições de direito civil*. Op. cit., p. 214.

> "A transação é a negociação jurídico-bilateral, em que duas ou mais pessoas acordam em concessões recíprocas, com o propósito de pôr termo a controvérsia sobre determinada, ou determinadas relações jurídicas, seu conteúdo, extensão, validade, ou eficácia. Não importa o estado de gravidade em que se ache a discordância, ainda se é quanto à existência, ao conteúdo, à extensão, à validade ou à eficácia da relação jurídica; nem, ainda, a proveniência dessa, de direito das coisas, ou de direito das obrigações, ou de direito de família, ou de direito das sucessões, ou de direito público."[265]

A mesma observação feita em relação ao instituto do compromisso, no item anterior, também serve para a transação. É que o art. 840 também realocou o instituto, assim como foi feito com o compromisso, passando estes a constarem como uma espécie de contrato (incluído no Título VI – Das Várias Espécies de Contratos, Capítulo XIX).[266] Nesse aspecto, é fundamental a lição de Caio Mário da Silva Pereira: "Mas na sua nova conceituação, de tipicidade contratual, admite-se que as concessões recíprocas das partes possam criar, modificar ou extinguir relações iguais ou diversas da que tiver dado origem à pretensão ou contestação."[267] No mesmo sentido, Cláudio Luiz Bueno de Godoy considera que a transação não se compadece com uma forçosa natureza declarativa, especialmente pela sua nova alocação e conceituação no direito civil, sendo muito mais razoável que seja constitutiva na medida em que enseja criação, modificação e extinção de direitos, e não apenas

[265] Pontes de Miranda, F. C. *Tratado de direito privado.* 2. ed. Rio de Janeiro: Borsoi, 1959, t. XXV, p. 117.

[266] Clóvis Bevilacqua considera que a transação não seria propriamente um contrato porque seu momento preponderante é o da extinção de obrigações (Bevilacqua, C. *Código civil dos Estados Unidos do Brasil.* Op. cit., p. 176-177). No entanto, consideramos que a alteração promovida pelo Código Civil atual foi adequada porque o que fazem os contratos em geral senão criar e extinguir obrigações? Considerar de modo diverso seria extinguir a categoria jurídica dos contratos. De outro lado, as transações não só extinguem obrigações, como também podem criá-las, dependendo da vontade das partes. Carlos Alberto Dabus Maluf, já em 1999, discutia a natureza do instituto e os seus reflexos para o direito processual civil. O grande ponto para ponderação era exatamente a característica de a transação não se restringir a uma forma de extinção das obrigações (Maluf, C. A. D. *A transação no direito civil e no direito processual civil.* São Paulo: Saraiva, 1999, p. 32-38). No mesmo sentido, comentando sobre o sistema italiano: Galgano, F. *Diritto privato.* Op. cit., p. 631-632.

[267] Pereira, C. M. da S. *Instituições de direito civil.* Op. cit., p. 216.

essa última, exatamente como nos Códigos Civis italianos (art. 1.965) e português (art. 1.248).[268]

Trata-se de uma interpretação que se chama em sede doutrinária de neoclássica da transação, aplicando-se a ela efeitos constitutivos também. Tal teoria foi desenvolvida por Louis Boyer[269] e no Brasil foi descrita por Carlos Alberto Dabus Maluf.[270] Supera-se a teoria clássica da natureza declaratória da transação e a teoria translativa da transação que considera que ele realiza transferência mútua de direitos entre as partes.[271]

Em relação à incerteza que se pretende extinguir com a transação, do ponto de vista do direito brasileiro, esta não precisa ser objetiva, isto é, a questão não precisa ser litigiosa. É por isso que se diz que a transação é possível em lides presentes ou futuras A incerteza, nesse caso, portanto, pode ser somente de ordem subjetiva, ser "imperante no espírito dos interessados", nos dizeres de Francesco Carnelutti.[272]

A transação ainda tem um duplo fundamento econômico de, por um lado, permitir a migração de uma situação insegura para outra segura. Há um contrato de concessões mútuas, indicado há muito pela doutrina como uma relação de duas vias, de equivalência, um sinalagma, indicativo também de um título oneroso entre as partes e com uma *alea* acerca das obrigações estabelecidas.[273]

Contudo, embora o Código Civil de 1916 trate a qualidade de imutabilidade dos efeitos da transação de modo idêntico à qualidade de imutabilidade dos efeitos da sentença, atribuindo-lhe a aptidão de produzir coisa julgada,[274] o atual Código Civil não repetiu tal disposição. A natureza do instituto, todavia, não se alterou e em alguns pontos o legislador buscou fortalecer a sua utilização. Em uma primeira análise, poder-se-ia dizer que a ausência dessa disposição seria um desprestígio aos métodos

[268] Godoy, C. L. B. In: Peluso, A. C. (Coord.). *Código civil comentado*. Op. cit., p. 713.

[269] L. Boyer, *La Notion de Transation*, Paris, Sirey, 1947, p. 333-334.

[270] Maluf, C. A. D. *A transação no direito civil e no direito processual civil*. Op. cit., p. 99.

[271] Idem, p. 94-103.

[272] Carnelutti, F. Sulla causa della transazione. *Rivista di Diritto Commerciale*, Milano, Casa Edittrice Dottore Francesco Vallardi, 2ª Parte, 1914, p. 575.

[273] Cf. Cunha Gonçalves, L. *Dos contratos em especial*. Lisboa: JM, 1955, p. 343.

[274] "Art. 1.030. A transação produz entre as partes o efeito de coisa julgada, e só se rescinde por dolo, violência, ou erro essencial quanto à pessoa ou coisa controversa."

de solução de controvérsias, o que não se configura verdade, pois essa equiparação de efeitos nunca representou uma equiparação funcional como a que ocorre entre sentença judicial e sentença arbitral.

O grande avanço está exatamente naquilo em que a legislação, com destaque para as alterações do CPC/1973, para o novo Código Civil e o CPC, fez, ao conferir cada vez mais efetividade às formas convencionais de solução de controvérsias, especialmente nas situações em que há descumprimento por uma das partes. Sem dúvida há uma tendência evolutiva da legislação para atender a uma necessidade crescente.

Está sedimentado o entendimento de que a transação representa uma forma de prevenção ou extinção de litígios, não necessariamente de obrigações. Ampliou-se, portanto, o campo de utilização do instituto, conferindo-lhe um caráter relevantíssimo na disciplina dos métodos de solução de controvérsias.

Como bem assinala Carlos Roberto Gonçalves, a transação não se confunde com a conciliação. Para referido autor, esta seria um "momento processual".[275] Tal entendimento vai ao encontro do que se sustenta neste trabalho porque não se considera a conciliação como um "momento processual" e sim como um método de solução de controvérsias. O instrumento não se confunde com o processo, o resultado não se confunde com o meio, não obstante estejam relacionados

O art. 840 do Código Civil, por sua vez, nada diz sobre as formas de obtenção da transação ou de que modo se chega a ela. Essa é função dos métodos de solução de controvérsias, especialmente os métodos ditos consensuais.

O objeto da transação se restringe aos direitos patrimoniais disponíveis, nos termos do artigo mencionado anteriormente, limitando também o objeto dos MASCs estipulados contratualmente.

Não está afastada a utilização de MASCs consensuais envolvendo direitos não patrimoniais, mas apenas disponíveis.[276] Contudo, tais

[275] Gonçalves, C. R. *Direito civil brasileiro*. 3. ed. São Paulo: Saraiva, 2007, v. III, p. 541.

[276] "Em primeiro lugar, os conceitos estudados costumam qualificar uma determinada relação entre bens e sujeitos. Nesse sentido, a indisponibilidade costuma ser atribuída a determinadas categorias de bens, indicando a proibição de modificação da titularidade originária do bem jurídico, seja essa atribuída a um sijeito individual ou a uma coletividade. Observa-se que, quanto à relação entre bem e sujeito, a regra é da disposição, e a exceção, a da indisponibilidade. Os bens jurídicos, como regrageral, são disponíveis, isto é, podem ter

MASCs não ocorrerão a partir de estipulações para instituição de métodos de solução de conflitos, mas sim em outras searas, tais como o Ministério Público com os Termos de Ajustamento de Conduta ou no Judiciário para questões envolvendo guarda de filhos ou alimentos.[277]

Quanto aos dos princípios relativos à transação, o primeiro a ser tratado é o da indivisibilidade.[278] A transação representa um monólito no tocante à manifestação de vontade das partes. Assim, se uma de suas cláusulas for considerada nula, todo o restante também o será, nos termos do art. 848 do Código Civil. No entanto, se existirem negócios independentes na mesma transação, somente aquele no qual a cláusula nula se refere será invalidado (art. 848, parágrafo único, do Código Civil). Ou seja, a transação deve representar um todo que abranja todo o negócio jurídico a que se refere, contendo todos os seus elementos, embora, tratando-se de diversos negócios jurídicos, como é natural nas relações econômicas complexas, um negócio não atingirá o outro.[279]

sua titularidade modificada, direta ou indiretamente, pela vontade de seus titulares ou por decisão judicial. De forma excepcional, incide sobre determinadas modalidades de bens uma vedação jurídica quanto à disponibilidade, tornando bens dessa natureza insuscetíveis de terem alterada a sua titularidade, por vontade das partes ou, até mesmo, por determinação judicial." (Salles, Carlos Alberto de (Coord.). *Arbitragem na solução de controvérsias contratuais da administração pública*. Op. cit., p. 289-290).

[277] "A instransacionabilidade resulta, sempre, da falta de poder de disposição e.g., as inalienabilidades importam, sempre, intransacionabilidade, sejam elas limitações ou sejam restrições ao poder de dispor." Pontes de Miranda, F. C. *Tratado de direito privado*. 2. ed. Rio de Janeiro: Borsoi, 1959. t. XXV p. 141. No mesmo sentido, Orlando Gomes afirma: "Se bem que não se transmitam direitos pela *transação*, não pode transigir que não tenha o poder de disposição dos que constituem objeto do contrato." (Gomes, O. *Contratos*. 24ª.ed., Rio de Janeiro, Forense, 2001, p. 441), Carlos Alberto Dabus Maluf: "A totalidade dos escritores, dos mais antigos até os mais recentes, costuma repetir como ponto universalmente aceito que transigir é alienar, conceito que se deve entender no sentido de ser imprescindível à formação da transação a mesma capacidade que se requer para alienar." (Maluf, C. A. D. *A transação no direito civil e no direito processual civil*. Op. cit., 39) e Fernanda Tartuce: "Conclui-se, assim, que a mediação, no âmbito das relações privadas propriamente ditas, em que é marcante o tom da disponibilidade dos direitos em jogo, constitui um mecanismo apto a ensejar a composição efetiva e válida da controvérsia." (Tartuce, Fernanda. *Mediação nos conflitos civis*. Op. cit., p. 265).

[278] Rodrigues, S. *Direito civil*. Op. cit., p. 370-371.

[279] Bevilacqua, C. *Código civil dos Estados Unidos do Brasil*. Op. cit., p. 178. A doutrina clássica brasileira sempre teve o receio de indicar a aquisição de direitos na transação porque

Esses dispositivos indicam a necessidade de um cuidado enorme que deve ser tomado pelas partes em qualquer procedimento que culmine em uma transação e principalmente nos procedimentos de MASC. A participação do terceiro também pode ser uma fonte invalidação das transações. Se a fonte invalidação das transações foi fruto de culpa ou dolo do terceiro imparcial, a ele poderá ser imputada responsabilidade civil. Tal situação exige cuidado extremo em situações em que se possam alegar vícios de consentimento ou do negócio que podem tornar uma nulidade ou anulabilidade mais simples de ser demonstrada. Trata-se do princípio da indivisibilidade da transação.

O Código Civil ainda estabelece, de outro lado, que a transação deve ser interpretada restritivamente, pois indica uma renúncia a direitos (art. 843 do Código Civil). No entanto, o mesmo código ampliou os limites da transação, trazendo-a do restritivo campo das formas de extinção das obrigações para o rol das várias espécies de contrato, representando um contrato típico. Nesse aspecto, salientaram-se mais as características da transação como forma de extinção de litígios eventuais ou existentes e sepultou-se a ideia de que a transação somente extinguiria obrigações.

Posto isso, vê-se de modo cristalino que a dicção do art. 843 do Código Civil não pode mais ser interpretada apenas de modo literal. A alteração de alocação do instituto nas disposições do Código também leva a uma nova alocação objetiva. Ao eliminar litígios possíveis e/ou existentes, a transação permite não só a extinção de obrigações, com a renúncia a direitos, justificando-se a interpretação restritiva, como também permite a aquisição de obrigações, com prestações em que o indivíduo pode ser credor ou devedor.

A interpretação restritiva do art. 843 do Código Civil, assim, não atende de modo geral às necessidades do instituto. Será necessário que o intérprete analise as disposições da transação e possa se valer também dos métodos interpretativos dos arts. 112 e seguintes do Código Civil,

ela era conceituada como um modo de extinção obrigacional. Fazia-se um grande esforço para justificar que obrigações eventualmente adquiridas pelo instrumento de transação não decorreriam diretamente do método extintivo de obrigações, mas da relação anterior havida entre as partes. Modernamente, esse medo se esvaiu, dado que a transação é conceituada pelo Código Civil como um negócio jurídico, portanto podendo abrigar sem nenhum problema obrigações novas e extinguir antigas.

o que torna a atividade hermenêutica e de aplicação do direito ao caso concreto mais ampla. A transação não necessariamente conterá renúncias que justificarão a interpretação restritiva, mas, na reorganização da relação jurídica entre as partes para extinguir ou prevenir litígios existentes ou eventuais, novos direitos e deveres poderão ser estipulados.

No tocante ao limite da interpretação jurídica, suas arestas serão aquelas dos negócios jurídicos entabulados entre as partes, isto é, aquilo que será objeto de disposição e de eventual interpretação. O limite de abrangência da transação será exatamente aquela questão a que as partes expressamente fizeram referência. "Às transações não se estendem as dúvidas sobre as quais não se pensou."[280]

Finalmente, o art. 847 do Código Civil, em seu § 3º, admite a presença da pena convencional na transação. Esse é mais um resquício do entendimento da transação como um mero método de extinção das obrigações. Na medida em que a transação é considerada como um contrato, passa a ser desencadeamento lógico a possibilidade de prever cláusula penal,[281] que de outro modo não costuma estar ligada aos modos de pagamento.[282]

Essa disposição era largamente aceita pela doutrina como razoável na medida em que a transação não era conceituada como um contrato.[283] Contudo, a alteração introduzida pelo Código Civil, considerando a transação um contrato, tornou esse dispositivo uma obviedade.

Por fim, anula-se a transação apenas por dolo, coação ou erro essencial quanto à pessoa ou coisa controversa, não se anulando por erro de direito, que, pressupõe-se, deve ser de amplo conhecimento e medi-

[280] Carvalho Santos, J. M. *Código civil brasileiro interpretado.* 3. ed. Rio de Janeiro: Freitas Bastos, 1945, v. XIII, p. 379.

[281] A cláusula penal não tem dupla função, sancionatória e moratória, mas sim pode ser de cada uma dessas espécies (No direito português, a cláusula penal é classificada como sancionatória e indenizatória). (Monteiro, A. P. *Cláusula penal e indemnização.* Coimbra: Almedina, 1999, p. 547). No caso, o que se propõe é que a cláusula penal pode ser sancionatória pelo mero descumprimento da realização do método ADR.

[282] Rodrigues, S. *Direito civil.* Op. cit., p. 372, Bevilacqua, C. *Código civil dos Estados Unidos do Brasil.* Op. cit., p. 186 e Carvalho Santos, J. M. *Código civil brasileiro interpretado.* Op. cit., p. 412.

[283] Nesse sentido: Rodrigues, S. *Direito civil.* Op. cit., p. 372, J. M. Carvalho Santos, J. M. *Código civil brasileiro interpretado.* Op. cit., v. XIII, p. 379 e Gonçalves, C. R. *Direito civil brasileiro.* Op. cit., p. 548.

tação pelas partes, nos termos dos art. 849 do Código Civil, não sendo admitido o erro ou ignorância. Nesse aspecto, como afirma Silvio de Salvo Venosa, "Como negócio jurídico que é, inelutável que se apliquem os regimes das anulabilidades na transação [...]. Na hipótese da transação, portanto, ao contrário da regra geral, não se admitirá ignorância ou erro de direito a respeito da matéria objeto do fundo de transação."[284]

A transação também se tornará nula quando houver sentença passada em julgado cuja uma das partes não tenha conhecimento ou se em tal sentença foi reconhecido que uma das partes não era titular do direito alegado (art. 850 do Código Civil).

As disposições do art. 850 do Código Civil causam uma estranheza conceitual na medida em que só haverá sentença passada em julgado se as partes forem intimadas da decisão proferida em um caso e se desta não houver mais possibilidade de recurso ou se tomou ciência de uma decisão recorrível, mas não se apresentou recurso cabível.

De um modo ou de outro, a "passagem em julgado", ou melhor, o trânsito em julgado, pressupõe ou presume o conhecimento da parte sobre uma decisão que é efetivamente final sobre um litígio ou que tem a potencialidade de ser uma decisão final.

Não parece razoável então que subsista uma hipótese de nulidade de uma transação que indique o desconhecimento de uma sentença transitada em julgado de um caso que envolve as partes em negociação. Ela fatalmente terá conhecimento de tal trânsito em julgado, não podendo ser o desconhecimento uma condição para o fim de uma anulação.

E essa situação já era citada até por Clóvis Bevilacqua que, ao que parece, teve que aceitar a presença de tal disposição por iniciativa do legislativo da época: "O Projecto primitivo não se referia à sentença passada em julgado pelo motivo, que bem pressentiu João Luiz Alves: não se pode admitir sentença passada em julgado sem conhecimento das partes."[285]

[284] VENOSA, S. de S. *Direito civil*: teoria geral das obrigações e teoria geral dos contratos. São Paulo: Atlas, 2003, v. II, p. 313-314.

[285] BEVILACQUA, C. *Código civil dos Estados Unidos do Brasil*. Op. cit., p. 178. Nesse sentido, é uníssona a jurisprudência: "PROCESSO CIVIL. RECURSO ORDINÁRIO. MANDADO DE SEGURANÇA. IRREGULARIDADE NA INTIMAÇÃO DO PATRONO DA CAUSA. NOME GRAFADO INCORRETAMENTE. TRÂNSITO EM JULGADO. NÃO OCORRÊNCIA. 1. O exercício da advocacia nos grandes centros, como São Paulo, Santos e Belo Horizonte, pressupõe a utilização dos

De outro lado, não haverá nenhuma nulidade, ainda que as partes tenham conhecimento da sentença e que ela seja totalmente favorável a uma delas, pois, se os direitos passíveis de transação, patrimoniais disponíveis, são até renunciáveis, por qual motivo não poderiam ser transacionados?[286]

A resposta a essa questão vem sendo positiva, bastando que os requisitos formais e estruturais da transação sejam respeitados, e nada impede que as partes façam uma composição mesmo depois do trânsito em julgado de uma sentença. O raciocínio é o de que, contendo transações mútuas, ela estará configurada, e seus requisitos apenas sejam verificados. Com isso, privilegiam-se a economia e a celeridade processuais.[287]

Contudo, analisando a transação exclusivamente do aspecto judicial, o trânsito em julgado alterará a natureza do negócio. Nesse sentido, se o advogado, que tinha poderes para atuar em uma demanda, transacionar reconhecimento dos direitos da parte contrária após decisão que lhe foi desfavorável já transitada em julgado, na verdade estará praticando uma alienação, ineficaz tendo em vista a sua falta de poderes.[288]

De acordo com o que se viu, não há justificativa para tal dispositivo do Código Civil.

No tocante à forma, a transação pode ser judicial ou extrajudicial, mas não deixa de ser, em nenhuma das circunstâncias, um contrato solene, devendo obedecer à forma legal, quando exigida, podendo ser

serviços prestados por empresas especializadas na leitura do diário oficial, que efetuam a busca de intimações, quer pelo meio físico quer por via da internet, com base no nome do advogado. Essa é a realidade atual, que não pode ser desprezada. 2. Enil e Ênio são expressões diferentes, não podendo o erro do Tribunal *a quo* ser considerado insignificante. 3. É dever do Estado-juiz, enquanto entidade monopolista da prestação jurisdicional, intimar a parte corretamente. 4. Se o advogado não foi regularmente intimado, não há trânsito em julgado, não incidindo, por consequência, o enunciado da Súmula 268 do STF. 5. Recurso provido." (STJ, RMS 15298, Rel. Min. Franciulli Neto, Rel. Acórdão Min. João Otávio de Noronha, j. em 22-4-2003 in *DJU* 26-4-2004, p. 155).

286 Godoy, C. L. B. In: Peluso, A. C. (Coord.). *Código civil comentado.* Op. cit., p. 720.

287 Por todos: 2º TACCiv, AI nº 594.690-00/6, Rel. Juiz Américo Angélico, j. em 31-8-1999. In: *Revista dos Tribunais*, São Paulo, Revista dos Tribunais, v. 773, 2000, p. 285-286.

288 *Revista dos Tribunais*, São Paulo, Revista dos Tribunais, v. 201, 1952, p. 163-171. Acórdão citado por Silvio Rodrigues: Rodrigues, S. *Direito civil.* Op. cit., p. 373.

feito por instrumento particular nos demais casos.[289] A transação judicial será feita nos autos do processo com imediata homologação do magistrado, enquanto a transação extrajudicial dependerá mais do bem ou do negócio que envolver, por exemplo, móveis ou imóveis, para se definir a forma adotada (art. 842 do Código Civil).[290]

Há que mencionar que se fazia uma grande dicotomia entre a transação judicial e a transação extrajudicial na medida em que somente a primeira poderia ser homologada pelo juiz a fim de obter a sua eficácia máxima, ao passo que a segunda não poderia.[291] No entanto, a disciplina do CPC manteve possível a homologação judicial de documentos extrajudiciais, sendo tal categoria inclusive um título executivo judicial (art. 515, inc. III do CPC).[292]

Tal pedido pode ser realizado por meio de uma demanda de natureza declaratória em que se pede que o juiz homologue determinado acordo, como se verá com mais profundidade adiante.

Essa medida representa grande incentivo aos métodos de solução de controvérsias adotada pelo CPC/1973. Há a clara necessidade de que o Direito Civil e o Código Civil caminhem no mesmo sentido, tendo em vista a importância e a simbiose desses ramos do Direito quando se faz uma análise à luz dos métodos de solução de controvérsias.

A essa tendência é adiciona-se o propalado "*diálogo das fontes*". Mais do que nunca, em institutos de origem contratual, mas com importantes consequências processuais, a utilização desse método interpretativo se torna fundamental:

> "A solução atual ou pós-moderna é sistemática e tópica ao mesmo tempo, pois deve ser mais fluida, mais flexível, a permitir maior mobilidade e fineza de distinções. Hoje, a superação de paradigmas foi substituída pela convivência ou coexistência dos paradigmas."[293]

[289] Bevilacqua, C. *Código civil dos Estados Unidos do Brasil.* Op. cit., p. 179. Rodrigues, S. *Direito civil.* Op. cit., p. 374.

[290] Gonçalves, C. R. *Direito civil brasileiro.* Op. cit., p. 549.

[291] Rodrigues, S. *Direito civil.* Op. cit., p. 374.

[292] Alteração já introduzida no CPC/1973 pela Lei nº 11.232, de 22 de dezembro de 2005.

[293] Marques, C. L. Superação das antinomias pelo diálogo das fontes: o modelo brasileiro de coexistência entre o código de defesa do consumidor e código civil de 2002. *Revista da ESMESE*, Aracaju, Esmese, nº 7, 2004.

Como se viu, o direito processual deu melhor tratamento à categoria jurídica da transação, ao passo que o direito civil, aparentemente, relegou à transação um papel de contrato de segunda classe e o legislador não se debruçou sobre ela como deveria, enquanto o processo civil enxerga nesse instituto um importante instrumento para a solução de controvérsias de modo efetivo. A teoria do diálogo das fontes deve ser aplicada nesse caso.

De outro lado, é necessária uma urgente atualização do Código Civil no tocante aos institutos da transação.

Sem dúvida, o longo tempo de maturação do Código Civil nas casas legislativas, mais de 25 anos, fez com que algumas disposições presentes em nossa legislação fossem apresentadas com certa defasagem aos clamores sociais.

A mesma defasagem se aplica aos institutos em comento. Os paradigmas instituídos no referido diploma legal por vezes são incoerentes e ainda contam com diversas disposições que simplesmente caíram em desuso. Não é demais notar que alguns desses vícios já apontados desde o Código Civil de 1916 foram mantidos, sem que nenhum cuidado fosse tomado para amenizá-los, ou excluí-los do sistema.

## 6.2. A planificação das soluções de litígios, screening e design – a instauração extrajudicial dos MASCs

A planificação de solução de controvérsias, mais conhecida como *screening*, representa nos dizeres de Christopher Honeyman a próxima fronteira da solução de controvérsias, caracterizada pela antecipação.[294]

Para Christopher Honeyman, a mediação alcançou um nível de desenvolvimento semelhante ao atingido pela odontologia algum tempo atrás. Extrair dentes tornou-se uma atividade menos eficiente do que desenvolver novos materiais que pudessem criar dentes artificiais com um resultado mais efetivo, ou seja, o tratamento preventivo de situações chegou aos MASC do mesmo modo que alcançou a odontologia, criando-se um ambiente de sofisticação técnica, no caso dos métodos

[294] Honeyman, Christopher. The next frontier is antecipation: thinking ahead about conflict to help clients find constructive ways to engage issues in advance. *Wiley Interscience*, v. 25, n. 6, p. 99, 2007. Disponível em: <www.interscience.wiley.com>.

de solução de controvérsias, que permite um engajamento construtivo entre as partes.[295]

O engajamento das partes é a forma mais tradicional e intuitiva de instituição dos MASC. As partes, no momento da celebração de um contrato, a partir da já mencionada autonomia da vontade e da liberdade que a legislação que rege o negócio jurídico celebrado lhes permite, decidirão quais dos métodos de solução de controvérsias serão adotados. Na inexistência de qualquer determinação entre as partes, sempre será utilizado o Judiciário.

Destarte, a liberdade atua como pressuposto do consentimento, sendo responsável pela harmonização de dois ou mais, e vem indicada de modo claro, por exemplo, no art. 1º da Lei de Arbitragem e no art. 144, § 1º, do CPC para a mediação e a conciliação com os princípios aplicáveis a tais métodos de solução de controvérsias: "princípios da independência,[296] da neutralidade,[297] da autonomia da

[295] Idem, p. 100. Paulo Eduardo Alves da Silva também indica essa possível origem do *case management* na área de saúde, como uma forma de incentivar a prevenção, impedindo-se o advento de uma patologia em vez de tratá-la depois de existente (Silva, P. E. A. *Gerenciamento do processo*. São Paulo: Saraiva, 2010, p. 37).

[296] O princípio da independência institui que os mediadores e os conciliadores não devem ceder à pressão de terceiros, nem das partes, estando pautada em critérios objetivos. O procedimento deve ser conduzido sem qualquer favorecimento a nenhuma das partes. Nesse sentido: Lemes, S. M. F. *Árbitro:* princípios de independência e de imparcialidade. São Paulo: LTr, 1999, p. 53.

[297] Vf. Nota nº 53 – Neutralidade é um termo de uso não muito comum no processo civil, mas indica a equidistância que os terceiros imparciais devem estar entre as partes, não se envolvendo ainda no problema que é apresentado, ou ainda não possuindo nenhuma característica que indique que o objeto da discussão possa ser de seu interesse. Trata-se de um brocardo, portanto, semelhante ao princípio da imparcialidade. Poder-se-ia dizer que a utilização do vocábulo "*neutralidade*" seria incorreta, impertinente e ainda criaria uma dificuldade de linguagem por indicar uma segunda palavra para uma situação já existente em nosso ordenamento. Contudo, esse não é o caso e andou bem o legislador. Neutralidade não se confunde com imparcialidade. O primeiro se aplica àquela que não julgará, mas que tentará facilitar a comunicação entre as partes. Já a imparcialidade se aplica àquelas que julgam, portanto sendo interessante que exista nos métodos jurisdicionais de solução de controvérsias como o Judiciário e a arbitragem.

vontade,[298] da confidencialidade,[299] da oralidade e da informalidade".[300]

O *screening process* consiste no envolvimento imediato do profissional na triagem dos casos e na seleção de qual método de solução de controvérsias é mais adequado. É até intuitivo dizer que a arbitragem, por exemplo, tem ótima aplicação para os conflitos societários ou que os *Dispute Boards*[301] são interessantes para os contratos de construção.

A atividade de compreender adequadamente o conflito dependerá do grau de conhecimento que o advogado tem do litígio, mas também do interesse de seu cliente com aquele litígio em face da estratégia comercial da empresa no mercado em que atua. Portanto, além da técnica jurídica, o advogado deverá ter a capacidade de compreender o que a empresa espera da solução daquele conflito. Claro que a resposta mais intuitiva diz que a empresa pretende ganhar, porém de nada adiantará ganhar com custos apenas financeiros, mas também, por exemplo, de imagem, sobremaneira elevados para a empresa.

Nessa linha, conhecendo o litígio e o que a empresa espera do litígio, o advogado deverá também saber indicar qual o melhor MASC para a

[298] A autonomia da vontade, por seu turno, é princípio tipicamente de direito privado. Indica-se por esse paradigma que as partes são livres para efetuarem a vinculação jurídica que desejarem, sendo obedecidas certas limitações físicas e legais, que podem variar de um sistema jurídico para o outro. Cfr. Salles, C. A. *Mecanismos alternativos de solução de controvérsias e acesso à justiça*. Op. cit., p. 779-792.

[299] Vf. item 8 abaixo.

[300] A informalidade indica que independentemente da forma dos atos praticados, eles serão considerados válidos sempre que atingem suas finalidades. Os atos dos procedimentos de mediação e de conciliação serão praticados de acordo com as formas que os conciliadores e os mediadores considerarem para cada caso, sempre com atenção para o escopo de tais medidas e para a segurança das partes. Cfr. Dinamarco, C. R. *Instituições de direito processual civil*. Op. cit., v. III, p. 819.

[301] Estrutura disponibilizada por Câmara de arbitragem, como a Câmara de arbitragem da CCI, que atua como órgão permanente para a solução de conflitos permanentes, até o final da execução do contrato, de modo comum, contratos de construção, conforme se verifica no *site*: <http://www.iccwbo.org/court/dispute_boards/id4527/index.html>. Acesso em: 8 fev. 2011. A grande vantagem é a de que tais órgãos, por exemplo, impedem a instituição de diversos painéis arbitrais, evitando todos os dramas que ocorrem entre a solicitação da arbitragem e o início dos trabalhos do painel, tornando os procedimentos de solução das controvérsias muito mais céleres. Vide item 5.2.

solução do conflito posto. O processualista, assim, deverá buscar aquela forma de solução de conflitos que considera mais adequada.

Assim, as partes por si ou com terceiros que irão assessorá-las devem definir quais serão os seus objetivos e interesses, verificar se eles permitem um acordo, quais são os obstáculos para atingi-lo e, finalmente, identificar quais métodos vão ao encontro do que pretendem.[302]

Como se fossem cores primárias, que originam todas as outras, negociação, mediação/conciliação, arbitragem e Judiciário/sistema adjudicatório servem de base para qualquer solução de controvérsias.[303]

Finalmente, escolhida a técnica, ela deve ser utilizada de modo a permitir que o litígio seja solucionado de maneira satisfatória para as partes. Tal afirmação pode parecer perigosa, mas o que se quer dizer é que, vencendo ou perdendo, o modo de solução de conflito seja incólume e o sucesso das partes na forma de solução do litígio decorra apenas dos fatos apresentados, convencimento realizado e, eventualmente, da subsunção realizada por um terceiro neutro entre os fatos e norma aplicável, não de outros fatores, algumas vezes escusos, que podem gerar implicações éticas e jurídicas.

A postura das partes, de seus advogados e de terceiros eventualmente envolvidos, que podem atuar como árbitros ou mediadores, são fundamentais, portanto, para o sucesso da forma de solução de conflito. Nesse sentido que é fundamental a mudança de cultura e quanto melhor a compreensão das partes e de todos aqueles que atuarão na solução do litígio, mais eficaz será o resultado alcançado.

O *design* consiste na elaboração, pelas partes, de um método de solução de controvérsias que considerem adequado para o seu caso, adotando providências e mecanismos que podem pertencer a vários métodos, mas adequando-os e implantando novas características que possam, de um modo mais efetivo, atender às peculiaridades da disputa. É um método que origina, por exemplo, os mencionados *Dispute Boards* da

[302] GRENIG, J. E. *Alternative dispute resolution*. 3. ed. New York: Thomson West, 2005, v. I., p. 24.

[303] NAGEL, S. S. Broadening the applicability of multi-criteria dispute resolution. In: MILLS, M. K. *Systematic analysis in dispute resolution*. New York: Quorum Books, 1991, p. 3.

CCI para contratos de construção ou o Comitê de Controvérsias de Registros de Domínio da CCBC.[304]

Nessa linha, Keren Azulay afirma que há a necessidade de aproximar a teoria da prática e incentivar as partes a deliberar sobre a forma de solução de controvérsias. Trata-se de uma iniciativa de dois passos e, no primeiro, um terceiro neutro entrevistará as partes e apresentará a elas as formas de solução de controvérsias, fazendo com que eles se tornem parte desse processo decisório fornecendo soluções e sugerindo as adequações que considerem necessárias. Em um segundo momento, buscar-se-á que as partes demonstrem seus interesses de modo adequado, com a capacidade de apresentá-los e demandá-los.[305]

É necessário ainda o respeito a seis princípios para a criação de um método de solução de controvérsias: (i) prevenção: colaboração das partes antes de ações que possam causar efeitos na esfera de direitos da contraparte, garantindo-se sistemas de notificações e comunicações; (ii) foco no interesse: o sistema de solução de controvérsias será adequado na medida em que conseguir atender ao interesse das partes; (iii) encorajamento da negociação: criação de válvulas de escape para fuga de situações de impasse nas quais os limites para negociação entre as partes se tornem muito díspares; (iv) sequências de custos: em caso de escalonamento, devem ser estabelecida uma escala, dos métodos menos custosos até aqueles mais onerosos, de forma a incentivar à solução mais econômica da controvérsias; e (v) incentivo para a solução de controvérsias: o método escolhido ou desenvolvido deve conferir às partes confiança.[306]

A doutrina até desenvolve parâmetros que auxiliam na escolha do método. Como se verá no próximo item, há análises técnicas comparativas dos diferentes métodos e de que modo eles podem auxiliar na solução de determinados tipos de conflitos.[307]

Sem dúvida, o espectro de soluções que o advogado pode oferecer ao cliente e que o Judiciário pode apresentar ao jurisdicionado aumenta

[304] Disponível em: <http://www.ccbc.org.br/ccrd.asp>. Acesso em: 8 fev. 2011.

[305] Azulay, Keren. Knights of the round table: participant selection mechanism for court-related deliberations. *40 Creighton L. Rev*, p. 734.

[306] Goldberg, S. B.; Sander, F. E. A.; Rogers, N. H.; Cole, S. R. *Dispute resolution*. Op. cit., p. 308-315.

[307] Stipanowich, T. J. The multi-door contract and oher possibilities. *Ohio State Journal on Dispute Resolution*, Columbus, n. 13, 1998, p. 321.

sobremaneira, ainda mais quando programas de solução de controvérsias estão ligados a grupos, como associações, congregações religiosas etc., criando instrumentos que facilitem a solução de controvérsias.[308] Vê-se claramente que a construção de um método adequado de solução de controvérsias pelas partes, quer adotando-se modelos existentes, quer criando-se novos modelos a partir daqueles que já existem, torna a solução da controvérsia muito mais adequada e palatável. Como considera Linda M. O'Bannon, nas soluções de conflitos trabalhistas, por exemplo, há um aumento de produtividade e melhora no ambiente de trabalho se os destinatários do método de solução de controvérsias tiveram participação na sua elaboração.[309]

De outro lado, mesmo com todas as facilidades e possibilidades de vinculação entre as partes, há que se ter o cuidado de negociar e documentar, antes mesmo de o método de solução de conflito ser implantado, quais regras serão adotadas pelas partes e pelo terceiro que participará do procedimento.[310] Tal cautela evitará futuros e eventuais questionamentos, tornando o método adotado, qualquer que seja ele, tradicional ou híbrido, seguro e efetivo.

Há até discussões acerca da ética profissional na medida em que profissionais de um mesmo escritório podem atuar em um mesmo caso em diferentes formas de solução de controvérsias,[311] por exemplo, inicialmente um sócio sendo advogado em uma mediação e, posteriormente, outro sócio atuando como árbitro. É um problema que ainda não gera discussões no Brasil, mas que em breve demandará soluções semelhantes àquelas que se verificam nos EUA.

Como se viu, a atividade de escolher o método adequado para a solução de uma dada controvérsia dependerá não só do conhecimento que o profissional tiver, mas também das questões jurídicas envolvidas e a sua natureza.

308 Turner, K M. et al. *Model lawyers guide do legal services*. New York: American Bar Association, 1983, p. 1.

309 O'bannon, L. M. Aba section focus: alternative dispute resolution: employment dispute resolution – EDR. *The Alaska Bar Rag*, Anchorage, 2007, p. 30.

310 Peterson, D. *Getting together*: appropriate dispute resolution alternatives. *The Alaska Bar Rag*, Anchorage, p. 8, 2002, p. 8.

311 Menkel-Meadow, Carrie. Ethics in adr: the many "Cs" of professional responsibility and dispute resolution. *Fordham Urban Law Journal*, New York, n. 28, 2001, p. 986.

### 6.3. *Caseflow* e o *case management* – a instauração judicial dos MASCs

O incremento do acesso à Justiça, com o cada vez mais crescente atendimento a demandas sociais por solução de conflitos diversificados, é um dos responsáveis pela denominada crise do Judiciário. Contudo, nos dizeres de Paulo Eduardo Alves da Silva, tal aspecto é até desejável em face de tal aumento de demanda ser resultado de uma evolução do sistema processual no sentido de oferecer diversos modos para solucionar uma controvérsia.[312]

A necessidade de um sistema adequado de solução de controvérsias revolve às décadas de 1970 e 1980 nos países de *Common Law*, especialmente os Estados Unidos e a Inglaterra. Partia-se da clara concepção de que o Judiciário não funcionava.[313]

A preocupação básica do sistema é lidar com uma organização complexa e gerir a indeterminabilidade e a incerteza a partir de critérios de racionalidade e efetividade para que o método seja fechado.[314]

Passaram-se a buscar estratégias que farão com que o Judiciário consiga absorver e, mais do que isso, devolver à sociedade, solucionado o número de casos que se apresentam. Esse é o *caseflow*, que caminha lado a lado com o *case management*,[315] ou gerenciamento do processo.

Cria-se a estrutura para que o Judiciário possa interferir logo no início e continuamente no caso, tendo pleno controle sobre ele. O próximo objetivo é estabelecer pautas razoáveis e críveis de datas para os atos procedimentais, aumentando a confiança das partes na solução do conflito apresentado. O Judiciário, portanto, assume o controle do ritmo da

[312] Silva, P. E. A. *Gerenciamento do processo*. Op. cit., p. 29.

[313] Neely, R. *Why courts don't work*. New York: McGraw Hill, 1983, p. 7. Logo no início do livro há uma interessante frase dita por um *country lawyer* acerca do risco que corremos ao perder a noção de Justiça: "*When I was young I lost a lot of cases I should have won. Now I win a lot of cases I should lose. So overall justice is done.*" ("Quando eu era jovem, eu perdi vários casos que eu deveria ter ganhado. Agora eu venço muitos casos que eu deveria perder. Então, no todo, a justiça foi feita." (tradução livre do inglês). A frase reflete uma total subversão da Justiça que deve ser buscada em qualquer forma de solução de conflitos.

[314] Saari, D. J. *American court management*: theories and partices. Westport: Quorum Books, 1982, p. 11-12.

[315] Steelman, D. C. *Caseflow management*: the heart of court management in the new millennium. Williamsburg: National Centre for State Courts, 2000, p. xi-xii.

solução do litígio, antecipando suas possibilidades e aplicando soluções racionais e sistêmicas com maior efetividade.[316]

O escopo será o de resolver o conflito de forma justa no menor custo e tempo possíveis. Os meios alternativos de solução de conflitos são amplamente incorporados ao sistema de garantia das tutelas jurisdicionais, conferindo solução mais rápida para os casos. Apenas uma minoria tem o seu julgamento final.[317]

Os principais ingredientes catalisadores dos movimentos de reforma são a verificação empírica de que o Judiciário, sozinho, não consegue mais responder aos anseios da sociedade, solucionando qualquer tipo de litígio, bem como a insatisfação com o formalismo exagerado, que afasta os indivíduos das maneiras instituídas de solução de conflitos.[318]

O juiz torna-se um administrador das estratégias das partes, tentando conhecê-las para oferecer-lhes uma melhor solução dos litígios, considerando o número de partes envolvidas, a ação de cada um dos litigantes e as informações detidas por cada qual das partes. Há uma escala de custos desde a negociação, passando pela conciliação, mediação e finalmente pela arbitragem ou pelo Judiciário. O juiz verificará de que forma

[316] Steelman, D. C. *Caseflow management*. Op. cit., p. 33 e ss.

[317] Silva, P. E. A. *Gerenciamento do processo*. Op. cit., p. 36. Essa tendência se observa também na Austrália: "*To help improve conflict management in Australia on a federal level, the ALRC has already identified this concern and is suggesting more aggressive judicial management of case loads. [...]. The ALRC also recognizes a need for greater judicial awareness and use of ADR to improve court screening and referral of disputes to court-supervised and external ADR programs.*" "Para ajudar a melhorar o gerenciamento de conflitos na Austrália em um nível federal, a ALRC [órgão responsável pelo gerenciamento das Cortes] já identificou essa preocupação e sugeriu um gerenciamento mais agressivo das levas de processos. A ALRC também reconheceu a necessidade de grande atenção do Judiciário e uso de ADR para melhorar a triagem das Cortes e reforçou a ideia de gerenciamento de órgãos externos de ADR pelas Cortes." (Tradução livre do inglês). Ponte, L. M. Rico thirty years later: a comparative perspective: reassessing the Australian adversarial system: an overview of issues: court reform and federal ADR practice in the land down under. *27 Syracuse Journal of International Law and Commerce*, 2000, p. 358.

[318] Harrington, C. B. *Shadow justice*: the ideology and institutionalization of alternative court. Westport: Greenwood Press, 1985, p. 87.

será realizada a alocação desses recursos e qual deles será necessário para cada caso.[319]

O Judiciário, ao verificar o problema, partes envolvidas etc. direciona-se a buscar qual seria a melhor ferramenta para enfrentá-la, a partir de um imediato envolvimento com o conflito.[320] O sistema não é simples, demanda grande estrutura, mas principalmente uma alteração de perspectiva na medida em que "novos processos" se abrem e novas formas de solução, com novas habilidades, se apresentam.

Nesse contexto, o magistrado pode lançar mão de sessões de conciliação, mediação, avaliação neutra de terceiro, *summary jury trial* etc. Há o exemplo do Federal District Court for the Northern District of California, que conta com um projeto-piloto criado com o escopo de disponibilizar uma enorme gama de MASC, incluindo a possibilidade de arbitragem não vinculativa, mediação, conferências iniciais no Judiciário para acordo (*early magistrate judge settlement conferences*), conferência tardias no Judiciário para acordo (*later judicial settlement conferences*), avaliação neutra de terceiro, processo sumário do júri (*summary jury trial*) e encontro com especialistas (*appointment of special masters*). Nessas hipóteses, os advogados irão discutir entre si qual ou quais métodos poderão ser adotados, e, se possível, concordar com a escolha. Se não houver acordo, a decisão de encaminhar o caso para um MASC será adiada até o momento inicial do gerenciamento do processo.[321]

A escolha e a utilização de tais métodos mostraram-se como algo que acontece, via de regra, em decorrência da necessidade de superação de algum estrangulamento do Judiciário, para redução de custos ou para promover a satisfação dos litigantes. Contudo, o ritmo de tais métodos não é completamente ligado, como era de esperar, com o ritmo do Judiciário, sendo necessário que as partes sejam apresentadas ao método

[319] Patrício, M. C. T. *Análise econômica da litigância*. Coimbra: Almedina, 2005, p. 144-145. Referido autor realiza uma completa análise dos custos envolvendo os métodos alternativos com gráficos abrangendo os danos ressarcidos e as propostas indicadas e custos judiciais em face das propostas apresentadas, o que dá a ideia dos patamares de escolha das partes e das opções realizadas (p. 135).

[320] Silva, P. E. A. *Gerenciamento do processo*. Op. cit., p. 141.

[321] Stipanowich, T. J. *The multi-door contract and oher possibilities*. Op. cit., p. 321.

alternativo de solução de controvérsias no momento mais inicial do litígio, de modo a assegurar maior efetividade e rapidez.[322]

É nesse contexto que surgem os *multidoors couthouses*, cuja ideia foi utilizada inicialmente pelo professor da Harvard Law School, Frank E. A. Sander, na célebre *Conference on the Causes of Popular Dissatisfaction with the Administration of Justice* (*Pound Conference*) de 1976.[323] Leonard Riskin e James E. Westbrook dão o exemplo do *Dispute Resolution Center* do Estado de Massachusetts,[324] nos Estados Unidos, dotado de sete portas, cada qual com um método de solução de controvérsias, desde o *screening clerk* até o *Ombudsman*. Ao responder qual processo é o mais apropriado em um sistema multiportas, como se viu, conclui-se que o melhor é que cada método seja utilizado conforme a sua natureza, isto é, não será adequado uma sessão obrigatória de conciliação ou uma tentativa de conciliação em situações em que seja necessário o exercício da força por um terceiro.[325]

A lógica dos fóruns de múltiplas portas é racionalizar ainda mais o método de solução de controvérsias, verificando-se qual procedimento será o mais adequado para certo caso, maximizando as vantagens de determinado método e minimizando as suas desvantagens.[326]

Na maioria das *Courthouses* indicadas, a seleção do método de solução de controvérsias é feita de acordo com o tipo de caso trazido pelas partes ou das formas de interação humana nele envolvidas. Assim, conflitos

[322] Steelman, D. C. *Caseflow management*. Op. cit., p. 164-165.

[323] Sander, Frank. *Varieties of dispute processing*. 70. F. R. D 79, 111,112, 130-133 (1976).

[324] São inúmeros os exemplos de estados que incentivam os MASCsADR: (i) New York: <http://www.courts.state.ny.us/rules/chiefadmin/146.shtml#5>; (ii) Maine: <http://www.courts.state.me.us/court_info/adr/index.shtml>; (iii) Massaschuchetts: <http://www.mass.gov/courts/courtsandjudges/courts/probateandfamilycourt/adrlisting.html>; (iv) California: <http://www.courtinfo.ca.gov/forms/documents/adr101.pdf>, possuindo formulário específico *online*; (v) Illinois: <http://www.state.il.us/court /administrative/manarb/2010/newdevel10.pdf>, e (vi) District of Columbia: <http://www.dccourts.gov/dccourts/superior/multi/other.jsp>. Acesso em: 28 fev. 2011.

[325] Riskin, L.; Westbrook, J. E. *Dispute resolution and lawyers*. Saint Paul: West Publishing, 1987, p. 11-52.

[326] Barbosa, I. M. Fórum de múltiplas portas: uma proposta de aprimoramento processual. In: Azevedo, A. G. de (Org.). *Estudos de arbitragem, negociação e mediação*. Op. cit., p. 249.

de vizinhança serão resolvidos de acordo com o método "A", conflitos comerciais de acordo com o método "B", e assim por diante:[327]

A análise é feita conforme a tabela e o gráfico abaixo[328]:

<table>
<tr><td rowspan="7">Tipos de Métodos de Solução de Controvérsias</td><td rowspan="2"></td><td colspan="7">Formas de Interação Humana</td></tr>
<tr><td>Família</td><td>Vizi-nhança</td><td>Consu-midor</td><td>Trabalho</td><td>Litígio</td><td>Disputas de Políticas Públicas</td><td>Interna-cional</td></tr>
<tr><td>Negociação</td><td></td><td></td><td></td><td></td><td></td><td></td><td></td></tr>
<tr><td>Mediação</td><td></td><td></td><td></td><td></td><td></td><td></td><td></td></tr>
<tr><td>Arbitragem</td><td></td><td></td><td></td><td></td><td></td><td></td><td></td></tr>
<tr><td>Adjudicação</td><td></td><td></td><td></td><td></td><td></td><td></td><td></td></tr>
<tr><td>Exemplos</td><td>Acordo de Divórcio</td><td>Barulho</td><td>Qualidade do Produto</td><td>Remuneração</td><td>Responsabilidade Civil</td><td>Políticas Públicas para os Pobres</td><td>Conflitos entre Israel e a Autoridade de Palestina</td></tr>
</table>

[327] Nagel, S. S.; Mills, M. K. *Multi-criteria for alternative dispute resolution.* New York: Quorum, 1990, p. 43 e 228.

[328] Barbosa, I. M. Fórum de múltiplas portas: uma proposta de aprimoramento processual. In: Azevedo, A. G. de (Org.). *Estudos de arbitragem, negociação e mediação.* Op. cit., p. 249.

Ou ainda:[329]

<table>
<tr><td rowspan="2">Organizações vs. Organizações</td><td></td><td></td><td></td><td></td><td></td><td></td><td>Questões Internacionais</td></tr>
<tr><td></td><td></td><td></td><td></td><td>Intergovernos</td><td>Intercorporações</td><td></td></tr>
<tr><td rowspan="2">Indivíduos vs. Organizações</td><td></td><td></td><td></td><td>Regulação</td><td>Questões de Política do Trabalho</td><td></td><td></td></tr>
<tr><td></td><td></td><td>Prisões</td><td>Meio Ambiente</td><td></td><td></td><td></td></tr>
<tr><td rowspan="2">Indivíduos vs. Indivíduos</td><td>Família</td><td>Consumo</td><td>Instituições de Ensino</td><td></td><td></td><td></td><td></td></tr>
<tr><td>Comunidade</td><td>Vizinhança</td><td></td><td></td><td></td><td></td><td></td></tr>
<tr><td></td><td>Serviços Comunitários</td><td>Judiciário</td><td>Institucional</td><td>Administrativo</td><td colspan="2">Serviços Independentes</td><td></td></tr>
</table>

A grande exceção, nesse caso, é o *District of Columbia*. Nele, há uma avaliação realizada por meio de pontuação de alguns critérios apresentados em um formulário que é entregue às partes no momento em que apresentam o caso ou tomam conhecimento dele,[330] no chamado sistema denominado Best Choice Software.[331] Existem muitas variações de

[329] HARRINGTON, C. B. *Shadow justice*. Op. cit., p. 87.

[330] Referências a esse modelo são feitas em: BARBOSA, I. M. *Fórum de múltiplas portas*. Op. cit., p. 249 e GOLDBERG, S. B.; SANDER, F. E. A.; ROGERS, N. H.; COLE, S. R. *Dispute resolution*. Op. cit., p. 432-441.

[331] SMOYER, D. District of Columbia Superior Court, multi-door dispute resolution division. In: BERMAN, E. J.; BICKERMAN, J. G. *Court-annexed mediation*: critical perspectives on selected state and federal programs. Bethesda: American Bar Association, 1998, p. 28-30. No mesmo sentido: NAGEL, S. S.; MILLS, M. K. *Multi-criteria for alternative dispute resolution*. Op. cit., p. 141.

tal sistema, mas a linha básica parte de uma comparação dos métodos de solução de controvérsias, de um lado, e sua alocação de acordo com critérios preestabelecidos e de acordo com a opção política do tribunal local.

Depois de preenchido, tal formulário deve ser entregue no departamento específico da *Courthouse*, que irá avaliá-lo a fim de definir qual método de solução de controvérsias é o mais adequado para aquele caso, bem como de acordo com as expectativas das partes.

| Como os Três Métodos Alternativos Pontuam em Quatro Critérios | | | | | |
|---|---|---|---|---|---|
| Método de Solução | Atraso | Caráter Final da Decisão | Mútuo | Iniciativa | Total |
| Adjudicação | 1,00 | 2,00 | 1,00 | 3,00 | 7,00 |
| Arbitragem | 2,50 | 3,00 | 2,00 | 2,00 | 9,50 |
| Mediação | 2,50 | 1,00 | 1,00 | 1,00 | 7,50 |

No caso do *District of Columbia*, o formulário que serve de base para a indicação de cada método de solução de controvérsias será utilizado, levando-se em conta: (i) atraso: capacidade que o método de solução de controvérsias tem de evitar o atraso; (ii) caráter final da decisão: capacidade de o método de solução de controvérsias fornecer uma decisão final para as partes, precluindo-se a oportunidade para interporrecursos; (iii) mútuo: método a ser originado em benefício das partes, ao contrário de uma solução na qual uma parte claramente ganha e a outra claramente perde; e (iv) iniciativa: capacidade de iniciar a partir da ação de uma das partes, sem a necessidade de um acordo.[332]

A pontuação, por sua vez, é fruto de análise empírica. Criou-se uma escala de 1 a 3, na qual o numeral 1 indica o maior nível de adversidade de um método em relação a um determinado critério; o numeral 2 indica um nível médio e o numeral 3, o nível mais baixo de adversidade a um determinado método de solução de controvérsias de acordo com um determinado critério.[333]

332 NAGEL, S. S.; MILLS, M. K. *Multi-criteria for alternative dispute resolution.* Op. cit., p. 141-142.

333 Idem, p. 142-143.

De outro lado, o fato de a decisão ter caráter final ou não também terá variantes conforme o processo adjudicatório de referência, por exemplo, as matérias para ação de anulação de uma sentença arbitral são mais restritivas do que as matérias para anulação de uma transação em sede de mediação ou conciliação no Brasil, o que poderia gerar uma variante de pontuação quando se faz essa análise.

No caso da *iniciativa* da mediação também poderia haver alguma divergência, posto que o valor atribuído nesse gráfico decorre das mediações *Court Annexed* ou realizadas no bojo da estrutura judiciária, nas quais a participação é obrigatória, mas, como se viu, não condiz com a natureza convencional da decisão de participar de uma mediação ou de uma conciliação.

Não obstante a aparente dificuldade, o fato é que tais variações de critérios, métodos e pontuações, na verdade, permitem que a forma de indicação do método de solução de controvérsias adequado seja considerada, de modo a permitir uma análise das necessidades dos locais em que serão aplicados, com maior ou menor detalhe. No direito brasileiro, por exemplo, deveria haver espaço para indicação da natureza dos direitos envolvidos, especialmente se são patrimoniais disponíveis, por exemplo.

No entanto, a comparação entre um método e outro exige que sejam atribuídos pesos diferentes para cada um dos quatro critérios estabelecidos. Em um determinado caso, por exemplo, um litígio em que não haja possibilidade de concordância das partes quanto à sua instituição dificilmente será solucionado por conciliação, mediação ou arbitragem, uma vez que este item terá um peso maior e a vantagem será pela solução da controvérsia por um método adjudicatório e de adesão não voluntária.

Há ainda clara referência ao treinamento necessário[334] e ao controle efetivo. Nesse aspecto, é fundamental destacar a capacitação do pes-

[334] A importância do treinamento e do preparo para os advogados de *Common Law* é algo que chama bastante a atenção de estrangeiros. A preocupação com clínicas e aprimoramento é algo que pode ser observado desde a época colonial norte-americana em relação aos advogados que lá eram admitidos (Pound, R. *The lawyer from antiquity to modern times.* Saint Paul: West Publish, 1953, p. 157). Tal preocupação, sem dúvida louvável, deve ser adotada em nosso país para os projetos de solução de controvérsias. Felizmente, o CPC, a partir de seu art. 144 e seguintes, expressa tal preocupação em detrimento de outros critérios para escolha de profissionais que atuarão com ADR.

soal que será responsável pelo *case management* e pela coordenação do *case flow* como algo indispensável para o sucesso de qualquer medida[335] e especialmente para a utilização dos MASCs.

Além do conhecimento do método que se utiliza, é fundamental o controle da informação, algo que se tornou excessivo nos últimos anos. Deve haver estrutura para lidar com esse influxo de informação no sistema não só do ponto de vista material, mas também do ponto de vista da existência de pessoal habilitado.[336]

Há ainda alternativas em que os métodos de solução de controvérsias são adotados de modo fixo e combinados pelo ordenamento jurídico. Esse é o caso da mediação/conciliação realizada pelo direito argentino após a Ley 24.573, de 27 de outubro de 1995. A mediação/conciliação prévia é obrigatória para determinado grupos de casos.

No direito brasileiro, os Provimentos CSM nº 893 e nº 953, de 2004 e 2005, respectivamente, do Tribunal de Justiça do Estado de São Paulo, instruíram os juízes paulistas para a prática do gerenciamento do processo, racionalizando-se as atividades cartoriais, com uma mudança de paradigma dos métodos de solução de controvérsias e a introdução de meios alternativos de solução de controvérsias.[337] A ideia é tratar o procedimento de modo adequado para uma determinada demanda apresentada, devendo-se indicar os passos decorrentes de certo despacho, "evitando-se novas conclusões ou publicações".[338]

De outro lado, o CPC brasileiro também prevê treinamento para aqueles indivíduos que serão responsáveis por mediações e conciliações (art. 165 e seguintes do CPC). Essa iniciativa é louvável, pois a técnica processual e a técnica dos MASCs só poderão ser bem aplicadas por indivíduos que efetivamente as conheçam.

335 Lawson, H. O.; Gletne, B. J. *Workload measures in the court.* Williamsburg: National Centre for State Courts, 1980, p. 102-103.

336 Há muito essa é uma preocupação no sistema judiciário norte-americano: Clifford, M. L.; Jenssen, L. A. *Court case management information system manual.* Williamsburg: National Centre for State Courts, 1980, p. 15.

337 Gajardoni, F. F., Romano, M. B.; Luchiari, V. F. L. O gerenciamento do processo. In: Grinover, A. P.; Watanabe, K.; Lagrasta Neto, C. (Coord.). *Mediação e gerenciamento do processo.* Op. cit., p. 19.

338 Idem, p. 21.

A criação de mais válvulas de escape do sistema processual tradicional para os MASCs se mostra como uma realidade na medida em que a análise realizada pelos funcionários do Judiciário permite o intercâmbio entre trilhas de solução de controvérsias, especialmente o caso de a experiência brasileira privilegiar a conciliação e a mediação em setores ligados a órgãos do Judiciário. Como entende Paulo Eduardo Alves da Silva, "em última análise, os escopos e o próprio conceito de tutela jurisdicional parecem estar em processo de redimensionamento".[339]

E esse é o vocábulo correto. O processo civil está deixando de ser bidimensional, envolvendo apenas partes e juiz para a solução da controvérsia, mas inserindo uma terceira dimensão para a solução das controvérsias, sendo acoplados métodos que antes caminhavam separadamente.

No direito brasileiro, a chamada ação para instituição de arbitragem, prevista no art. 7º da Lei de Arbitragem, é uma das fontes dessa postura do magistrado que, em último caso, até mesmo indicará a instituição arbitragem para administrar o conflito entre as partes. Nesse caso, há uma manifestação de vontade anterior das partes para arbitrar, mas tal manifestação não é completa, tornando essa cláusula vazia.

Com a propositura de tal demanda, o juiz e as partes elaborarão uma convenção que terá todos os requisitos dos arts. 11 e 12 da Lei de Arbitragem e permitirão que essa forma de solução de controvérsias se realize sem maiores percalços. É um exemplo claro de *case management*, no qual o juiz não só administra o conflito, como lida com outras formas de solução de controvérsias.

De outro lado, mais uma vez o CPC também prevê postura semelhante do magistrado em relação à conciliação e à mediação.

Os Tribunais terão setores de mediação e conciliação, o que permitirá uma maior utilização desses métodos de solução de conflitos no âmbito do Judiciário. Além disso, a mediação e a conciliação serão estimuladas por magistrados e pela estrutura do Judiciário (art. 165 do CPC).

O que se prevê com tal alteração legislativa é fornecer ao jurisdicionado e ao magistrado mais opções para a solução das controvérsias apresentadas. Definitivamente, com o CPC, cria-se uma estrutura legislativa

[339] Silva, P. E. A. *Gerenciamento do processo*. Op. cit., p. 143-144.

pronta a acolher a realidade Judiciária que já contém setores de mediação e de conciliação. O CPC responde aos estímulos da realidade, bem como a Resolução nº 125 do Conselho Nacional de Justiça.

Embora os MASCs não confiram impacto direto nas formas de *case management*, que pode de dar com outras medidas, o certo é que se verifica um largo incremento da sua utilização, fazendo com que o Judiciário garanta por meio deles Justiça rápida e efetiva.[340]

Isso não quer dizer que tais métodos não tenham impacto para o Judiciário, nem é essa a discussão. Trata-se apenas da constatação de que os MASCs não substituem o Judiciário, não são a panaceia, mas podem ser importantes instrumentos auxiliadores.

O que se quer indicar também é a forma pela qual o Judiciário pode se ligar aos casos que lhe são apresentados e como os MASCs podem ser apresentados às partes como conciliação palatável de controvérsias.

Trata-se do ideário presente, por exemplo, nas disposições da Lei dos Juizados Especiais de 1996. O art. 24 da referida lei[341] permite que as partes sejam apresentadas à arbitragem e possam se valer dela. Não obstante, o Judiciário e, muito menos, pequenos Juizados Especiais Cíveis, têm estrutura e capacitação para oferecerem tal forma de solução de conflitos ao jurisdicionado.

É exatamente isso que o *case management* tenta evitar, e por isso tem os MASCs ao seu dispor. O magistrado analisará sua realidade e proporá o método adequado e factível de solução da controvérsia. O influxo deve ser inverso, da realidade para a lei, e não o contrário, sob pena de surgirem disposições sem nenhum valor prático.

## 6.4. As cláusulas escalonadas – aspectos dinâmicos dos métodos de solução de controvérsias

A locução *cláusula escalonada* tem sua utilização derivada do direito anglo-saxão, com as chamadas *multi-tiered* ou *escalation clauses*, e do direito francês, as conhecidas *clauses niveaux*. No exemplo francês e no

[340] Steelman, D. C. *Caseflow management*. Op. cit., p. 173.

[341] Carmona, C. A. Arbitragem e juizados especiais: uma miragem. In: Carmona, C. A.; Batista Martins, P. A.; Lemes, S. M. F. (Org.). *Aspectos fundamentais da lei de arbitragem*. Op. cit., p. 60-62. Nesse artigo o Professor Carlos Alberto Carmona indica as principais dificuldades para a existência da arbitragem em um sistema de *small claims* funcional, como é o sistema dos juizados especiais cíveis no Brasil.

exemplo inglês, a função das cláusulas é a mesma, prevendo mais de um método de solução de controvérsias em consequência.

Em português, embora o verbo *escalonar* conste da primeira edição do *Dicionário Caldas Aulete* de 1881, com o sentido de "dar formato de escada",[342] seu emprego com sentido jurídico é bastante recente, importado, como já se viu, e decorre do crescimento dos chamados MASCs ou MASCs[343] a partir da Lei de Arbitragem (art. 21, § 4º – permissão para que os árbitros realizem a conciliação e homologuem eventual acordo). Como afirma a doutrina, a permissão para o escalonamento de métodos de solução de controvérsias estaria no mencionado dispositivo legal da Lei de Arbitragem.[344] Embora essa seja uma referência marcante, tal simbiose pode ver verificada em outros diplomas legais, como o próprio CPC/1973,[345] simbiose entre conciliação e processo judicial, no CPC, simbiose entre mediação e processo judicial ou entre conciliação e processo judicial[346],

[342] CALDAS AULETE, F. J. *Dicionário Caldas Aulete, apud* HOUAISS, A.; VILLAR, M. de S.; FRANCO, F. M. de M. *Dicionário eletrônico Houaiss da língua portuguesa.* Rio de Janeiro: Editora Objetiva, 2002. Nos dias de hoje, pode-se atribuir o sentido de "dividir ou espaçar por um certo período de tempo" (CALDAS AULETE, F. J. Escalonar. In: IDicionário Aulete. São Paulo: Lexikon, 2004. Disponível em: <http://aulete.uol.com.br>. Acesso em: 6 jun. 2010). Nesse caso, o que se divide são as formas de solução de conflitos.

[343] *Alternative Dispute Resolution*, ou "Métodos de Solução de Controvérsias".

[344] FERREIRA LEMES, S. M. Cláusula escalonada, mediação e arbitragem. Op. cit., p. 40-42. Disponível em: <http://www.selmalemes.com.br/artigos/artigo49.pdf>. Acesso em: 18 maio 2010.

[345] "Art. 331. Se não ocorrer qualquer das hipóteses previstas nas seções precedentes, e versar a causa sobre direitos que admitam transação, o juiz designará audiência preliminar, a realizar-se no prazo de 30 (trinta) dias, para a qual serão as partes intimadas a comparecer, podendo fazer-se representar por procurador ou preposto, com poderes para transigir. (Redação dada pela Lei nº 10.444, de 7.5.2002)".

[346] "Art. 334. Se a petição inicial preencher os requisitos essenciais e não for o caso de improcedência liminar do pedido, o juiz designará audiência de conciliação ou de mediação com antecedência mínima de 30 (trinta) dias, devendo ser citado o réu com pelo menos 20 (vinte) dias de antecedência.

§ 1º O conciliador ou mediador, onde houver, atuará necessariamente na audiência de conciliação ou de mediação, observando o disposto neste Código, bem como as disposições da lei de organização judiciária.

e na Lei dos Juizados Especiais Cíveis, entre conciliação, arbitragem e processo judicial específico.[347]

É bom destacar que as mencionadas legislações tinham como escopo principal uma economia de tempo e de recursos na solução de conflitos, porém, de nada adiantará ganhar com custos apenas financeiros, mas também de imagem, se inserem no mesmo contexto histórico da década de 1990.

§ 2º Poderá haver mais de uma sessão destinada à conciliação e à mediação, não podendo exceder a 2 (dois) meses da data de realização da primeira sessão, desde que necessárias à composição das partes.
§ 3º A intimação do autor para a audiência será feita na pessoa de seu advogado.
§ 4º A audiência não será realizada:
I – se ambas as partes manifestarem, expressamente, desinteresse na composição consensual;
II – quando não se admitir a autocomposição.
§ 5º O autor deverá indicar, na petição inicial, seu desinteresse na autocomposição, e o réu deverá fazê-lo, por petição, apresentada com 10 (dez) dias de antecedência, contados da data da audiência.
§ 6º Havendo litisconsórcio, o desinteresse na realização da audiência deve ser manifestado por todos os litisconsortes.
§ 7º A audiência de conciliação ou de mediação pode realizar-se por meio eletrônico, nos termos da lei.
§ 8º O não comparecimento injustificado do autor ou do réu à audiência de conciliação é considerado ato atentatório à dignidade da justiça e será sancionado com multa de até dois por cento da vantagem econômica pretendida ou do valor da causa, revertida em favor da União ou do Estado.
§ 9º As partes devem estar acompanhadas por seus advogados ou defensores públicos.
§ 10. A parte poderá constituir representante, por meio de procuração específica, com poderes para negociar e transigir.
§ 11. A autocomposição obtida será reduzida a termo e homologada por sentença.
§ 12. A pauta das audiências de conciliação ou de mediação será organizada de modo a respeitar o intervalo mínimo de 20 (vinte) minutos entre o início de uma e o início da seguinte."

[347] "Art. 24. Não obtida a conciliação, as partes poderão optar, de comum acordo, pelo juízo arbitral, na forma prevista nesta Lei.
§ 1º O juízo arbitral considerar-se-á instaurado, independentemente de termo de compromisso, com a escolha do árbitro pelas partes. Se este não estiver presente, o Juiz convocá-lo-á e designará, de imediato, a data para a audiência de instrução.
§ 2º O árbitro será escolhido dentre os juízes leigos."

Tal década também verificou um avanço da atividade econômica para setores diversos com as privatizações e a abertura do comércio internacional no Brasil. Esse contexto definitivamente serviu para o florescimento de novos tipos de negócios, de maior complexidade, que tornavam necessárias formas de solução de conflitos que permitissem a continuidade da execução de grandes obras ou prestação de relevantes serviços.[348]

Nesse contexto, portanto, é criado o caldo de cultura para o desenvolvimento e importação dos mais variados métodos de solução de controvérsias, como a conciliação, a mediação etc., perceptível também em diversos países da América Latina, tais como Argentina, Venezuela e México.[349]

O *formato de escada* tem perfeita aplicação nesse contexto, porém, de nada adiantará ganhar com custos apenas financeiros, mas sim, também, de imagem, uma analogia à chamada *escalada do conflito*. Tal situação representa o aprofundamento de um comportamento antagônico de agentes. Ocorre em situações nas quais se encontre, em conjunto, no plano objetivo, um problema alocativo de bens tidos como escassos. Já no plano comportamental, há contraposição no vetor de conduta entre dois sujeitos e no plano anímico de percepções diferenciadas entre os agentes de como se tratar o problema alocativo.[350]

Por definição, a cláusula escalonada é aquela que indica formas de solução de conflitos graduais, seguindo uma escala de modo a incentivar que, inicialmente, as partes busquem a solução consensual direta de seus conflitos, podendo, caso não alcancem resultado, solucioná-los com o auxílio de um terceiro, e, por fim, persistindo o impasse, pelo julgamento de um árbitro, que decide de modo definitivo a controvérsia.

Em geral, verifica-se também que as cláusulas escalonadas combinam métodos iniciais de natureza não jurisdicional (negociação, mediação e

[348] FERREIRA LEMES, S. M. *Cláusula escalonada, mediação e arbitragem*. Op. cit., p. 40. No mesmo sentido afirmam LEW, J. M.; MISTELIS, L. A.; KROLL, S. M. *Comparative international commercial arbitration*. Op. cit., p. 513-515.

[349] PALMER, E.; LOPEZ, E. The use of multi-tired dispute resolution clause in Latin America: questions of enforceability. *The American Review of International Arbitration*, New York, Juris Publishing, nº 14, 2003, p. 293-294.

[350] FREITAS JUNIOR, A. R. *Conflitos de justiça e limites da mediação para difusão da cultura da paz*. Op. cit., p. 518.

conciliação) com algum método de natureza jurisdicional (arbitragem) ou processo judicial. Isso garante, de um lado, seguir a escalada do conflito e o seu tratamento de modo inicialmente amigável, até situações mais graves, que dependam de uma decisão definitiva e que vincule as partes não só quanto ao resultado, mas também quanto à sua participação no processo (judicial ou arbitragem). Contudo, não seriam escalonadas aquelas cláusulas que envolvem métodos de solução de controvérsias que não contem com terceiros como a negociação direta[351], como afirma Selma Maria Ferreira Lemes:

> "Mas algumas situações não se tratam de cláusulas escalonadas. Assim se verifica quando as partes salientam que surgida a controvérsia envidarão seus melhores esforços para solucionar a controvérsia amigavelmente e, não sendo possível, instituirão um procedimento arbitral, regulando em seguida a arbitragem. A proposição de solução amigável, tal como acima mencionada, mesmo quando fixa prazo para que as partes tentem uma solução amigável, representa um procedimento informal e de condução de uma simples

[351] Por exemplo: "7.1. Por ocasião de uma disputa entre as PARTES, a PARTE desejosa de declarar a DISPUTA deve enviar a outra PARTE um aviso por escrito identificando a questão em disputa (NOTIFICAÇÃO DE DISPUTA).
7.2. Cada uma das Partes deverá indicar um administrador sênior em até 5 (cinco) dias úteis do recebimento da notificação enviada de uma Parte à outra. Os administradores seniores terão 30 (trinta) dias a partir da data de notificação da controvérsia (ou outro prazo caso venha a ser acordado entre as Partes) para apreciar e, em boa-fé, tentar resolvê-la. Na hipótese de vencimento do prazo de 30 (trinta) dias sem que os administradores cheguem a uma solução, quaisquer das Partes poderá dar início ao procedimento arbitral.
7.2.1. Caso qualquer das Partes não nomeiem seu respectivo administrador sênior no prazo acima indicado, a controvérsia poderá ser submetida diretamente à arbitragem.
7.3. Qualquer controvérsia ou divergência, bem como os casos omissos, oriundos do Contrato que não forem dirimidos amigavelmente pelas Partes no prazo de 30 (trinta) dias contados da notificação de controvérsia enviada por uma Parte à outra Parte, será resolvida e definitivamente decidida por arbitragem nos termos da Lei nº 9.307/96. A arbitragem será realizada e administrada pela Câmara."
Em outras situações não há dúvidas:
"12.1. Por ocasião de uma disputa entre as PARTES, a PARTE desejosa de declarar a DISPUTA deve requerer o início de mediação de acordo com o procedimento prevista pela Câmara.
12.2. Não obtido acordo na mediação, o conflito será resolvido e definitivamente decidido por arbitragem nos termos da Lei nº 9.307/96. A arbitragem será realizada e administrada pela Câmara."

> negociação, considerando-se verificada, sem maiores formalidades, com o início de troca de correspondências, com atas de reuniões entabuladas para esse fim, inclusive envolvendo altos escalões da empresa, com o objetivo de alcançar solução para a pendenga."[352]

De outro lado, Michael Pryles, por exemplo, considera escalonada a "cláusula que fornece para estágios distintos, envolvendo processos autônomos, para solucionar conflitos", tendo uma postura ampliativa, permitindo que negociação e mediação, por exemplo, façam parte dessas cláusulas.[353]

De acordo com o exposto, parece possível que existam cláusulas com maior ou menor escalonamento, com mais ou menos métodos de tentativa da solução da controvérsia que emergiu.

Uma situação diversa da cláusula escalonada é aquela na qual métodos de solução de controvérsias iguais são escolhidos para solucionar conflitos diversos, o que se pode chamar de *cláusulas segregadas de solução de controvérsias*. Exemplificadamente, uma arbitragem de procedimento simples é utilizada para definir o preço, e uma arbitragem de natureza mais complexa é usada para definir o inadimplemento.

A determinação de uma ou de outra situação é exclusivamente fruto da redação que se deu à cláusula. Uma palavra dúbia ou a frouxidão no estabelecimento de prazos determinados e condições específicas trará sérias consequências às partes, especialmente algumas que elas sequer imaginaram.[354]

352 Ferreira Lemes, S. M. *Cláusula escalonada, mediação e arbitragem*. Op. cit., p. 40. Dessa maneira, há que se fixar de modo claro os limites e as condições dos MASCs de modo claro (Scherer, M. Introduction to the case law. *ASA Bulletin*, n. 3, Sept. 2011, p. 618-619).

353 Pryles, M. *Multi-tiered dispute resolution clauses*: journal of international arbitration. 2. ed. Kluwer Law international, 2001. v. 18.

354 No mesmo sentido: Moser, L. G. M. Contrato internacional de licenciamento: cláusula escalonada ou sequencial: reconhecimento da validade da sentença arbitral sem a observância ao procedimento pré arbitral. *Revista Brasileira de Arbitragem*, São Paulo, IOB Thompson, nº 15, 2007, p. 181-199, e Pitombo, E. C. Palestra proferida na mesa redonda "Cláusula combinada de soluções de disputa". In: seminário de arbitragem e infraestrutura, 25 e 26 fev. 2010, Curitiba. (*Anais*...). Curitiba: Câmara de Mediação e Arbitragem da Associação Comercial do Paraná – arbitac; Instituto de Engenharia do Paraná – IEP; Centro Universitário Curitiba – Unicuritiba, 2010, apud Ferreira Lemes, S. M. Cláusula escalonada,

É exatamente a clareza a exigência da teoria do *contractual time limits,*[355] ou seja, os prazos estabelecidos em contrato são impositivos às partes que devem respeitá-los em quaisquer circunstâncias, inclusive para as soluções de controvérsias. Nesse sentido, arbitragens administradas de acordo com as regras da CCI já analisaram o estabelecimento de prazos prescricionais pelas partes: CCI nº 4.862/1986,[356] CCI nº 11.039/2002[357] e Caso CCI nº 6.230/1990.[358] Em todos esses casos, as regras aplicáveis à solução das controvérsias eram as denominadas condições FDIC.[359]

Nos dois primeiros casos, CCI nº 4.862/1986 e CCI nº 11.039/2002, as partes celebraram contratos com prazos prescricionais específicos de acordo com o art. 67 das Condições FDIC.

Os painéis arbitrais responsáveis pelo julgamento desses dois casos adotaram a mesma *ratio* de decisão e analisaram se a disposição das partes sobre os prazos prescricionais estavam de acordo com a legislação material por elas escolhidas para serem aplicáveis aos litígios.

Verificando que as legislações escolhidas permitiam a fixação de prazos contratuais, considerou-se válido que as partes os fixassem. Contudo, se a lei escolhida pelas partes não permite tal situação, a fixação dos prazos deve ser excluída. Assim foi decidido no Caso CCI nº 6.230/1990.

Como sugere Antonio Luiz Câmara Leal, a decadência tem o seu plano de incidência relacionado com o direito, e este deve ter existência em potencial, isto é, deve ser possivelmente exercido pelo titular, sem a

mediação e arbitragem. Op. cit.; Filkenstein, C.; Vita, J. B.; Casado Filho, N. *Arbitragem internacional, unidroit, CISG e direito brasileiro.* São Paulo: Quartier Latin, 2010, p. 169.

[355] Os *time limits* são comuns nos métodos de solução de controvérsias (Born, G. B. *International commercial arbitration in the United States.* Deventer: Wolters Kluwer, 1994, p. 78).

[356] Caso CCI nº 4.862 de 1986 *in* Jarvin, S.; Derains, Y. *Collection of ICC arbitral awards (1974-1985).* The Hague: Kluwer Law, 1990, p. 310-311.

[357] Caso CCI nº 11.039 de 2002. In: *ICC International Court of Arbitration Bulletin*, Paris, ICC Publication, v. 19, nº 2, 2008, p. 96 e ss.

[358] Caso CCI nº 6.230 de 1990. In: Arnaldez, J. J.; Derains, Y.; Hascher, D. *Collection of ICC arbitral awards (1991-1995).* The Hague: Kluwer Law, 1997, p. 95-96.

[359] Nesse sentido, Nunes, T. M. Análise dos efeitos da prescrição extintiva na arbitragem interna e internacional com visão a partir do direito brasileiro. Tese (Doutorado em Direito) – Faculdade de Direito, Universidade de São Paulo, São Paulo, 2011, p. 73 e ss.

necessidade de algum outro ato de terceiro, tendo o direito e a ação nascedouro no mesmo ato.[360]

Orlando Gomes, partindo de raciocínio semelhante de que decadência atinge direitos potestativos, considera que a decadência mira o direito, diferenciando-se da prescrição e conceituando-se pelo fato de o prazo nascer com o próprio direito,[361] isto é, a decadência para utilização de um MASC decorre do desrespeito aos prazos estabelecidos pelas partes, por exemplo. No momento em que surge o conflito (condição estabelecida em contrato para utilização do MASC), já se desencadeia o prazo decadencial, não sendo necessário outro ato. O caso é diferente, na visão do mencionado autor, daquele em que se discute a violação de um direito autoral, que é de prescrição, justamente porque não surge no mesmo momento em que a proteção à propriedade intelectual se inicia.[362]

Assim, Yussef Cahali considera que a decadência funda-se também em direitos potestativos independentemente do concurso de vontade da outra parte ou de qualquer atitude dela. Seriam "poderes ideais, concebidos pela lei, embora, por vezes, sobre a base de um pacto".[363]

Nas cláusulas MASC, pode-se sugerir o recurso a um método adjudicatório após um determinado prazo, caso já tenha sido realizado outro. Ademais, pode até imaginar o impedimento de se buscar um método adjudicatório caso um método consensual anterior não tenha sido realizado em um determinado prazo por culpa de uma das partes.

A natureza jurídica das cláusulas que instituam MASCs é a de negócio jurídico[364] processual, na medida em que o fim do acordo de vontades é celebrado entre as partes. A indicação realizada pode envolver a

[360] LEAL, A. L. C. *Da prescrição e decadência*. 4. ed. Rio de Janeiro: Forense, 1982. No mesmo sentido, AMORIM FILHO, A. Critério científico para distinguir a prescrição da decadência. *Revista dos Tribunais*, São Paulo: Revista dos Tribunais, Edição Histórica, 2010, p. 736-737. Nesse caso, há uma diferenciação entre os direitos potestativos que seriam fortes e os direitos colaborativos que seriam fracos, posto que os primeiros também decorreriam de um poder de exercício atribuído ao titular.

[361] GOMES, O. *Introdução ao direito civil*. 18. ed. Rio de Janeiro: Forense, 2001, p. 507.

[362] Idem, p. 507.

[363] CAHALI, Y. *Prescrição e decadência*. 2. ed. São Paulo: Revista dos Tribunais, 2008, p. 26.

[364] "sobre a base um pacto" (CAHALI, Y. *Prescrição e decadência*. Op. cit., p. 26), e nos termos do art. 211 do Código Civil.

realização de um determinado método ou a impossibilidade de utilização de um método seguinte caso a situação compreenda cláusulas escalonadas.[365]

Nesse sentido, a não utilização de um MASC por um determinado prazo levará à extinção do direito à utilização de um método futuro em caso de escalonamento, visto que a decadência pressupõe um direito nascido e não exercido.[366] Nesse aspecto, pode-se dizer que a eficácia do MASC está condicionada ao seu exercício, no caso dos *time limits*, dentro de um prazo fixado.

Partindo de um pressuposto de cooperação entre as partes e de total aplicabilidade do princípio da boa-fé objetiva, pode-se dizer que tal obrigação é mútua, não só daquela parte que deseja valer-se de um método de solução de controvérsias. Com isso, a partir do momento em que concordaram com a utilização de um MASC, as partes estarão sujeitas a uma condição, surgimento do conflito, para a utilização de um método de solução de controvérsias em um determinado lapso temporal. Sendo a lealdade um predicado dessa relação, não podem as partes se furtar das consequências aplicáveis nesse caso, inclusive, a perda da faculdade de analisar a questão por meio de outro método de solução de controvérsias.

A alegação deve ser feita a qualquer momento e grau de jurisdição e, por que não dizer, em qualquer MASC ou qualquer etapa de solução de controvérsias em que haja adjudicação, pois assim poder-se-á atingir um resultado mesmo que uma das partes se negue a praticar qualquer ato, sendo indeferida a petição inicial, se a discussão culminar em demanda judicial, nos termos do art. 332, §1º do CPC.

De um lado, contudo, nos métodos consensuais, não há uma potestatividade necessária para que se opere a decadência. Assim, estariam excluídos desses efeitos a negociação e a mediação facilitativa, sendo interessante que as partes previssem métodos adjudicatórios básicos ou até derivados ou secundários para que a solução da controvérsia pudesse ser abreviada e ocorrer de acordo com aquilo que foi estabelecido pelas

[365] Nesse sentido, Carlos Roberto Gonçalves afirma que a decadência pode atingir direitos potestativos no âmbito judicial ou extrajudicial: Gonçalves, C. R. *Direito civil brasileiro*. Op. cit., p. 487.

[366] Leal, A. L. C. *Da prescrição e decadência*. Op. cit., p. 100-101.

partes. De outro lado, porém, existem situações, nos métodos consensuais, em que uma das partes negou-se a participar. Em momento futuro, de utilização de um método seguinte em escalonamento de solução de controvérsias, não poderá alegar que o método no qual os *time limits* estabelecidos foram encerrados não se realizou. Em regra geral, portanto, poder-se-á falar em potestatividade nesse caso, posto que, a partir do negócio jurídico entre as partes para a adoção de um MASC, qualquer uma delas terá o poder de instaurar tal método, "a inércia continuada durante um certo lapso de tempo" gerará efeitos no exercício de seus direitos futuros.[367] A vinculação a uma eventual decisão dependerá, contudo, da natureza do método escolhido.

Ademais, a decadência convencional não é cognoscível de ofício pelo juiz ou julgador em método adjudicatório de solução de controvérsias por se tratar de um direito dispositivo.[368] Deve, de qualquer modo, ser alegada pela parte que dela pudesse aproveitar (art. 193 do Código Civil).

É bom destacar que tais regras não precisam estar explicitadas na cláusula, mas podem ser indicadas por referência, mediante menção ao regramento de uma determinada instituição de solução de conflitos. A manifestação de vontade com a aceitação de um determinado regulamento, de modo genérico, é suficiente para que se entenda qual era a intenção das partes e que se permita a completude de sua utilização.[369] Por tudo isso, é fundamental que as partes tenham plena ciência dos limites de suas vinculações com muito cuidado e vagar.

Como se vê, as partes podem definir, por acordo de vontade, etapas para a solução do conflito de maneira muito ampla, partindo da negociação até formas adjudicatórias, com a imposição de uma decisão proferida por um terceiro neutro. Nesse contexto, é fundamental que cada uma das etapas tenha um prazo claro e com etapas determinadas, permitindo a sucessão dos métodos adequados de solução de controvérsias estabelecidos. A teoria da prescrição e da decadência, portanto, podem ser importantes instrumentos viabilizadores de tais métodos e, em última análise, da própria solução da controvérsia.

[367] Leal, A. L. C. *Da prescrição e decadência*. Op. cit., p. 100.

[368] Cahali, Y. *Prescrição e decadência*. Op. cit. p. 189.

[369] Esse é o caso das cláusulas compromissórias vazias. Existindo regra para indicação dos árbitros, o processo pode se realizar.

# PARTE V

## 7. Técnica do efeito vinculante da cláusula compromissória e da cláusula (MASC)

### 7.1. Os pressupostos processuais e as condições da ação: o efeito negativo dos MASCs

A Constituição Federal de 1988 tem em seu bojo a base para o sistema processual, especialmente no que, de acordo com a lição de Cândido Rangel Dinamarco,[370] representa um conjunto de promessas e limitações para a concessão da tutela jurisdicional, quando dispõe que "a lei não excluirá da apreciação do Poder Judiciário lesão ou ameaça a direito" em seu art. 5º, inciso XXXV.

De acordo com tal entendimento, o sistema processual brasileiro, portanto, deve ser capaz de oferecer um direito de ação, o mais amplo possível, porém abstrato, para a obtenção da tutela jurisdicional. No entanto, serão impostas limitações, previstas no próprio sistema, que se verificarão no âmbito do direito material. As condições da ação nesse contexto atuam como uma primeira linha de filtros impostas pelo sistema para o julgamento de mérito,[371] voltando-se "à admissibilidade do processo considerado em sentido amplo [...], por definição, as defesas

[370] Dinamarco, C. R. *Instituições de direito processual civil.* Op. cit., v. I, p. 109-112.

[371] Embora seja uma análise realizada no interior do processo ou de qualquer forma de solução de conflitos, José Roberto dos Santos Bedaque ensina que a análise deste fenômeno deve ser feita visando a relação de direito material. Assim, embora tecnicamente processual, as condições da ação analisarão a relação de direito material (Bedaque, J. R. dos S. *Direito e processo.* Op. cit., p. 83-84).

processuais, todas elas, são sempre indiretas porque nada dizem respeito à finalidade última da atuação jurisdicional [...], elas são chamadas, com acerto de 'preliminares'".[372]

A análise, de acordo com o escopo deste trabalho, relaciona-se com a possibilidade de que os MASCs possam ser considerados como uma etapa necessária a ser vencida para o exercício do direito de ação, tornando inadequada e desnecessária a opção pela tutela jurisdicional até a sua realização.

Nesse aspecto, há que se vislumbrar o interesse de agir tradicionalmente conceituado pela doutrina pelo *binômio necessidade – adequação*, embora, como conceito geral, o interesse de agir seja *utilidade*, consistindo na relação de complementaridade entre a pessoa e o bem, tendo aquela a necessidade deste para a satisfação de uma necessidade, e sendo o bem capaz de satisfazê-la. O interesse de agir surge quando o provimento jurisdicional postulado for capaz de efetivamente de ser útil ao demandante, operando uma melhora em sua situação, quando for capaz de trazer a tutela jurisdicional.[373]

José Roberto dos Santos Bedaque, seguindo tal conceito, considera que o "interesse de agir constitui expediente destinado a evitar processos injustificados, permitindo a verificação da utilidade social da iniciativa judicial, só admissível se apta a contribuir de forma real para a efetivação do direito e a pacificação social".[374]

Em resumo, o interesse de agir seria instrumental e secundário ao interesse primordial ou primário apresentado pela parte, que é a obtenção da tutela jurisdicional, pressupondo uma afirmação de lesão a esse interesse primário e a aferição da possibilidade do provimento satisfazê-lo.

O interesse de agir será apurado por meio de um juízo de utilidade e da necessidade[375] realizado pelo julgador em relação à demanda apre-

[372] Bueno, C. S. *Curso sistematizado de direito processual civil.* São Paulo: Saraiva, 2009, v. II, t. I., p. 140-141.

[373] Carmona, C. A. *Arbitragem e processo.* 3Op. cit., p. 299-300. Alguns autores, como José Carlos Barbosa Moreira, há muito substituem a necessidade pela utilidade, embora o sentido seja o mesmo (Barbosa Moreira, J. C. *Comentários ao código de processo.* Rio de Janeiro: Forense, 1981, v. V, p. 335).

[374] Bedaque, J. R. dos S. *Direito e processo.* Op. cit., p. 290.

[375] Costa, S. H. da. *Condições da ação.* São Paulo: Quartier Latin, 2005, p. 62.

sentada pelo demandante. A aferição ou não da existência de interesse depende da análise do caso concreto e da verificação do resultado que o provimento proporcionará.[376]

A questão nos MASCs estaria centrada no interesse de agir, na falta de necessidade do provimento judicial ou arbitral, sem se passar pelos demais métodos de solução de controvérsias não jurisdicionais.

Em suma, não se pode também deixar de utilizar o trabalho despendido no processo por meras questões formais; deve-se buscar a efetividade na medida do possível, destacando que tal busca também não pode ser absoluta. A procura por qualquer MASC é pela efetividade, mas principalmente pela celeridade e pela satisfação das partes. Obviamente, também há limites nesses métodos e busca-se, cada vez mais, impedir que questões apresentadas no seu curso venham posteriormente dar ensejo a demandas anulatórias, atrasando a prestação da tutela jurisdicional. Não importam, no entanto, os nomes e as classificações e sim que tais fenômenos devem ser explicados e adequados, bem como que se permita a total efetivação,[377] quer de qualquer método de solução de controvérsias, quer de qualquer processo, e, nesse sentido, a discussão ora travada ganha relevância.

Além disso, outro elemento dificultador diz respeito ao fato de que a utilidade prática do MASC, analisando-se o interesse de agir, só seria verificada se a análise no método jurisdicional fosse feita *"in status assetiones"*, com base nas alegações apresentadas pelas partes, em tese, como ensina José Roberto dos Santos Bedaque: "o exame das condições da ação implica análise da relação jurídica material. [...] Trata-se, portanto de análise das questões de mérito feita ainda no condicional,

[376] THEODORO JÚNIOR, H. Pressupostos processuais e condições da ação no processo cautelar. *Revista de Processo*, São Paulo, Revista dos Tribunais, nº 50, 1988, p. 15-16.

[377] Quando se usa o vocábulo *efetivação* quer-se dar a este o sentido empregado por Cândido Rangel Dinamarco como aquela "atividade destinada a tornar realidade a disposição do Estado, anunciada abstratamente na lei, de produzir os resultados práticos determinados pelas normas substanciais. Essa predisposição do Estado chama-se, numa linguagem bastante conhecida, vontade sancionatória abstrata. Ela se torna concreta quando realizadas as atividades executivas" (DINAMARCO, C. R. *Execução civil*. 8. ed. São Paulo: Malheiros, 2002, 114). A importância do tema do presente trabalho ganha relevância a partir do momento em que, para a efetivação das decisões arbitrais, se torna necessária a atuação do Estado.

hipoteticamente".[378] Depois de uma enorme demora, não fará nenhum sentido extinguir um processo, depois da realização de diversos atos porque a conciliação ou a mediação não foram utilizadas.

Soma-se a isso que a existência de um MASC poderia ser uma situação que atinge o interesse de agir. Todavia, embora sedutora, essa opção não parece ser a mais correta. Como não há caráter sucedâneo entre os métodos consensuais e os adjudicatórios, não há que se falar em inadequação do método adjudicatório se o método consensual não for utilizado.

Quer pela questão técnica relativa às condições da ação, quer pela na sua análise, não há como se considerar a existência de um MASC como algo que afete o interesse de agir. Do ponto de vista técnico e de conveniência política tal solução é inadequada.

### 7.2. Os MASCs como questões prévias

Além das preliminares, que indicam etapas antecedentes para o julgamento do mérito mediante a verificação de conformidade com as regras do processo, existe outra ordem de questões existente no processo civil, que são aquelas decorrentes das relações jurídicas trazidas pelo autor em sua demanda como fundamentos de sua pretensão. Não se trata de um filtro constitucional, como é o caso das condições da ação ou dos pressupostos processuais.

A origem do instituto está no direito romano, especificamente no período justiniano com o *iudicium* e *cognitio*. A ideia era a mesma. Existiam fórmulas denominadas *praeiudicia* que indicavam juízos preparatórios para outros juízos e que passaram a permitir processos autônomos.[379] De qualquer modo, a ideia de prejudicialidade e encaminhamento lógico das questões para efetivação do julgamento já estava estruturada.

Esses fundamentos trazidos pelo autor são denominados pontos. A controvérsia sobre esse ponto do autor, eventualmente, trazida pelo réu em sua contestação, cria a discussão e faz aquela construção lógica presente nos autos do processo ser tratada como uma questão.

378 BEDAQUE, J. R. dos S. *Direito e processo*. Op. cit., p. 84.

379 FERNANDES, A. S. *Prejudicialidade*: conceito, natureza jurídica, espécies judiciais. São Paulo: Revista dos Tribunais, 1988, p. 11.

O ponto é fundamento de uma afirmação que se refere ao mérito da demanda, podendo ser feita pelo autor e pelo réu, e tendo o magistrado como destinatário. Concluindo esse raciocínio, Francesco Carnelutti indica ainda a dúvida como elemento fundamental para que o ponto seja transmutado em questão, indicando que tal conceito pode se referir tanto a situações de fato como a situações de direito.[380] O ponto controvertido passa a ser denominado como questão, portanto.[381]

E é exatamente sobre as questões apresentadas pelas partes que ocorrerá o pronunciamento judicial. Na lição de Cândido Rangel Dinamarco, é sobre o pedido apresentado pelo autor que julgará o magistrado de modo *principaliter* e, sobre os fundamentos, a atuação do magistrado será *incidenter tantum*. É por essa razão que o art. 504 do CPC retira do alcance da coisa julgada material todos os fundamentos da sentença.[382] O mesmo entendimento é compartilhado por Crisanto Mandrioli.[383]

Nesse contexto, a prejudicialidade, por sua vez, decorre do fato de existirem ordens de questões de valoração jurídica ou fática que devem ser decididas antes da questão principal, nesse caso denominada prejudicada.[384] Luiz Fux assevera que tal situação "precisa ser apreciada como premissa lógica integrante do itinerário do raciocínio do juiz, antecedente necessário ao julgamento. Saltar sobre ela significaria deixar sem justificativa a conclusão sobre o pedido".[385]

Existem questões, porém, que predeterminam a questão ainda pendente de solução e, diferentemente da preliminar, vincula o resultado da outra decisão.[386] Por isso, "Quando duas demandas se relacionam de forma relevante para o sistema, é desejável o seu tratamento conjunto [...] para evitar julgamentos contraditórios e obter economia processual."[387]

[380] Carnelutti, F. *Sistema di diritto processuale civile.* Op. cit., p. 353.

[381] Bueno, C. S. *Curso sistematizado de direito processual civil.* Op. cit., v. II, t. I, p. 179.

[382] Dinamarco, C. R. *Instituições de direito processual civil.* Op. cit., v. III, p. 207.

[383] Mandrioli, C. *Diritto processuale civile.* 14. ed. Torino: G. Giappichelli, 2002, v. I, p. 168.

[384] Tourinho Filho, F. da C. *Processo penal.* 22. ed. São Paulo: Saraiva, 2000, p. 532.

[385] Fux, L. *Curso de direito processual civil.* Rio de Janeiro: Forense, 2004, p. 434.

[386] Bueno, C. S. *Curso sistematizado de direito processual civil.* Op. cit., v. II, t. I, p. 180.

[387] Leite, C. F. L. *Prejudicialidade no processo civil.* São Paulo: Saraiva, 2008, p. 233-234.

Esse não é o caso das disposições que dizem respeito à utilização dos métodos de solução de controvérsias. Aqui não há qualquer relação de antecedência lógica de resultados, mas apenas uma preferência quanto à utilização de um método de solução de controvérsias ou de outro e, muitas vezes, se o método não for adjudicatório, sequer se verificará uma demanda. Falar-se-á em questões, mas não em demanda.

Partindo desse princípio, o art. 200 do CPC trata de esclarecer uma relação entre os negócios jurídicos processuais e os métodos adjudicatórios de solução de controvérsias: "atos das partes, consistentes em declarações unilaterais ou bilaterais de vontade, produzem imediatamente a constituição, a modificação ou extinção de direitos processuais".

Nesse contexto, a manifestação de vontade indicando um MASC pode ter consequências que se projetarão para eventual processo. Há, nesse caso, pela atuação comissiva das partes, nos dizeres de Egas Dirceu Moniz de Aragão, a constituição de direitos processuais.[388] Trata-se, portanto, de atos processuais, que nos dizeres de Marcos Afonso Borges são dotados de *"conteúdo processual"*, destinados a interferir na "constituição, conservação (sic) desenvolvimento e modificação e encerramento" do processo.[389]

A realização desses atos, assim, independe do concurso de qualquer autoridade, podendo tais atos ser praticados até mesmo antes do processo. A produção de efeitos no processo judicial ou na arbitragem decorrerá, contudo, da sua notícia aos julgadores. É nesse aspecto que Arruda Alvim[390] menciona e Antonio Dall'Agnol[391] cita que a manifestação de vontade será produzida "imediatamente" à sua juntada no processo ou envio ao painel arbitral.

Julgando caso relacionado à desistência recursal, o Superior Tribunal de Justiça já vem decidindo desde 1992 que o mencionado artigo tem

[388] Aragão, E. D. M. de. *Comentários ao código de processo civil.* 9. ed. Rio de Janeiro: Forense, 2000, v. II, p. 22.

[389] Borges, M. A. Sentença e equivalentes jurisdicionais. In: Tucci, J. R. C. e (Coord.). *Processo civil*: estudo em comemoração aos 20 anos de vigência do código de processo civil. São Paulo: Saraiva, 1993, p. 180-181.

[390] Alvim, A. *Manual de direito processual civil.* 6. ed. São Paulo: Revista dos Tribunais, 1997, v. I, p. 421.

[391] Dall'agnol, A. *Comentários ao código de processo civil.* 2. ed. São Paulo: Revista dos Tribunais, 2007, v. II, p. 251-252.

aplicação ampla[392], e, como afirma Nelton dos Santos, "o CPC impõe às partes, como regra, a irretratabilidade das posições jurídicas processuais assumidas".[393] A posição jurídica, no caso em comento, é a de usar um método de solução de controvérsias antes de um outro método adjudicatório, ou até mesmo prever regimes de preferência entre métodos de solução de controvérsias.

Tal situação deve ser observada pelo magistrado ou pelo árbitro, zelando-se pela manifestação de vontade das partes. A partir do momento em que houver a manifestação de vontade acerca do método de solução de controvérsias, as partes já estarão vinculadas, não cabendo nenhum juízo dos terceiros julgadores em relação à escolha feita, mas apenas no tocante à forma, capacidade e objeto da manifestação de vontade das partes, nos termos do art. 104 do Código Civil.

A conclusão acima é estruturada em tese de direito privado, já acolhida pelo Judiciário no tocante aos métodos de solução de controvérsias, especialmente a arbitragem. Não pode ser outra a interpretação em face da segurança jurídica que o sistema processual visa a conferir às partes.

É exatamente com esse raciocínio que Alcides Tomasetti Júnior apresenta um elemento inderrogável ao contrato preliminar,[394] no caso, a disposição das partes para realização de um MASC, ainda que consensual, caso surja algum litígio. É essa a factibilização contratual, vinculando a "introdução diferida do regramento dos interesses dos figurantes, o qual incide sobre bem ou bens que deverão ser alcançados, de acordo com aqueles interesses, mediante a conclusão, ou a conclusão e a complementação, do contrato definitivo".[395]

Nesse tipo de contrato há elementos particulares que têm pertinência com a primeira vinculação entre as partes, são reflexos. São os ele-

[392] STJ, REsp nº 18942-SP, 2.ª Turma, Rel. Min. Peçanha Martins, j. em 20-5-1992 in *DJ* 29.6.1992.

[393] Marcato, A. C. (Coord.). *Código de processo civil interpretado*. 3. ed. São Paulo: Atlas, 2008, p. 439.

[394] Tomasetti Junior, A. *Execução do contrato preliminar*. Tese (Doutorado em Direito) – Faculdade de Direito, Universidade de São Paulo, São Paulo, 1982, p. 20.

[395] Idem, p. 20. No mesmo sentido: Zanetti, C. de. *A conservação dos contratos nulos por defeitos de forma*. Tese (Livre-docência) – Faculdade de Direito, Universidade de São Paulo, 2010, p. 154-158.

mentos particulares e, no caso dos contratos que instituam MASCs, destacam-se os *time limits*.[396]

A execução do contrato preliminar poderia até dar-se de acordo com a redação original do art. 639 do CPC/1973,[397] substituído pelo art. 466-B do mesmo CPC/1973.[398] Nesse sistema manteve-se, portanto, a regra da execução específica do pré-contrato, com a garantia do cumprimento *in natura* da obrigação preliminarmente estipulada entre as partes.

No CPC, ou o art. 466-B do CPC/1973 permanece em vigor já que não revogado expressamente e sem disposição específica sobre assunto, ou a disposição do art. 501 do CPC, que corresponderia ao art. 466-A do CPC/1973, terá uma interpretação ampliativa. De um jeito ou de outro, a disciplina não dever ser alterada.

Como arremata ainda Alcides Tomasetti Júnior, ainda comentando sobre o revogado art. 639 da redação original do CPC/1973, tal dispositivo tem sentido e significado no plano processual, o que se coaduna com o objeto deste trabalho. O magistrado, ao analisar o caso, terá "balizas, genericamente predispostas, para a possibilidade prática do juízo de tutela do contrato preliminar", tendo o contrato preliminar "toda uma dimensão processual que passou a ser componente indissolúvel da problemática que é a própria categoria".[399]

Ou seja, a análise conjunta do art. 200 do CPC e do art. 466-B do CPC/1973, não permite outra conclusão senão aquela de que qualquer disposição referente a método de solução de controvérsias é vinculante e dotada de execução específica.

A vinculação, portanto, é de fácil verificação. E as consequências processuais são imediatamente impostas, como já se viu, de acordo com o art. 200 do CPC. Haverá uma ulterior complementação do contrato. A cláusula que institua um MASC representa um vínculo definitivo entre

[396] Tomasetti Junior, A. *Execução do contrato preliminar*. Op. cit., p. 21.

[397] "Art. 639. Se aquele que se comprometeu a concluir um contrato não cumprir a obrigação, a outra parte, sendo isso possível e não excluído pelo título, poderá obter uma sentença que produza o mesmo efeito do contrato a ser firmado."

[398] "Art. 466-B. Se aquele que se comprometeu a concluir um contrato não cumprir a obrigação, a outra parte, sendo isso possível e não excluído pelo título, poderá obter uma sentença que produza o mesmo efeito do contrato a ser firmado."

[399] Tomasetti Junior, A. *Execução do contrato preliminar*. Op. cit., p. 41-42.

as partes com a potencialidade de dar origem a um método de solução de controvérsias.

No caso concreto, a locução *sendo isso possível* do referido artigo é um pressuposto, nos dizeres de José Carlos Barbosa Moreira,[400] que parece ser superável no caso dos métodos de solução de controvérsias. Isso porque a vontade do devedor para realização do método já está manifesta em algum documento e sem nenhuma ressalva,[401] apenas em momento posterior se nega a utilizar a forma escolhida de solução da controvérsia: "ao juiz não é dado estipular cláusulas e condições, mas apenas fazer desnecessária, por meio de sentença, a declaração de vontade que, incidindo sobre cláusula e condições já estipuladas, daria corpo ao negócio definitivo".[402]

O art. 466-B do CPC/1973, atual artigo 639 da redação original do mesmo Código, estaria para os métodos consensuais da mesma forma que o art. 7º da Lei de Arbitragem está para as convenções de arbitragem vazias. Trata-se de instrumentos viabilizadores dos métodos de solução de controvérsias.

Nesse sentido, o Supremo Tribunal Federal se manifestou ao julgar a constitucionalidade da Lei de Arbitragem. A manifestação de vontade das partes para solucionar um litígio, ainda que indeterminado, não retiraria a eficácia da convenção de arbitragem, como se verá com mais vagar adiante.

Daí se extrai que há uma relação de prevalência temporal dos métodos consensuais em relação aos métodos adjudicatórios quando os primeiros são previstos como uma possibilidade de solução de controvérsias. Nesse contexto, uma previsão para que uma mediação ou uma conciliação aconteçam limita o acesso ao Judiciário, por exemplo, dando-se preferência para que se realize o método de solução de controvérsias estabelecido pelas partes.

[400] Barbosa Moreira, J. C. *O novo processo civil brasileiro.* 21. ed. Rio de Janeiro: Forense, 2001, p. 211.

[401] Negrão, T.; Gouvêa, J. R. F.; Bondolie, L. G. A.. *Código de processo civil e legislação processual civil em vigor.* 43. ed. São Paulo: Saraiva, 2011, nota 3, art. 466-B, p. 538 e RT 672/176.

[402] Barbosa Moreira, J. C. *O novo processo civil brasileiro.* Op. cit., p. 211. No mesmo sentido, Lucon, P. H. In: Marcato, A. C. (Coord.). *Código de processo civil interpretado.* Op. cit., p. 1.519.

No direito brasileiro, a regra geral sobre o assunto está no art. 265 do CPC/1973, art. 313 do CPC. De acordo com inciso II dos referidos artigos, o processo pode ser suspenso por vontade das partes e essa deve ser consequência das disposições bilaterais que utilizem métodos de solução de controvérsias, observado o limite de seis meses indicado no § 4º da redação do referido dispositivo no CPC.[403]

Embora não haja nenhuma indicação específica para os MASCs, pode-se considerar que a eles se aplicam as regras constantes do inciso II do referido artigo, sendo que o processo judicial deverá ser suspenso por convenção das partes até a realização de um MASC não jurisdicional. A mediação ou a conciliação são tentadas e, posteriormente, o julgamento pode se realizar.

O ideal, contudo, é que a disposição para que eventual processo judicial ou arbitral futuros sejam suspensos até que as partes realizem os MASCs previstos conste do negócio jurídico. Essa disposição tornará indiscutível a opção das partes pelos métodos de solução de controvérsias de forma escalonada.

A questão prejudicial, portanto, indica mérito da demanda, e poderia ensejar outro processo.[404] No caso dos MASCs não jurisdicionais, poder-se-ia pensar em uma obrigação de fazer para efetivá-los, embora a execução *específica* seja possível, mas pouco eficaz. Nos dizeres de Humberto Theodoro Júnior, aplica-se uma "condição suspensiva" sobre o processo.[405]

A despeito da tutela específica, os MASCs não jurisdicionais podem ser vistos como questões prévias, e, uma vez existindo questão sobre eles, o magistrado deverá suspender o processo, tendo em vista a convenção das partes (art. 313, inciso II do CPC) aplicando *contractual time limits* e exigindo a tentativa de sua realização. Em caso de recusa ou insucesso na negociação, mediação ou conciliação, o processo civil ou a arbitragem prosseguiriam, em uma ordem absolutamente lógica de questões.

[403] A. C. Marcato in Marcato, A. C. (Coord.). *Código de processo civil interpretado.* Op. cit., p. 801; e Dinamarco, C. R. *Instituições de direito processual civil.* Op. cit., v. III, p. 174).

[404] Bueno, C. S. *Curso sistematizado de direito processual civil.* Op. cit., v. II, t. I, p. 180.

[405] Theodoro Júnior, H. *Curso de direito processual civil.* 38. ed. Rio de Janeiro: Forense, 2002, v. I, p. 275.

Ademais, aproveitando o CPC, essa relação entre os MASCs e o processo poderia ser estabelecida de modo claro, impedindo o surgimento de dúvidas e garantindo o nascimento de um sistema de solução de controvérsias seguro e eficiente com base no que se expôs.

## 7.3. Os MASCs e o processo civil

Expostas algumas ideias sobre os pressupostos processuais e questões prévias, há que se investigar se os métodos de solução de controvérsias podem ser enquadrados como pressupostos negativos de desenvolvimento do processo ou se esta classificação deve ser reservada somente à categoria dos métodos alternativos jurisdicionais, com destaque para a arbitragem.

Esse é o chamado efeito negativo da convenção de arbitragem. Tendo em vista que a arbitragem é um método jurisdicional de solução de controvérsias, a existência de uma convenção de arbitragem impedirá que o juiz estatal exerça a sua jurisdição de modo pleno. Esta será desempenhada apenas em algumas situações, como na execução das decisões do árbitro, e de modo complementar.

Diante de tal efeito, a arbitragem tem a sua eficácia garantida. Na medida em que existe a determinação das partes em realizar o procedimento arbitral, os processos judiciários que envolvam a mesma questão de mérito contida na convenção de arbitragem não contarão com os seus pressupostos de existência, posto que os juízes togados serão desprovidos de jurisdição.[406] Como leciona Jan Kleinheisterkamp, o efeito negativo da convenção de arbitragem tem o escopo de proteger a parte de se ver obrigada a solucionar sua demanda no Judiciário, mesmo tendo definido anteriormente que ela seria julgada mediante processo arbitral.[407]

Esse efeito, portanto, atribuído à convenção de arbitragem, liga-se à existência do processo. Verificado tal pressuposto negativo, o processo deve ser extinto, não sendo o caso de se propor nova demanda para analisar a questão. Existindo, portanto, cláusula compromissória cheia, isto

[406] Pitombo, E. C. Os efeitos da convenção de arbitragem: adoção do princípio Kompetenz-kompetenz no Brasil. In: Carmona, C. A.; Batista Martins, P. A.; Lemes, S. M. (Coord.). *Arbitragem*. Op. cit., p. 330-331. No mesmo sentido: Guerrero, L. F. *Convenção de arbitragem e processo arbitral*. Op. cit., p. 125-130.

[407] Kleinheisterkamp, J. *International commercial arbitration in Latin America*. Dobbs Ferry: Oceana Publications, 2005, p. 149.

é, aquela que aponte a forma de indicação dos árbitros ou se refira a regras institucionais para tanto, a jurisdição estatal estará automaticamente excluída. Como afirma Carlos Alberto Carmona, "tanto a cláusula como o compromisso excluem a jurisdição estatal".[408]

Como se observa, a tendência mundial de conformação dos métodos de solução de controvérsias em sistemas processuais é uma nítida no cenário mundial. O esforço do direito brasileiro em relação à arbitragem é claro. Como sustenta Cássio Scarpinella Bueno:

> "A convenção de arbitragem, a exemplo da perempção, da litispendência e da coisa julgada [...] e também da falta de caução [...] é pressuposto processual negativo. A arbitragem é fator de inibição da atuação do Estado-juiz. Naqueles casos e entre as pessoas entre as quais ela é admitida [...], fica afastada, por definição, a atividade jurisdicional. [...] a hipótese deve ser compreendida no contexto mais amplo de meios alternativos de resolução de conflitos."[409]

A relação entre a arbitragem e o processo civil parece ser algo consolidado em diversos sistemas, e o caminho natural é que tal interação se torne cada vez mais tranquila. No entanto, em que medida tal situação e tal tratamento se aplicam aos métodos de solução de controvérsias não jurisdicionais?

Pode parecer à primeira vista um pouco estranho que se tente classificar os métodos de solução de controvérsias como pressupostos negativos de desenvolvimento regular do processo. Entretanto, tal ideia encontra-se presente no ordenamento jurídico brasileiro e em alguns ordenamentos jurídicos estrangeiros.

Contudo, a necessidade de economia processual e o caráter não jurisdicional da conciliação, por exemplo, fizeram essa regra deixar de ser vinculativa e de provocar a extinção do processo judicial. O mesmo raciocínio deve ser aplicado à arbitragem, quando esta for o processo jurisdicional do escalonamento. E por quê? Quais seriam as premissas para se interpretarem essas duas situações?

De um lado, a convenção que institua um MASC seria um pressuposto negativo de desenvolvimento do processo, tendo os mesmos efei-

[408] Carmona, C. A. *Arbitragem e processo.* Op. cit., p. 16.

[409] Bueno, C. S. *Curso sistematizado de direito processual civil.* Op. cit., v. II, t. I, p. 146.

tos da convenção de arbitragem. No entanto, pelo que se viu, a natureza diversa da arbitragem e dos métodos autocompositivos não permite esse tipo de interpretação. De outro lado, a análise não poderia ser tão ampla e outras soluções deveriam ser empregadas. Essas são as duas consequências adotadas pela doutrina.[410]

A obrigatoriedade da cláusula compromissória para a realização da arbitragem determina que as partes se propuseram a solucionar eventual litígio que surja de relação jurídica determinada pela via arbitral.

Tal exigência decorre de princípio estabelecido no direito material do *pacta sunt servanda* expresso como força obrigatória nos contratos que, uma vez celebrados, devem ser adimplidos na sua integralidade, inclusive com a execução *in natura* ou específica das obrigações e pelo princípio da *Kompetenz-kompetenz* (art. 8º da Lei de Arbitragem).

Com o objetivo de garantir a efetivação desses princípios, foram estabelecidos na legislação brasileira mecanismos já adotados em convenções internacionais, como a mencionada execução *in natura* da convenção de arbitragem,[411] presente nos arts. 6º e 7º da Lei de Arbitragem.[412]

A Lei de Arbitragem supera a ideia vigente no direito brasileiro até 1996 e expressa no CPC/1973 (revogado art. 1072) de que a recusa de uma das partes em promover a arbitragem só poderia resolver-se em perdas e danos. A parte que tiver interesse na arbitragem poderá tomar todas as medidas necessárias para que ela ocorra, visto que o efeito positivo da convenção de arbitragem faz com que o litígio só possa ser solucionado via arbitragem.

No direito romano, assim como no direito brasileiro até 1996, a cláusula arbitral não era sancionatória e a sentença não era vinculante.[413]

[410] Ferreira Lemes, S. M. *Cláusula escalonada, mediação e arbitragem*. Op. cit., p. 171-173.

[411] Regra já adotada pelo Protocolo de Genebra de 1923 e pela Convenção Interamericana de Arbitragem (do Panamá de 1975).

[412] Embora existam críticas, pois o juiz estatal participa da redação do compromisso. Considera-se essa uma intervenção judicial muito profunda, ainda mais porque, no caso do direito brasileiro, há submissão ao duplo grau de jurisdição do *descisum* que celebrou o compromisso arbitral judicialmente (Lee, J. B.; Valença Filho, C. MBV commercial and export management establishment C. Resil Indústria e Comércio Ltda. *Revista Brasileira de Arbitragem*, São Paulo, IOB Thompson, nº 3, 2004, p. 124-125).

[413] Fouchard, P.; Gailard, E. ; Goldman, B. *Traité de l'arbitrage commercial international.* Paris: Litec, 1996, p. 399.

A cláusula compromissória era simples contrato preliminar, e mesmo o compromisso arbitral era encarado com eficácia limitada pelos tribunais.

A maioria dos sistemas arbitrais nacionais garante, portanto, a execução específica da cláusula compromissória,[414] sendo esta medida, em nosso direito, responsável em grande parte pelo maior desenvolvimento do instituto. Com isso, o procedimento arbitral se inicia e se desenvolve mesmo que uma das partes se negue a dele participar.

Contudo, havendo alguma falha quanto à indicação dos árbitros, o procedimento não poderá se iniciar, ensejando-se medidas como ação para lavratura de compromisso arbitral. Assim, essa ausência não impedirá a utilização da arbitragem para a solução de conflito entre as partes vinculadas na cláusula compromissória.[415]

Há clara relação desses mecanismos com o chamado efeito vinculante da convenção de arbitragem. Ela possui gênese decorrente do direito material, mas com eficácia processual nítida. Decorre da livre manifestação de vontade das partes e, pelo seu caráter convencional, permite-se a vinculação das partes.

A cláusula compromissória cheia ou o compromisso arbitral hígido permitem que os efeitos positivos da convenção de arbitragem sejam produzidos[416] nos limites dos direitos patrimoniais disponíveis, da maioridade das partes e termos da convenção celebrada ou de manifestações posteriores consentâneas das partes, especificações ou aditamentos.[417]

Nitidamente, portanto, os sistemas arbitrais, tal como o brasileiro (arts. 485, inciso VII, e 337, inciso X, do CPC),[418] bem como a Lei Uni-

[414] Idem, p. 400.

[415] A Legislação suíça sobre Direito Internacional Privado é exceção ao permitir, em situações como essa, que as partes solucionem o conflito via Justiça Estatal (art. 7º da Lei Federal suíça sobre Direito Internacional Privado, de 18 de dezembro de 1987).

[416] Bonilha, M. M. Do efeito vinculante da cláusula arbitral. *Revista de Arbitragem e Mediação*, São Paulo, Revista dos Tribunais, nº 3, 2004, p. 138-141.

[417] Esse é o caso do chamado "Termo de Arbitragem", nos quais as partes e os árbitros definem com precisão o conteúdo do litígio a ser solucionado. Tal instrumento é previsto em regulamentos de órgão arbitrais como o Centro de Arbitragem da Câmara de Comércio Brasil Canadá (art. 7.1 e ss) e da Corte Internacional de Arbitragem da CCI (art. 23).

[418] Há que se mencionar suposta contradição entre esses artigos e a solução dada pelo CPC/1973: "Já o art. 327 do projeto de Código de Processo Civil faz às vezes do art. 301 do Código de Processo Civil de 1973, indicando que incumbe ao réu, antes de discutir o mérito, alegar convenção de arbitragem (inciso X do art. 327 do projeto de Código de Pro-

forme da UNICITRAL (art. 8º, 1 e 2), adotada como referência de muitos países como Espanha, Portugal e até o Brasil, tratam a convenção de arbitragem como pressupostos negativos de desenvolvimento regular do processo. Vale dizer, a inexistência da convenção de arbitragem permite o desenvolvimento regular do processo. O mesmo pode ser dito em relação ao direito norte-americano, e julgados recentes demonstram tal entendimento.[419]

Tal entendimento pode ser transportado para as cláusulas MASC em geral, uma vez que formas de solução de conflito, especialmente autocompositivas, são voluntárias não só quanto à adesão, mas o procedimento, como se viu, pode ser obrigatório. A obtenção de um resultado, por sua vez, dependerá de outra manifestação de vontade. A recusa de uma das partes no prosseguimento do processo autocompositivo impe-

cesso Civil). Todavia, caso não cumpra tal incumbência, o réu não estará renunciando à convenção de arbitragem ao contrário do que se pode pensar. Primeiro, porque a renúncia a um negócio jurídico, distrato, deve ser realizada da mesma forma em que foi realizada a contratação, nos termos do art. 472 do Código Civil. No caso estaria ocorrendo uma contratação expressa e uma renúncia tácita, o que não se admite em nosso ordenamento jurídico. Segundo porque o projeto de Código de Processo Civil sacramenta a questão em seu artigo 472, inciso X, ao dizer que 'o juiz proferirá sentença sem resolução de mérito quando verificar a existência de convenção de arbitragem'. Ou seja, o magistrado deverá fazer tal investigação ainda que o réu tenha olvidado qualquer referência à convenção de arbitragem. A redação desse artigo em seu caput e em seu inciso é bem mais incisiva, com o perdão do trocadilho do que a disposição do inciso VII do art. 267 do Código de Processo Civil de 1973. No projeto não há dúvidas da consequência da medida. O parágrafo quarto do art. 327 do projeto de Código de Processo Civil supre falha constante do parágrafo quarto do art. 301 do Código de Processo Civil de 1973, substituindo a categoria compromisso arbitral por convenção de arbitragem. Tal situação era decorrente de um equívoco de atualização do Código de Processo Civil de 1973 com o advento da Lei de Arbitragem. Foram substituídas todas as locuções compromisso arbitral do mencionado diploma legal, mas esta permaneceu. Aparentemente a questão era singela, mas a letra da lei era clara, tal situação era restrita à cláusula compromissória e não a cláusula compromissória, embora se saiba que tais categorias são espécies do gênero convenção de arbitragem e não tenham nenhuma diferença teleológica." (GUERRERO, L. F. Os métodos de solução de controvérsias. Disponível em: <http://www.dinamarco.com.br/wp-content/uploads/SolucaoDeControversias.pdf>. Acesso em: 20 jan. 2014). No final, o ajuste foi feito no art. 337, X do Código de Processo Civil.

[419] *Intertec Contracting A/S et. Al. vs. Turner Steiner International, S.A,* 2000 U.S. Dist. LEXIS 7413 e *N-Tron Corporation* vs. *Rockwell Automation, Inc.*, 2010 U.S. Dist. LEXIS 14130.

dirá sua continuidade porque o terceiro eventualmente envolvido não terá que apresentar uma decisão e não poderá decidir e impor eventual decisão às partes.

Nessa linha, Carita Wallgren leciona: "This also means that a dispute subject to ADR can be resolved as soon as the parties are ready to settle, and that the settlement need not mirror the parties legal rights."[420] Desta maneira, nem ao mediador nem ao conciliador é conferida a capacidade de julgar, cabendo às próprias partes a busca pela solução do litígio.[421]

Tal situação, contudo, não representa um retrocesso no Brasil, especialmente se for feita uma comparação com a situação da arbitragem antes da Lei de Arbitragem. Isso porque a natureza da arbitragem, método heterocompositivo e jurisdicional de solução de conflitos, permite a vinculação à sua utilização, bem como ao seu resultado. Já os métodos autocompositivos ou consensuais, por dependerem exclusivamente da vontade das partes e eventualmente só contarem com o auxílio de terceiros, pode-se até obrigá-las a participar,[422] mas, sem dúvida, não se pode obrigá-las a obter um acordo.[423]

Esse é um dos grandes problemas práticos das cláusulas escalonadas porque pode-se chegar ao procedimento arbitral ou judicial sem que tenham sido seguidos todos os passos ou degraus do escalonamento previsto em contrato, muito comuns nas condições aplicáveis a obras da engenharia civil e do Dispute Board da CCI.[424] O outro é definir

[420] "Isso também significa que a disputa sujeita a um ADR pode ser resolvida assim que as partes estiverem prontas para acordar, e que o acordo não precisa levar em conta os direitos das partes." (Tradução livre) WALLGREN, C. ADR and Business. In: GOLDSMITH, J. C. (Org.). *ADR in business*. Op. cit., p. 9.

[421] DINAMARCO, C. R. *Vocabulário do processo civil*. Op. cit., p. 96.

[422] Embora o Projeto de Lei nº 94/2002 do Senado brasileiro tratesse da mediação obrigatória (art. 29).

[423] Essa é uma das críticas apresentadas por Roque J. Caivano, Marcelo Gobbi e Roberto E. Padilla aos métodos autocompositivos (CAIVANO, R. J.; GOBBI, M.; PADILLA, R. E. *Negociación y mediación*. Op. cit., p. 44).

[424] COSTA, M. M. Comentários ao laudo final proferido em 27 de janeiro de 2000 no procedimento CCI nº 10.551. *Revista Brasileira de Arbitragem*, São Paulo, IOB Thompson, nº 2, 2004, p. 154-155.

quando uma das etapas efetivamente terminou e quando a outra deve começar.[425]

Todavia, há posições no sentido de que a não jurisdicionalidade, a instabilidade do procedimento, faz que acordos prevendo métodos autocompositivos para solução de controvérsias sejam inexequíveis e não criem obrigações vinculantes. Essa é a resposta tradicional dos ordenamentos jurídicos de *common law*,[426] especialmente a partir do *leading case* denominado *Cable & Wireless* vs. *IBM United Kingdom Ltd.*, de 2002.[427]

No mencionado caso, a cláusula existente no contrato foi considerada escalonada, as partes deveriam negociar, e, caso esta falhasse, deveria ocorrer mediação. Após as negociações falharem, uma das partes simplesmente desconsiderou a mediação e veiculou uma demanda nas High Courts inglesas. O magistrado Colman J. decidiu suspender o processo judicial para que a cláusula MASC fosse cumprida, embora tenha se reconhecido que a mediação poderia ser improdutiva.[428] De qualquer modo, prestigiaram-se tais cláusulas.

No caso do Channel Tunnel também eram previstas cláusulas escalonadas que foram privilegiadas. A High Court considerou que a parte que decidir usar um método de solução de controvérsias deve apresentar boas razões para posteriormente deixar de utilizá-lo.[429] E tal entendimento foi tão relevante que acabou incorporado pela legislação inglesa sobre arbitragem (Arbitration Act, Section 9 (2)).[430]

Já no direito francês o entendimento dos tribunais é fundado no art. 1.134 do Código Civil, que traduz o princípio do *pacta sunt servanda* traduzido no brocardo de que o que fora acórdão entre as partes só poderá

[425] Pryles, M. *Multi-tiered dispute resolution clauses.* Op. cit. (Tradução livre).

[426] Cremades, B. M. *Multi-tiered dispute resolution clauses.* Madrid: CPR Institute for Dispute Resolution, 2004, p. 10; Pryles, M. *Multi-tiered dispute resolution clauses.* Op. cit., p. 159-176; e Bienvenu, Pierre. The enforcement of multi-tiered dispute resolution clauses in Canada and the United States. In: new york convention workshop, 2003, San Francisco. *Anais...* San Francisco: Annual Convention of the International Bar Association, 2003.

[427] *Cable & Wireless* vs. *IBM United Kingdom Ltd.* [2002] 2 All ER (Comm) 1041, Colman J.

[428] Andrews, N. *The modern civil process.* Tradução de Teresa Arruda Alvim Wambier. São Paulo: Revista dos Tribunais, 2009, p. 273 e 276.

[429] *Channel Túnel Group Ltd. (UK) and France Manche S.A. (Fr.) vs. Balfour Beatty Construction Ltd. (UK) et al.*, [1992] Q.B. 656 (C.A.).

[430] Cremades, B. M. *Multi-tiered dispute resolution clauses.* Op. cit., p. 12.

deixar de sê-lo na hipótese de mútuo consentimento ou por causas autorizadas pela lei.

O entendimento tem origem tradicional, e, anteriormente a 1949, como leciona Peter Herzog, era obrigatório que demandas civis passassem por uma sessão prévia de conciliação antes do seu ajuizamento.[431] Alguns casos são até célebres pelos resultados obtidos em mediações, como a "*mediation de Madame de Rozès*". Tal situação decorre para alguns autores, como Matthieu de Boisséson, do trabalho dos Tribunel de Grande Instance de Paris, que incentivaram largamente o instituto.[432]

Na década de 1970, Henry Solus e Roger Perrot comentavam sobre a "*clause de conciliation préalable*", considerando a inobservância de tais cláusulas como um vício de incompetência do processo, levando ao não recebimento da demanda. Esse não recebimento não seria perpétuo, não impediria a repropositura da demanda, mas esta só seria recebida se o método de solução de controvérsias não jurisdicional fosse realizado.[433]

Já na década de 1990, todavia, Cadiet tratava a questão, como uma hipótese de não recebimento da demanda, considerando-a como uma condição do exercício do direito de ação,[434] por meio do exercício de uma exceção processual apresentada pela parte, levando ao seu não recebimento.[435]

As cláusulas que instituem MASCs têm por escopo afastar a atuação do Judiciário, ao menos momentaneamente sendo obrigatória a passagem por essa fase se as partes assim contrataram antes de se colocarem perante um juiz ou um árbitro buscando a solução de sua controvérsia.[436]

[431] Em 1967, o entendimento estava em desuso na França, mas foi resgatado nas décadas seguintes (Herzog, P. *Civil procedure in France*. The Hague: Martinus Nijhoff, 1967, p. 234-235).

[432] Boisséson, M. de. *Le droit français de l'arbitrage*: interne et international. Paris: GLN, 1990, p. 195-196.

[433] Solus, H.; Perrot, R. *Droit judiciaire privé*: la compétence. Paris: Sirey, 1973, t. II, p. 685-686.

[434] O que o diferencia da doutrina processual francesa.

[435] Cadiet, L. *Droit judiciaire privé*. Paris: Litec, 1992, p. 424-425.

[436] Idem, p. 387-388.

E tal incentivo é levado muito a sério na França. O julgado proferido pela Cour de Cassation em 28 de novembro de 1995[437] já indicava também tal entendimento. Nessa oportunidade, uma das partes queria renunciar a uma cláusula de conciliação prévia a uma arbitragem, e o entendimento era o de que tal renúncia só poderia ocorrer se fossem seguidas as regras atinentes ao instituto da renúncia. Sem a formalização da renúncia, a cláusula que institui um MASC permanece hígida e plenamente eficaz. As partes foram obrigadas a realizar a conciliação.

É interessante analisar ainda o comentário de Charles Jarrosson de 1996[438] acerca da situação demonstrando sua perplexidade quanto ao encaminhamento da demanda, uma vez que, após tanta discussão e seis anos no Judiciário, "*cette future conciliation est bien mal engagé*",[439] isto é, a futura conciliação estava muito mal encaminhada ou começaria bem mal.[440]

Essa visão foi observada no caso *Poiré* vs. *Tripper* do ano de 2003, mencionado por Bernardo Cremades,[441] sendo mais um exemplo do entendimento amplamente difundido no direito francês de que, caso as partes tenham adotado um MASC não jurisdicional para a solução de suas controvérsias, as Cortes francesas não aceitarão demandas judiciais que envolvam a matéria submetida a tais métodos até que eles sejam dados por concluídos.[442] Ou seja, alcancem acordo ou o terceiro imparcial informe não é mais possível prosseguir auxiliando na negociação entre as partes.

A tendência é que os juízes, no sistema francês, atribuam eficácia específica ou *in natura* à disposição das partes de utilizar um MASC consensual antes do Judiciário ou da arbitragem,[443] sendo tratada como questão preliminar pelo magistrado.[444]

[437] *Peyrin et autres c/ Societé Polytechnique des Fleurs.*

[438] Jarrosson, C. Jurisprudence française. *Revue de L'Arbitrage*, Paris, Litec, nº 4, 1996, p. 613-619.

[439] Idem, p. 619.

[440] Tradução livre do francês.

[441] Cremades, B. M. *Multi-tiered dispute resolution clauses.* Op. cit., p. 12-13.

[442] Portwood, T. France. In: Bushell, S. (Org.). *Dispute resolution in 48 jurisdictions worldwide.* London: Law Business Research, 2010, p. 82.

[443] Couchez, G. *Procédure civile.* 12. ed. Paris: Dalloz, 2002, p. 122.

[444] Idem, p. 238.

A questão, porém, é polêmica e antiga, embora a conclusão pareça estar por ora definida e seja tradicional no direito francês. Ainda 1991, o Tribunal Administratif considerou que a conciliação preliminar à arbitragem deveria ser respeitada e a demanda apresentada considerava-se *irrecevable*, isto é, não poderia ser recebida pelo juiz administrativo.[445] Mais ou menos como se fosse barrada por conter pressuposto processual negativo.

Tratar-se-ia de uma renúncia ao direito ao juiz, que será válida se for livre e inequívoca, daí a consequência de ser irretratável se presentes os requisitos indicados.

Como se afirma no direito francês, a generalização dos métodos alternativos de solução de controvérsias é entendida como legítima concorrente dos modos jurisdicionais, o que autoriza a pensar no surgimento de um ramo autônomo do direito. Há o direito de impor um método de solução de controvérsias, portanto, que uma passagem obrigatória para a solução de litígios, exigindo o não recebimento de demandas judiciais que envolvam aquela questão.[446]

Como afirmam ainda Pascal Ancel e Marianne Cottin, as cláusulas de solução de conflitos se situam na "intersecção entre o convencional e o jurisdicional", com efeito processual direto que retarda o acesso ao Judiciário,[447] sendo condição para o não recebimento da demanda desde que envolva direitos que sejam passíveis de transação.[448]

Em recente tese sobre o assunto, Caroline Barnaud afirma que o não recebimento tem origem convencional nesse caso, uma inovação também no direito francês, aplicando-se o mesmo entendimento da cláusula compromissória arbitral no tocante aos seus efeitos positivos e negativos às demais cláusulas que instituam MASCs.[449]

A questão gerou perplexidade não só para qualquer intérprete estrangeiro, mas também para a doutrina francesa, já que aplica conse-

[445] C.E, 9 décembre, 1991, *Snoy, Rec.* p. 423.

[446] GUINCHARD, S. et al. *Droit processuel*: droit commun et droit comparé du process. 3. ed. Paris: Dalloz, 2005, p. 1.026-1.027.

[447] ANCEL, P.; COTTIN, M. L'efficacité procédurale des clauses de conciliation ou de médiation. *Recuil Le Dalloz*, nº 21, 2003, p. 1.387 e 1.391. (Tradução livre do francês).

[448] Idem, p. 1.391.

[449] BARNAUD, C. L'efficacité des clauses relatives aux litiges. Tese (Doutorado em Direito) – Université Versailles Saint-Quentin-en-Yvelines, Versailles, 2009, p. 199-200.

quências idênticas a métodos que não têm a mesma natureza no tocante à jurisdição. Nesse sentido, o orientador de Caroline Barnaud, Thomas Clay, sustenta: "A *Cour d'appel* de Paris está mais preocupada em respeitar a cláusula de conciliação e que o Judiciário não será competente se não for tentada a conciliação conforme determinando em contrato", entendimento que foi consagrado pela Chambre Mixte ao criar a categoria dos *contrats relatifs aux litiges*.[450]

Ou seja, há até a tendência no direito francês de realizar uma aproximação entre as cláusulas de solução de controvérsias, o que parece um exagero que vai contra a natureza de cada uma das cláusulas. Contudo, mesmo com esse entendimento consolidado, é interessante notar ainda que a conciliação e a mediação não interrompem a prescrição,[451] embora possam ser consideradas pressupostos processuais negativos no direito francês.

Por não serem métodos jurisdicionais, o entendimento parece razoável, mas, considerando-se as premissas do direito francês, que até os reputam jurisdicionais, é também contraditório mantê-lo em face das consequências jurídicas aplicadas. O processo, capaz de interromper a prescrição, pode ser extinto pela não utilização de um MASC, mas eles próprios não impedem o curso da prescrição.

Não se pode, ainda, permitir que a cláusula de solução de controvérsias e suas consequências no direito francês sejam utilizadas pela parte que apenas deseja postergar a solução do conflito e impede o desenvolvimento da atividade judicial.[452] Isto é, depois de impedir que a parte adversa obtivesse sucesso em utilizar o MASC, ainda, em processo judicial ou arbitral, alega a sua não utilização como forma de extinção do processo.

Por qualquer ângulo que se analise a questão, insistir nessa situação, como já criticou Charles Jarrosson de 1996,[453] provavelmente afetará a economia processual, além de apresentar algumas perplexidades. Se não

[450] Clay, T. Vive la chambre mixte. *Recueil Le Dalloz*, Paris, nº 22, 2003, p. 2.480.

[451] Couchez, G. *Procédure civile*. Op. cit., p. 121.

[452] Lagarde, X. L'efficacité de clauses de conciliation ou de mediatión. *Revue de L'Arbitrage*, Paris, Litec, nº 3, 2000, p. 401-402.

[453] Jarrosson, C. *Jurisprudence française*. Op. cit., p. 613-619.

interrompe a prescrição, os MASCs não jurisdicionais não podem ainda ser concorrentes dos métodos jurisdicionais.

O direito americano apresenta soluções interessantes.

Há que se mencionar inicialmente que o sistema de filtros existentes no sistema americano para exercício do direito de ação não diverge muito dos sistemas analisados da família romano-germânica, mas é bastante simplificado.

No estágio entre a apresentação da demanda e o início da *discovery*, dilação probatória, as partes apresentarão *motions*, moções, sobre questões legais ou de ordem procedimental para que a Corte se pronuncie sobre questões específicas.[454]

Nesse contexto estão incluídas as questões que diriam respeito aos pressupostos processuais, condições da ação ou questões prévias, embora o sistema americano, bem como sua doutrina, não se preocupe em fazer diferenciações,[455] até porque o rol apresentado no Federal Rules of Civil Procedure não é exaustivo.[456]

O momento para que o pronunciamento sobre tais questões, *preterial motions*[457] ou *pre-answer motions*,[458] ocorra é realmente preliminar, praticamente uma análise separada do mérito do litígio com uma fase bas-

[454] Hazard Jr., G.; Taruffo, M. *American civil procedure*: an introduction. New Haven: Yale University Press, 1993, p. 109.

[455] Idem, Op. cit., p. 110.

[456] Mczee, S. B.; Janssen, W. M.; Corr, J. B. *A student's guide to the federal rules of civil procedure*. 11. ed. Saint Paul: Thompson West, 2008, p. 324.

[457] Hazard Jr., G.; Taruffo, M. *American civil procedure*. Op. cit., p. 109.

[458] Rule 12 (b) of Federal Rules of Civil Procedure: "*(b) How to Present Defenses. Every defense to aclaim for relief in any pleading must be asserted inthe responsive pleading if one is required. But a party may assert the following defenses by motion:*
*(1) lack of subject-matter jurisdiction;*
*(2) lack of personal jurisdiction;*
*(3) improper venue;*
*(4) insufficient process;*
*(5) insufficient service of process;*
*(6) failure to state a claim upon which relief can be granted; and*
*(7) failure to join a party under Rule 19.*
*A motion asserting any of these defenses must be made before pleading if a responsive pleading is allowed. If a pleading sets out a claim for relief that does not require a responsive pleading, an opposing party may assert at trial any defense to that claim. No defense or objection is waived by joining it with one or more other defenses or objections in a responsive pleading or in a motion.*"

tante delimitada e sem muita flexibilidade para que o julgador a deixe para outros momentos procedimentais mais avançados.

Esse sistema permite testar a demanda apresentada de diferentes maneiras, verificando a potencialidade que ela terá de produzir um julgamento de mérito efetivo, impedindo que o processo seja utilizado apenas como instrumento de pressão, ameaça ou abuso de qualquer natureza.[459]

É algo muito parecido com a função exercida pelas condições da ação e pelos pressupostos processuais.

As questões envolvendo os MASCs, via de regra, passam por discussões envolvendo o exercício de jurisdição em concorrência do processo com outros métodos de solução de controvérsias ou em que ordem de preferência tais jurisdições serão exercidas.

Partindo dessa premissa sistêmica e procedimental, o primeiro julgado coletado[460] no direito norte-americano, International Association of *Machinists and Aerospace Workers, AFL-CIO*, vs. *National Mediation Board*

[459] Issacharoff, Samuel. *Civil procedure*. New York: Thompson West, 2005, p. 27-28.

[460] Referência de Julgados Norte-americanos sobre Cláusulas Escalonadas e de Tratamento no Direito Norte-americano:

| Caso | Corte | Ano | Tratamento dos ADR não Vinculativos como Pressupostos Processuais (Motion to Desmiss – sim/não) | Principal Tema Tratado | Tempo de Julgamento (em anos) |
|---|---|---|---|---|---|
| *International Association of Machinists and Aerospace Workers, AFL-CIO vs. National Mediation Board et al.* | *United States District Court for the District of Columbia* | 1969 | Não (A demanda foi extinta em favor da mediação) | Cláusula Escalonada – Mediação – Arbitragem | Sem Informação |
| *Thomas Crimmins Contracting Co., Inc. and Cayuga Construction Co. vs. City of New York et al.* | *Supreme Court of New York, Appellate Division, First Department* | 1988 | Sim | Avaliação Neutra de Terceiro e Judiciário | 1,2 |

| | | | | | |
|---|---|---|---|---|---|
| *Wayne Kirschenman et al. vs. The Superior Court Of Contra Costa County* | *Court Of Appeal Of California, First Appellate District, Division Four* | 1994 | Não (Determinada a realização de sessão adicional de mediação a fim de que essa seja realizada de acordo com as regras estabelecidas) | Mediação – Indicação do Mediador | Sem Informação |
| *State of the Arts, Inc. vs. Congress Property Management Corp.* | *Supreme Judicial Court of Maine* | 1997 | Não | Grupo de Contratos – Cláusula Escalonada – Mediação – Arbitragem – Falta de Clareza da Cláusula | 0.041 |
| *Alliance Corporate Resources, Inc., vs. American Greetings Corporation* | *Court of Appeals of Ohio, Tenth Appellate District, Franklin County* | 1999 | Sim (Necessária utilização dos MASCs estabelecidos em contrato, mediação e arbitragem) | Cláusula Escalonada ADR | 1,5 |
| *Loren k. Sharp and Teresa a. Sharp, vs. Union street development company, inc. and Union Street Limited Partnership* | *Court of Appeals of Washington, Division Three, Panel Six* | 2000 | Sim | Cláusula Escalonada – Mediação – Arbitragem | Sem Informação |
| *Sphinx International, Inc. and Raju Shivdasani, vs. National Union Fire Insurance Company, PA. and Genesis Indemnity Insurance Company* | *United States District Court for The Middle District of Florida, Orlando Division* | 2002 | Não (Mediação já realizada) | Cláusula Escalonada – Mediação – Arbitragem | 0.005 |
| *Michael Flanigan and Kimberly Flanigan, Michael Flanigan, Casey Flanigan and Nell Flanigan, vs. NVR, inc., Ryan Homes Sunrise Concrete Co., Delaware Valley Concrete Co., Inc., J.L. Watts' Excavating, Inc., Christensen and Martin, Inc., and Aquarian Plumbing and Heating, Inc.* | *Common Pleas Court of Bucks County, Pennsylvania* | 2006 | Não (Mediação já realizada) | Cláusula Escalonada – Reconhecimento da Clareza da Redação | 0.16 |

| | | | | | |
|---|---|---|---|---|---|
| *Taylor building Corp. of America, vs Marvin Benfield et al.* | *Court of Appeals of Ohio, Twelfth Appellate District, Clermont County* | 2006 | Não (O processo judicial foi suspenso, mas a decisão final considerou a cláusula ADR nula) | Cláusula Escalonada – Mediação – Arbitragem | Sem Informação |
| *Dobson Brothers Construction vs. Ratliff American Contractors Indemnity* | *United States District Court for The District of Nebraska* | 2008 | Não (A cláusula não era clara, mas foi afastado qualquer julgamento pelo Judiciário, às partes foi conferida uma nova oportunidade para determinação do método ADR, mediação ou arbitragem) | ADR – Clareza da Cláusula – Método ADR escolhido | No mesmo dia |
| *Dart mechanical corporation vs. xl specialty insurance, defendant. Franco belli plumbing and heating & sons, inc. vs. Xl Specialty Insurance* | *United States District Court For The Eastern District Of New York* | 2008 | Não (Falta de clareza na fixação dos MASCs para solução da controvérsia) | Grupo de Contratos – Cláusula Escalonada – Falta de Clareza da Cláusula | Sem Informação |
| *3-J Hospitality, LLC America's backyard vs. Big Time Design, INC., S. FT. Lauderdale Beach Blvd., LLC, Callin Fortis and Kenneth Barilich* | *United States District Court For The Southern District of Florida* | 2009 | Sim (A demanda foi extinta em favor da mediação) | Cláusula Escalonada – Mediação como Condição Precedente para a Arbitragem | No mesmo dia |
| *Richard Gray, Beth Gray, et al. vs. Province-Grace, LLC, Province Development, Inc., et al.* | *United States District Court For The Northern District Of Georgia, Atlanta Division* | 2009 | Sim | Cláusula Escalonada – Mediação como Condição Precedente para o Judiciário | No mesmo dia |
| *Sekisui TA Industries, LLC vs. Quality Tape Supply, Inc.* | *United States District Court For The District Of Maryland* | 2009 | Não (Apenas determinada a suspensão do feito para a mediação) | Cláusula Escalonada – Mediação como Condição Precedente para a Arbitragem | 0.75 |
| *Thomas Girdlestone vs. Ace Limited* | *United States District Court for the Eastern District of Tennessee* | 2010 | Não (Apenas determinada a suspensão do feito para a mediação) | Cláusula Escalonada – Mediação como Condição Precedente para a Arbitragem | Sem Informação |

*et al.* de 1969,[461] tratava de disposição do *Railway Labor Act* para busca inicial de solução consensuada que pudesse surgir entre trabalhadores e empresas.

Nesse caso, o Judiciário determinou a continuidade do processo com a fase de instrução probatória para verificação do descumprimento de eventuais obrigações trabalhistas por parte das empresas envolvidas, em face do desacordo das partes com a atuação da National Mediation Board. E durante muitos anos o entendimento permaneceu isolado nos EUA.

Existem julgados mais recentes nesse entendimento em situações de cláusulas escalonadas. No entanto, por diversos motivos, o método não jurisdicional já havia perdido o seu objeto. Trata-se dos casos: (i) *State of the Arts, Inc.* vs. *Congress Property Management Corp.*;[462] (ii) *Sphinx International, Inc. and Raju Shivdasani,* vs. *National Union Fire Insurance Company*;[463] (iii) *PA. and Genesis Indemnity Insurance Company* e *Michael Flanigan and Kimberly Flanigan, Michael Flanigan, Casey Flanigan and Nell Flanigan,* vs. *NVR, inc., Ryan Homes Sunrise Concrete Co., Delaware Valley Concrete Co., Inc., J.L. Watts' Excavating, Inc., Christensen and Martin, Inc., and Aquarian Plumbing and Heating, Inc.*,[464] sendo o primeiro de 1997, o segundo de 2002 e o último de 2006.

| | | | | | |
|---|---|---|---|---|---|
| *N-Tron Corporation, vs. Rockwell Automation Inc* | *United States District Court For The Southern District of Alabama, Southern Division* | 2010 | Não (Apenas determinada a suspensão do feito para a mediação) | Cláusula Escalonada – Mediação como Condição Precedente para o Judiciário | No mesmo dia |

[461] United States District Court for the District of Columbia, *International Association of Machinists and Aerospace Workers, AFL-CIO* vs. *National Mediation Board et al.*, 425 F.2d 527, 1969. Disponível em: <www.lexisnexis.com>.

[462] Supreme Judicial Court of Maine, *State of the Arts, Inc.* vs. *Congress Property Management Corp*, 1997 ME 18; 688 A.2d 926; 1997. Disponível em: <www.lexisnexis.com>.

[463] United States District Court For The Middle District Of Florida, Orlando Division, *Sphinx International, Inc. and Raju Shivdasani,* vs. *National Union Fire Insurance Company, 2002 U.S. Dist.*, 2002. Disponível em: <www.lexisnexis.com>.

[464] United States District Court for the District of Columbia, *International Association of Machinists and Aerospace Workers, PA. and Genesis Indemnity Insurance Company* e *Michael Flanigan and Kimberly Flanigan, Michael Flanigan, Casey Flanigan and Nell Flanigan,* vs. *NVR, inc., Ryan Homes Sunrise Concrete Co., Delaware Valley Concrete Co., Inc., J.L. Watts' Excavating, Inc.,*

É interessante notar, em todos os casos indicados acima, que o comparecimento à mediação foi considerado satisfatório e não era obrigatório. A etapa de solução de controvérsias foi bem realizada, embora não tenha logrado êxito nos dois últimos.

No primeiro caso, a questão foi a falta de clareza da cláusula que institua um MASC, pois não havia certeza quanto à manifestação de vontade das partes para utilizar a mediação como método de solução de controvérsias. Nesse aspecto, as partes não foram obrigadas a realizar a mediação, e o processo judicial prosseguiu.

No final da década de 1980, o caso *Thomas Crimmins Contracting Co., Inc. and Cayuga Construction Co.* vs. *City of New York et al.*[465] inaugura a ideia do *motion to desmiss* ou da falta de pressuposto para o prosseguimento do processo. A cláusula que estipule um MASC, considerando-se a vinculação e a força de lei dos contratos, impede que as partes realizem qualquer discussão sobre os seus casos no Judiciário. Ademais, as cláusulas que estabelecem MASCs são consideradas salutares, até mesmo para instituições públicas:

> "Pode-se perceber que as cláusulas que instituem MASCs tal qual aquela mencionada aqui tem um propósito salutar. A vantagem para a municipalidade evitando processos judiciais e atrasos que consomem tempo em projetos público e é óbvia."[466]

A ideia do *motion to desmiss*, considerando a força vinculante dos contratos no direito norte-americano, é muito relevante. Essa foi a tendência da década de 1990 para aplicação dos métodos de solução de controvérsias previstos nas cláusulas escalonadas por meio de prin-

*Christensen and Martin, Inc., and Aquarian Plumbing and Heating, Inc*, 2006 Pa. Dist. & Cnty. Dec. 2006. Disponível em: <www.lexisnexis.com>.

465 Supreme Court of New York, *Thomas Crimmins Contracting Co., Inc. and Cayuga Construction Co.* vs. *City of New York et al.*, 138 A.D.2d 138; 530 N.Y.S.2d 779; 1988. Disponível em: <www.lexisnexis.com>.

466 *"It should be noted that ADR clauses such as the one involved here serve a salutary purpose. The advantage to the municipality in avoiding litigation and time-consuming delays in public projects is obvious."* Vf. *Thomas Crimmins Contracting Co., Inc. and Cayuga Construction Co.* vs. *City of New York et al. in* Supreme Court of New York, *Thomas Crimmins Contracting Co., Inc. and Cayuga Construction Co. vs. City of New York et al.*, 138 A.D.2d 138; 530 N.Y.S.2d 779; 1988 in *www.lexisnexis.com*, p. 14.

cípios contratuais e aplicação do FAA, como se verifica no caso *Cecala vs. Moore.*[467]

Na mesma esteira vieram os casos: *Alliance Corporate Resources, Inc.,* vs. *American Greetings Corporation* e *Loren k. Sharp and Teresa a. Sharp,* vs. *Union street development company, inc. and Union Street Limited Partnership,* de 1999[468] e 2000,[469] respectivamente. No segundo desses casos, inclusive, indica-se que todas as etapas de solução de controvérsias em escalonamento devem ser seguidas na medida em que tal disposição decorre exclusivamente de manifestação contratual.

E, mais recentemente, *3-J Hospitality, LLC America's backyard* vs. *Big Time Design, INC., S. FT. Lauderdale Beach Blvd., LLC, Callin Fortis and Kenneth Barilich*[470] e *Richard Gray, Beth Gray, et al.* vs. *Province-Grace, LLC, Province Development, Inc., et al.*, ambos de 2009.[471] Nesses dois casos, o entendimento foi o de que a mediação era uma condição precedente da arbitragem. Contribuiu para tal conclusão o cuidadoso trabalho de redação das cláusulas compromissórias: "*Dispute Resolution: Any claim, dispute or other matter in question arising out of or related to this agreement shall be subject to mediation as a condition precedent to arbitration*",[472] bem como "*If the parties cannot resolve the claim through negotiation, they must submit it to*

[467] *Cecala* vs. *Moore,* 982 F. Supp. 609 (ND III 1997) e Cremades, B. M. *Multi-tiered dispute resolution clauses.* Op. cit., p. 11.

[468] Cf. Court of Appeals of Ohio, Tenth Appellate District, Franklin County, *Alliance Corporate Resources, Inc.,* vs. *American Greetings Corporation* e *Loren k. Sharp and Teresa a. Sharp,* vs. *Union street development company, inc. and Union Street Limited Partnership,* 1999 Ohio App. LEXIS 4173 in*www.lexisnexis.come* .

[469] Cf. Court of Appeals of Washington, Division Three, Panel Six, *Loren k. Sharp and Teresa a. Sharp,* vs. *Union street development company, inc. and Union Street Limited Partnership, 2000 Wash. App.* LEXIS *2121* in*www.lexisnexis.com.*

[470] United States District Court for The Southern District of Florida, *3-J Hospitality, LLC America's backyard* vs. *Big Time Design, INC., S. FT. Lauderdale Beach Blvd., LLC, Callin Fortis and Kenneth Barilich,* 2009 U.S. Dist. LEXIS 100601.

[471] United States District Court For The Northern District Of Georgia, Atlanta Division, *Richard Gray, Beth Gray, et al.* vs. *Province-Grace, LLC, Province Development, Inc., et al.,* 2009 U.S. Dist. LEXIS 7.534.

[472] "Solução de Disputas: Qualquer reclamação ou outro conflito que surja ou esteja relacionado a este contrato deve ser submetido à mediação como condição precedente à arbitragem." Vf. United States District Court for The Southern District of Florida, *3-J Hospitality, LLC America's backyard* vs. *Big Time Design, INC., S. FT. Lauderdale Beach Blvd., LLC, Callin Fortis and Kenneth Barilich,* 2009, U.S. Dist. LEXIS 100601, p. 2.

*mediation. If the mediation fails, the parties may proceed to court*", indicando nesse caso um escalonamento completo, com negociação, negociação facilitada via mediação e um método heterocompositivo de solução de controvérsias – Judiciário.[473]

Finalmente, a partir da metade final da primeira década dos anos 2000, começou a ganhar força nos EUA a ideia de os MASCs não jurisdicionais serem considerados questões prévias para os métodos jurisdicionais de solução de controvérsias, arbitragem e Judiciário.

O precedente mais antigo, porém isolado, é de 1994. Nesse episódio, *Wayne Kirschenman et al.* vs. *The Superior Court Of Contra Costa County*,[474] determinou-se a realização de uma nova sessão de mediação, dado que a primeira não havia contado com a presença do réu. Consta do acórdão, ainda, a indicação para que, não verificado novamente o comparecimento da parte, fossem impostas medidas coercitivas futuramente. Naquele momento, o processo foi suspenso.

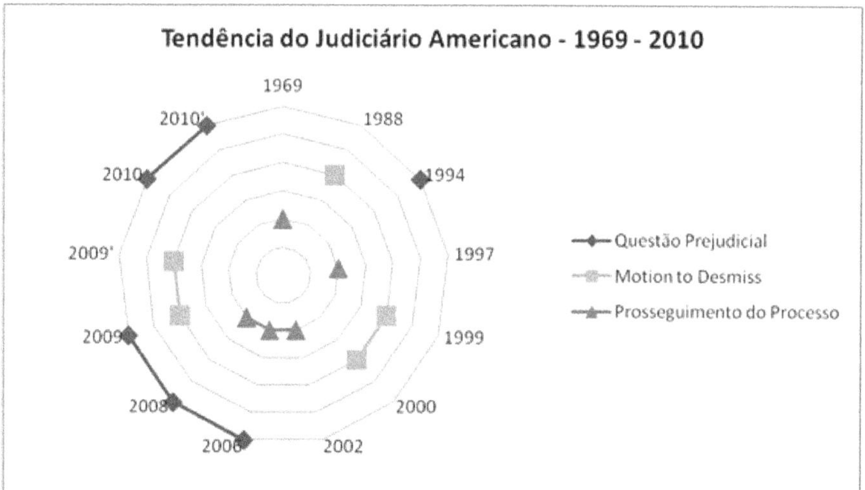


[473] "Se as partes não resolverem as controvérsias por meio de negociação, eles devem submetê-la à mediação como uma condição precedente à arbitragem." Vf. United States District Court For The Northern District Of Georgia, Atlanta Division, *Richard Gray, Beth Gray, et al. vs. Province-Grace, LLC, Province Development, Inc., et al.*, 2009 U.S. Dist. LEXIS 7534.

[474] Court of Appeal of California, First Appellate District, Division Four, *Wayne Kirschenman et al.* vs. *The Superior Court Of Contra Costa County*, 30 Cal.App.4th 832 , 36 Cal.Rptr. 2d 166.

Como se vê no gráfico acima, a tendência no direito norte-americano, principalmente após 2006, *Taylor building Corp. of America,* vs. *Marvin Benfield et al.*,[475] tem sido a de considerar a existência dos MASCs não jurisdicionais como questões prévias ao prosseguimento da mediação ou do processo judicial, embora ainda seja forte o entendimento de que tais métodos devam ser considerados pressupostos processuais, especialmente pelos julgados de 2009, mencionados anteriormente.

Em 2010 esse entendimento parece ter se consolidado com os casos *Thomas Girdlestone* vs. *Ace Limited*[476] e *N-Tron Corporation,* vs. *Rockwell Automation Inc.*[477], bem como o caso *Sekisui TA Industries, LLC* vs. *Quality Tape Supply, Inc.* de 2009.[478] Ou seja, a mediação deixou de ser considerada simplesmente "*wasteful and futile*" para ser um motivo de suspensão do processo e negativa do *motion do desmiss* requerido.[479]

Na média, os julgados selecionados tiveram um tempo de espera, entre ajuizamento e uma resposta sobre o escalonamento métodos de solução de controvérsias pelo Judiciário de apenas 0,37 ano, ou seja, 135 dias, pouco mais de quatro meses. Isso quando, em diversas situações, como mais recentemente, a resposta do Judiciário não foi dada no mesmo dia em que a demanda fora ajuizada.

O tempo de espera no Brasil, como se sabe, é muito maior. A questão muitas vezes não é decidida antes de uma audiência, antes da contestação. Imagine-se então adotar o modelo francês em nosso país. Ajuíza-se a demanda e só depois da audiência verifica-se que há, sim, mediação,

[475] Court of Appeals of Ohio, Twelfth Appellate District, Clermont County, *Taylor building Corp. of America,* vs. *Marvin Benfield, et al,* 168 Ohio App. 3d 517; 2006 Ohio 4428; 860 N.E.2d 1058; 2006 Ohio App. LEXIS 4350. Disponível em: <www.lexisnexis.com>.

[476] United States District Court for The Eastern District of Tennessee, *Thomas Girdlestone vs. Ace Limited,* 2010 U.S. Dist. LEXIS 87879. Disponível em: <www.lexisnexis.com>.

[477] United States District Court for the Southern District of Alabama, Southern Division, *N-Tron Corporation, vs. Rockwell Automation Inc,* 2010 U.S. Dist. LEXIS 14130. Disponível em: <www.lexisnexis.com>.

[478] United States District Court for the District of Maryland, *Sekisui TA Industries, LLC vs. Quality Tape Supply, Inc.*, 2009 U.S. Dist. LEXIS 61983. Disponível em: <www.lexisnexis.com>.

[479] "Desgastante e fútil". Vf. United States District Court for the District of Maryland, *Sekisui TA Industries, LLC* vs. *Quality Tape Supply, Inc.*, 2009 U.S. Dist. LEXIS 61983. Disponível em: <www.lexisnexis.com>. (Tradução livre do inglês), p. 4.

e, adotado o modelo francês, essa será vinculativa, assim como o será no modelo brasileiro.

Perdeu-se tempo no processo, o método alternativo será realizado e, possivelmente, voltar-se-á para o Judiciário. Tal solução não parece razoável. Suspender o processo, como vem fazendo o modelo norte-americano, para que o processo MASC seja realizado parece uma solução lógica.

Ou seja, o MASC não jurisdicional é visto como questão prévia, e não como pressuposto processual ou consequência contratual vinculativa do acordo de vontade entre as partes. Essa questão tem relevante impacto do ponto de vista da economia processual, especialmente no direito brasileiro e a reconhecida demora no julgamento de processos. A experiência do direito norte-americano pode ser reveladora.

Como se sabe, o desenvolvimento e a cada vez mais dinâmica atividade social assumiu particular importância para a análise do problema do tempo necessário para a realização do processo e alcançar a solução dos conflitos.[480] É aquilo que Carlos Alberto Álvaro de Oliveira chama de *overload*.[481]

Há um aumento considerável na quantidade de processos que são descarregados no Judiciário. Como antídoto, buscam-se formas de estabelecer uma tutela jurisdicional não só acertada do ponto de vista técnico, mas também tempestivo. Há um balanço cada vez crescente entre a técnica e a rapidez na obtenção de um julgamento técnico.

A tutela jurisdicional, vista mais como a produção de uma situação mais favorável do que a situação na qual se encontrava a pessoa quando a pleiteou após a realização de procedimentos necessários para se proferir uma decisão correta, justa, deve ser também entendida como aquela obtida no menor tempo possível e com o menor dispêndio de recursos sem que se desrespeite a estrutura do sistema processual, garantindo-se o contraditório e a ampla defesa. Nesse diapasão, José Rogério Cruz e Tucci afirma que "Delineia-se inafastável, também, a absoluta regula-

[480] Barbosa Moreira, J. C. Tutela de urgência e efetividade do direito. *Revista de Direito Renovar*, v. 23, 2003, p. 45.

[481] Oliveira, C. A. A. *Do formalismo no processo civil*. 3. ed. São Paulo: Saraiva, 2009, p. 89.

ridade deste (direito no processo), com a verificação efetiva de todas as garantias resguardadas ao consumidor da justiça."[482]

Ou seja, a espera por todo um *iter* lógico e uma cognição profunda por parte do julgador podem criar situações de perecimento de direito por inteiro quando chegado o momento do mal definitivo. Em outras situações não se consuma uma lesão definitiva, mas as angústias e prejuízos da espera, somados ao estado de privação que se prolonga, constituem males a serem evitados.

Qualquer medida de aceleração, contudo, deve respeitar os princípios do contraditório e da ampla defesa. Não se pode permitir, assim, que as partes sejam surpreendidas por uma decisão acerca de questão da qual não tenham tomado parte.[483]

Desse modo, deve-se primar inicialmente pela economia processual, com o máximo aproveitamento de atos processuais produzidos e a ponderação acerca da realização de alguns atos processuais que possam ser sobremaneira onerosos para as partes ou incapazes de produzirem os efeitos desejados. Produz-se ou busca-se, assim, a máxima efetividade dos atos processuais.

Como entende Eduardo Couture, o processo, que é um meio, não pode exigir um dispêndio superior ao valor dos bens que estão em debate, que é o fim. Uma necessária proporção entre o fim e os meios deve presidir a economia do processo.[484]

De outro lado, o provimento judicial não pode ser inútil em função do dispêndio de recursos e tempo desenvolvido pelo Estado para a solução de conflitos. Garante-se a correta análise da necessidade e da utilidade do provimento judicial para aquele que o postula, como sustenta Luigi Paolo Comoglio.[485]

Na mesma linha, o princípio da razoável duração do processo, inserido na Constituição Federal de 1988 pela Emenda Constitucional nº 45 de 2004. Como assevera José Afonso da Silva, "o que se tem não é uma garantia abstrata da celeridade, mas o dever de preordenar meios de ser

[482] Tucci, J. R. C. e. *Tempo e processo.* São Paulo: Revista dos Tribunais, 1997, p. 87-88.

[483] Nesse sentido, Oliveira, C. A. A. *Do formalismo no processo civil.* Op. cit., p. 263.

[484] Couture, E. J. *Fundamentos del derecho procesal civil.* 4. ed. Buenos Aires: Editorial BdeF, 2005, p. 155.

[485] Comoglio, L. P. *Il principio di economia processuale.* Padova: CEDAM, 1980, v. I, p. 129.

alcançada".[486] Do mesmo modo como afirmado em relação ao princípio da economia processual, o tempo sempre deve ser coadunado com os meios necessários para a obtenção de uma tutela jurisdicional justa e efetiva, garantindo o contraditório e a ampla defesa das partes.

Como se vê, não há como exigir a participação de um processo de solução de controvérsias autocompositivo se uma das partes não tem interesse na sua realização. Não se está a defender o inadimplemento obrigacional. Contudo, a recusa injustificada certamente permite a cobrança de perdas e danos pela parte prejudicada, exatamente como se indicava para a arbitragem no Brasil antes do advento da Lei nº 9.307, de 23 de setembro de 1996. Seria interessante até a inclusão de cláusula penal nos contratos para a hipótese em discussão.

O direito finlandês apresenta solução interessante, impondo tratamento diverso entre arbitragem e Judiciário. O poder do segundo decorre da lei; portanto, se as etapas da solução de controvérsias não são seguidas, pode haver no máximo a suspensão do processo. De outro lado, na arbitragem, como a origem é contratual, assim como a dos demais métodos de solução de controvérsias, há que se seguir todas as etapas. É fundamental, porém, que todas as indicações sejam claras a esse respeito nas cláusulas utilizadas, indicando-se também *contractual time limits*.[487] Os métodos não jurisdicionais de solução de controvérsias podem ser vistos como pressupostos processuais da arbitragem. Embora o entendimento seja interessante, não nos parece razoável, já que o critério adotado deve ser o dos efeitos do método de solução de controvérsias, e não o da sua origem.

Indubitavelmente, é um grande filtro de demandas que poderiam chegar ao Judiciário, sem que, no entanto, a preocupação estivesse em desenvolver novos métodos sucedâneos de solução de controvérsias. Ao contrário, a solução parece ser muito mais uma tentativa de desafogar o Judiciário local, diminuindo a quantidade de demandas eventualmente ajuizadas.

[486] SILVA, J. A. da. *Comentário contextual à constituição.* São Paulo: Malheiros, 2005, p. 176.

[487] SAVOLA, M. *Multi-tiered dispute resolution clause under Finnish law. Adr & the Law*, Huntington, American Arbitration Association, JP Juris, 20. ed., 2006, p. 244-246 e 265. Parte-se do pressuposto, nesse caso, de que a arbitragem tem natureza contratual.

Contudo, como expõe Xavier Lagarde, os métodos autocompositivos de solução de controvérsias impõem duas obrigações bem diferentes e de fácil verificação. A primeira delas é de resultado, na medida em que as partes devem realizar o método de solução de controvérsias, isto é, utilizar todos os esforços para que eles se realizem. Na sequência, há uma obrigação de meio, isto é, as partes devem utilizar todos os esforços para um acordo, mas não precisam necessariamente realizá-lo.[488]

Assim, temos uma obrigação finalística quanto à realização do método autocompositivo de solução de controvérsias e uma obrigação de meio quanto ao seu resultado. De qualquer modo, tal situação não altera a ausência de caráter vinculativo da obrigação de modo a torná-la exequível *in natura*, apenas sendo critério de avaliação do seu cumprimento.[489]

Ademais, a demonstração de realização do procedimento autocompositivo ou do seu insucesso deve ser uma condição para análise do mérito da demanda, uma discussão preliminar ao procedimento jurisdicional, judicial ou arbitral. A questão não se altera quando se verifica também a jurisprudência estrangeira. Desta maneira, o Tribunal Federal suíço analisou a questão em julgamento de 6 de junho de 2007, comentado por Luiz Gustavo Meira Moser.[490]

Naquela oportunidade a discussão dizia respeito a duas empresas de eletrodomésticos que celebraram contrato de licenciamento para exploração de uma de suas marcas. Surgido o conflito entre as partes, iniciou-se uma arbitragem, não tendo sido respeitado o escalonamento ou sequenciamento previsto em contrato.

O Tribunal Federal suíço considerou válido o procedimento arbitral por julgar que a mediação, etapa anterior à arbitragem, seria ineficiente.

Como bem comentado e criticado, pelo menos à luz do direito brasileiro, a justificativa apresentada pelo referido Tribunal merece, de fato, reparos. A natureza jurídica contratual dos institutos de solução de controvérsias autocompositivo, obviamente, exige consequências contratu-

488 Lagarde, X. *L'efficacité de clauses de conciliation ou de mediatión*. Op. cit., p. 385-389.

489 Nesse sentido: Stipanowich, T. J. *The multi-door contract and oher possibilities*. Op. cit., p. 395-396.

490 Moser, L. G. M. *Contrato internacional de licenciamento*. Op. cit., p. 181-199. Acórdão 4ª-18/2007. Ire Cour de Droit Civil, j. em 6-6-2007.

ais. Contudo, não é a sua chance ou possibilidade de um acordo satisfatório que determina sua utilidade ou não.

Quando as partes decidiram utilizar um procedimento escalonado tinham clara a sua necessidade, ou pelo menos deveriam ter. Se por algum motivo decidem não utilizá-lo, consequências de mesma natureza jurídica do que a disposição que tiveram, no caso contratual ou consensual, também devem ser impostas.

É comum ainda, como já se viu em alguns julgados norte-americanos, que umas das partes considere a mediação ou a conciliação uma etapa inútil dos sistemas de solução de controvérsias, especialmente no caso *Sekisui TA Industries, LLC* vs. *Quality Tape Supply, Inc.* de 2009. Tal posição é ilustrada por julgado filipino, envolvendo *Hutma-RSA Joint Operations Inc.* vs. *Citra Metro Manila Tollways Corporations,*[491] pelas consequências jurídicas que apresenta.

A empresa Hutma apresentou um pedido de arbitragem acerca da construção do metrô de superfície da cidade de Manila. Tal pedido foi contestado pela empresa Citra, uma vez que o pedido de arbitragem seria prematuro pelo desrespeito de uma condição precedente, qual seja a submissão do caso a um *Dispute Adjudication Board*, previsto no contrato. A *Construction Industry Arbitration Comission* (CIAC) deu prosseguimento à arbitragem. A Citra recorreu ao Judiciário e a *Court of Appeals* considerou que a instituição arbitral CIAC não teria jurisdição. A *Supreme Court* das Filipinas, por sua vez, considerou que o método jurisdicional prevalecia para o estabelecimento da sequência dos métodos de solução de conflitos, sendo válida a decisão do CIAC que deu início à arbitragem.[492]

Não obstante a discussão seja muito interessante, sua conclusão parece incorreta na medida em que tomá-la como verdadeira faria caírem por terra todas as disposições acerca das resoluções de conflitos estabelecidas pelas partes. A decisão de realizá-los ou não sempre estaria nas mãos daqueles que tomarão parte do método jurisdicional indicado, relegando a vontade das partes a um segundo plano.

[491] *Hutma-RSA Joint Operations Inc.* vs. *Citra Metro Manila Tollways Corporations,* G. R. nº 180640, 24 de abril de 2009.

[492] Arroyo, L. Philippines. In: Baker e Mckenzie. *The Baker & McKenzie international arbitration yearbook.* MockBa/Wolters Kluwer, 2009, p. 66-68.

É bom destacar ainda que o sistema jurídico brasileiro já enfrentou situações desse tipo no processo do trabalho, tratando a submissão da disputa a uma Comissão de Conciliação Prévia como uma nova condição da ação no tocante ao interesse de agir.

A Justiça do Trabalho no Brasil sempre teve sua atuação ligada à forte utilização da conciliação para solucionar controvérsias. Comentando sobre a origem da Justiça do Trabalho brasileiro, logo em 1944, Arnaldo Sussekind comentava que tal instituto não era exclusivo do direito do trabalho, sendo a sua presença em nosso ordenamento um resquício das Ordenações do Reino de Portugal.[493] A conciliação foi inserida no sistema como "Um dos princípios cardeais do processo do trabalho."[494]

O sistema brasileiro, à época, não adotava a conciliação obrigatória, não obstante premisse um sistema de dupla proposta de conciliação, "De fato, ao juiz trabalhista incumbe propor e insistir na conciliação antes de qualquer apreciação sobre o objeto do litígio e, mais tarde, após a instrução e antes de proferir a decisão fazer nova tentativa",[495] sendo classificada como conciliação prévia e final.[496] Esse era o retrato do então art. 764 da CLT.

Quase 60 anos depois, uma série de alterações na Consolidação das Leis do Trabalho, especialmente a transformação das Juntas de Conciliação e Julgamento em Varas do Trabalho, a extinção da figura dos juízes classistas etc., realizou uma revolução no processo do trabalho.

Nessa esteira de acontecimentos, a alteração introduzida pela Lei nº 9.958, de 12 de janeiro de 2000, incluiu o Título VI-A, com os arts. 625-A a 625-H na CLT, tratando das Comissões de Conciliação Prévias, podendo empresas e sindicatos criá-las. Na disposição do art. 625-D, contudo, uma vez instituída tal comissão, todas as demandas que surgem em uma empresa ou que envolvem a categoria que a criou deve necessariamente passar por ela: "Qualquer demanda de natureza trabalhista será submetida à Comissão de Conciliação Prévia se, na localidade da prestação de serviços, houver sido instituída a Comissão no âmbito da

[493] SUSSEKIND, A. *Manual da justiça do trabalho*. Rio de Janeiro: Livraria Freitas Bastos, 1944, p. 330.

[494] CESARINO JUNIOR, A. F. *Tratado de direito social brasileiro*: direito processual do trabalho. Rio de Janeiro: Livraria Freitas Bastos, 1942, v. IV, p. 245.

[495] SUSSEKIND, A. *Manual da justiça do trabalho*. Op. cit., p. 330.

[496] CESARINO JUNIOR, A. F. *Tratado de direito social brasileiro*. Op. cit., p. 245.

empresa ou do sindicato da categoria." Nesse aspecto, Valentin Carrion afirma:

> "Sua constituição é obrigatória, não obstante o legislador utilize 'poderá' no art. 625-A: é que o art. 625-D, caput, dispõe que 'qualquer demanda de natureza trabalhista será submetida à Comissão' e seus §§ 2º e 3º exigem a juntada da declaração de tentativa conciliatória frustrada com a descrição do objeto, quando do ajuizamento da ação. Essa exigência coloca-se como condição da ação trabalhista, já que, inobservado esse requisito, faltaria interesse de agir."[497]

Reforça ainda essa doutrina do tratamento das Comissões de Conciliação Prévia como uma das condições da ação a teoria já mencionada acerca da escalada de situações jurídicas, bem como aquele que indica a não taxatividade das condições da ação, podendo ser impostas restrições para o exercício do direito de ação, sem se descumprir o disposto no art. 5º, inciso XXXV, da Constituição Federal. Nesse aspecto, Ada Pellegrini Grinover afirma: "o direito de ação não é absoluto, sujeitando-se a condições (as condições da ação), a serem estabelecidas pelo legislador".[498]

Contudo, não há um entendimento uníssono sobre o assunto.

[497] V. Carrion, V. *Comentários à consolidação das leis do trabalho.* 33. ed. São Paulo: Saraiva, 2008, p. 482. No mesmo sentido é o entendimento da doutrina mais abalizada com destaque para: "Discute-se se a obrigatoriedade de tentativa de conciliação prévia ao processo judicial afeta o princípio da inafastabilidade do direito à jurisdição; a resposta nos parece negativa, uma vez que nada impede a parte de ir ao Judiciário, pois, não havendo conciliação, poderá ingressar com a ação judicial." Nascimento, A. M. *Curso de direito processual do trabalho.* 21. ed. São Paulo: Saraiva, 2002, p. 3, e "Emprega o art. 625-D da CLT o verbo 'será', no imperativo. Isso indica que o empregado terá de submeter sua reivindicação à comissão antes de ajuizar a ação na Justiça do Trabalho. O § 2º do mesmo artigo também usa o verbo 'dever' no imperativo para efeito de juntar com a petição inicial da reclamação trabalhista a declaração frustrada da tentativa de conciliação." Martins, S. P. *Direito processual do trabalho.* 25. ed. São Paulo: Atlas, 2006, p. 55, bem como em Martins, S. P. *Comissão de conciliação prévia e procedimento sumaríssimo.* 2. ed. São Paulo: Atlas, 2001, p. 39.

[498] Grinover, A. P. *A conciliação extrajudicial na justiça do trabalho.* In: Grinover, A. P. *O processo civil em evolução.* Rio de Janeiro: Forense Universitária, 1996, p. 94. No mesmo sentido: Watanabe, Kazuo. *Controle jurisdicional*: princípio da inafastabilidade do controle jurisdicional no sistema jurídico de mandado segurança contra atos judiciais. São Paulo: Revista dos Tribunais, 1980, p. 49-57.

O STF recebeu nada menos do que quatro Ações Diretas de Inconstitucionalidade sobre a questão, a saber: (i) 2.139;[499] (ii) 2.160;[500] (iii) 2.148;[501] e (iv)2.237.[502] As ADIs indicadas nos itens (iii) e (iv) acima estiveram sempre sobrestadas, tendo em vista sua prevenção. A ADI indicada no item (ii) acima foi apensada à ADI listada no item (i).

Não obstante, mesmo na pendência dessa disputa judicial, em 2002, o Tribunal Regional do Trabalho da Segunda Região, com sede em São Paulo-SP, editou a Resolução Administrativa nº 08/2002, contendo a Súmula nº 2 de Jurisprudência, afastando-se a obrigatoriedade de o empregado comparecer à Comissão de Conciliação Prévia.

> "Súmula 2. O comparecimento perante a Comissão de Conciliação Prévia é uma faculdade assegurada ao Obreiro, objetivando a obtenção de um título executivo extrajudicial, conforme previsto pelo artigo 625-E, parágrafo único, da CLT, mas não constitui condição da ação, nem tampouco pressuposto processual na reclamatória trabalhista, diante do comando emergente do artigo 5º, XXXV, da Constituição Federal."[503]

E desde então esse entendimento é o que prevalece na prática, embora ainda não houvesse uma decisão jurídica final sobre o assunto.

Em 2010, O STF deferiu parcialmente medida cautelar pleiteada, conferindo, no seu entender, interpretação conforme a Constituição ao dispositivo, desconsiderando-se a Comissão de Conciliação Prévia como uma condição da ação na medida em que ela poderia ser criada para algumas categorias, e não para outras, existindo uma nova condição da ação apenas para algumas categorias, e não para outras.

Finalmente em 2018 o Plenário do STF julgou o artigo em comento confirme a Constituição para determinar que *"a Comissão de Conciliação Prévia constitui meio legítimo, mas não obrigatório, de solução de conflitos, permanecendo o acesso à Justiça resguardado para todos os que venham a ajuizar*

[499] STF, ADI nº 2.139 – DF, Rel. Min. Carmen Lúcia.

[500] STF, ADI nº 2.160 – DF, Rel. Min. Carmen Lúcia.

[501] STF, ADI nº 2.148 – DF, Rel. Min. Octavio Galotti.

[502] STF, ADI nº 2.237 – DF, Rel. Min. Carmen Lúcia.

[503] Guia jurisprudência, opção Súmulas do TRT02. Disponível em: <http://www.trtsp.jus.br/>. Acesso em: 22 mar. 2011.

*demanda diretamente ao órgão judiciário competente"*[504], confirmando o parecer da Advocacia Geral da União pareça caminhar nesse mesmo sentido consentâneo à doutrina processual citada.[505]

Na técnica dos métodos de solução de controvérsias, a ideia permaneceu. Tal entendimento, não fosse a ofensa à isonomia, poderia ter sido aplicado no Brasil. Não obstante, existem tentativas de aplicação desta disciplina o que, conforme o entendimento do STF, seria inconstitucional. A tentativa de alteração provem do PL nº 533/2019, que parece retomar a ideia de um sistema no qual a tentativa de um método consensual se configure como um sistema de controle prévio ao processo localizado no interesse de agir.

De um lado, haveria um parágrafo único no art. 17 do CPC indicando esta análise necessária pelo julgador e, de outro, com um § 3º no art. 491, o juiz poderia analisar a efetiva resistência do requerido para indicar a extensão da obrigação. Trata-se de algo próximo do que se propôs na Medida Provisória nº 1.040, de 29 de março de 2021.

Esta sugestão, ao fim e ao cabo, mantem o sistema construído na Lei de Mediação e no próprio CPC, prevendo-se a coordenação entre os métodos.

Ademais, o PL nº 1805/2021 (Substitutivo da Câmara dos Deputados ao Projeto de Lei do Senado nº 283, 2012), convertido na Lei nº 14.181, de 1º de julho de 2021, que alterou o CDC e o Estatuto do Idoso, caminhou no mesmo sentido, prevendo uma audiência especial de conciliação coletiva entre devedor e credores, nos contexto de consumo e idosos, bem como possibilidades de negociações administrativas.

A Convenção de Cingapura, assinada pelo Brasil em 8 de junho de 2021[506], exige a demonstração, por exemplo, de sinais de ocorrência de

[504] STF, ADI nº 2.237 – DF, Rel. Min. Carmen Lúcia, j. em 1º.8.2018.

[505] Autos da ADI nº 2.139. Fls. 197-208. Disponível em: <http://redir.stf.jus.br/estfvisualizadorpub/jsp/consultarprocessoeletronico/ConsultarProcessoEletronico.jsf? seqobjetoincidente =1809852>. Acesso em: 22 mar. 2011..

[506] Disponível em: < https://www.gov.br/economia/pt-br/assuntos/noticias/2021/junho/brasil-assina-a-convencao-de-singapura-sobre-mediacao-internacional>. Acesso em: 22 ago 2021. *Cfr.* Guerrero, L. F., A Convenção de Cingapura e a Mediação in Jornal Valor Econômico, https://valor.globo.com/legislacao/noticia/2020/10/07/convencao-de-cingapura-e-a-mediacao.ghtml, out/2020 e *https://uncitral.un.org/en/texts/mediation/conventions/international_settlement_agreements*, acessado em 22 ago 2021.

uma mediação para que os acordos resultantes possam ter eficácia transnacional. Há uma interpretação sistêmica entre os métodos de solução de conflitos e um referencial de um *standard* probatório para os julgadores a respeito deste assunto, isto é, elementos que permitam a existência material de um método consensual e um elemento de análise de julgamento, na hipótese de um método adjudicatório.

Mesmo com tal polêmica, fruto da ousadia o legislador, é importante salientar que toda a discussão surge em um contexto de incentivo que se apresenta ao escalonamento de solução de controvérsias, prevendo ainda a possibilidade de conversão do juízo do trabalho em juízo arbitral, em perfeito escalonamento de solução de controvérsias nos termos do art. 764, § 2º, da CLT, disposição semelhante ao art. 24 da Lei dos Juizados Especiais Cíveis, por exemplo.

Essa hipótese, já se viu, poderia não ser razoável para o direito brasileiro por se tratar de uma ofensa à economia processual na linha de que a não utilização dos MASCs gera eficácia apenas contratual, não com a imposição do *pacta sunt servanda* a custo de alguns julgados norte-americanos, mas como forma de garantia de eficácia dos métodos de solução de controvérsias, algo que Selma Maria Ferreira Lemes qualifica como Eficácia Contratual da Cláusula Escalonada.[507]

De outro lado, se a análise das condições da ação for realizada *in status assetiones*,[508] a economia processual não seria afetada e, tecnicamente, não haveria equívoco em considerar que a não realização de um MASC afetaria o interesse de agir do demandante em uma arbitragem ou no processo judicial.

Portanto, na presença de cláusulas escalonadas são cinco interpretações possíveis: (i) MASC como condições da ação, como no sistema francês e nas Comissões de Conciliação Prévia brasileiras; (ii) pressupostos processuais, como no sistema argentino; (iii) questões prévias, como no sistema americano; (iv) sistema misto, aplicado na Finlândia, em que há uma questão prejudicial na arbitragem e uma não obrigatoriedade no Judiciário; e (v) simplesmente desconsiderar os métodos não jurisdicionais.

507 Ferreira Lemes, S. M. *Cláusula escalonada, mediação e arbitragem*. Op. cit., p. 171.

508 "Para os assetivistas, o juiz deve examinar a presença das condições da açãono direito aformado pelo autor na petição inicial." (Costa, S. H. da. *Condições da ação*. Op. cit., p. 43).

Em locais de pronunciamento judiciário lento, tornar a análise dos MASCs como matéria de pressupostos processuais é perigoso e pode atentar contra o princípio da economia processual. Tornar um método não jurisdicional obrigatório e realizá-lo à força é ferir-lhe a natureza, é atuar sem técnica.

Tratar os métodos não jurisdicionais como questões prévias parece a solução acertada e que, importada do direito norte-americano, pode ser adotada no Brasil. Simplesmente desconsiderar os métodos não jurisdicionais de solução de controvérsias seria fechar a possibilidade de soluções consensuadas que eles oferecem, esquecendo a litigiosidade que podem encerrar e o relevante papel de pacificação social que podem desempenhar em nosso sistema.

A solução do direito finlandês, com o tratamento diverso da questão quando o método jurisdicional final é a arbitragem – toda a escala é obrigatória, ou quando é Judicial – só o Judiciário é obrigatório, não é razoável em face do nosso sistema, tendo em vista os arts. 18 e 31 da Lei de Arbitragem.

O que não se pode é incluir em grau de exclusão métodos jurisdicionais e não jurisdicionais. Ao contrário do que afirmou o Judiciário baiano no caso *Odebrecht* vs. *Gradin*,[509] arbitragem e mediação não se excluem, ainda que haja alternatividade na cláusula. A interpretação correta, em caso de alternatividade, é a de que os dois métodos são passíveis de solucionar a controvérsia, devendo ser realizada em primeiro lugar a mediação e depois a arbitragem, med-arb, obviamente, nos limites objetivos das cláusulas compromissórias. O TJBA reconheceu a *med-arb*, mas não lhe aplicou as consequências adequadas.[510]

Se a premissa, no entanto, é incentivar o uso de MASCs, deve haver incentivo para o seu fortalecimento não pela vinculação e execução *in natura*, que são contrários à sua natureza, mas pela imposição de outras medidas, como cláusulas penais e perdas e danos, conforme se verá nos itens 7.5 e 7.6 a seguir.

[509] TJBA, AI nº 0001278-41.2011.805.0000-0, 4ª Câm. Civ., Rel. Juíza Convocada Gardênia Pereira Duarte, j. em 10.2.2011.

[510] No caso, ainda existe a hipótese de execução específica de medidas via acordo de acionistas. Tais medidas estão fora da cláusula *med-arb*.

O sistema processual brasileiro permite e incentiva a conciliação no seio do processo (judicial – arts. 165 e seguintes e 334 do CPC[511] ou arbitral – art. 20, § 4º, da Lei de Arbitragem). E tal possibilidade pode ser utilizada e exercida a qualquer tempo.

Nesse sentido, não parece adequado que a não realização de uma conciliação pré-processual impeça o desenvolvimento do processo judicial ou arbitral. Em situações assim, a conciliação não representará economia[512] nenhuma.

Na mesma linha, no direito norte-americano, entende-se que a coerção em métodos autocompositivos, especialmente a mediação, apenas acelera o ressentimento e estimula a ausência de boa-fé no processo em questão, tornando o método contraprodutivo em termos de satisfação duradoura das partes.[513]

Assim, parece mais adequado tratar os MASCs não jurisdicionais não como pressupostos negativos de desenvolvimento regular do processo, atuando como aparadores da jurisdição do terceiro imparcial, mas sim como condicionantes da eficácia jurisdicional dos terceiros imparciais, árbitros ou juízes. Assim, uma mediação não realizada impediria o exercício, por ora, da jurisdição estatal ou arbitral, exatamente de acordo com a solução que vem sendo dada em alguns casos do sistema norte-americano.

A convenção de solução de controvérsias de mediação e conciliação, por exemplo, não teria um efeito negativo sobre o processo civil ou o processo arbitral, mas atuaria como uma condição suspensiva destes. Vale dizer, enquanto a mediação ou a conciliação não se realizar, o método de solução de controvérsias jurisdicional e vinculativo intentado por uma das partes não poderá prosseguir.

511 Algo que já era perceptível nos arts. 125, IV, 331, *caput* e § 3º, e 447, parágrafo único, e 448 do CPC/1973.

512 Nesse sentido, Nelson Hanada expõe que a conciliação pode ser um método econômico em comparação com o Judiciário, e por que não dizer da arbitragem (Hanada, N. Direito de processo: atualidades (reflexões). In: Salles, C. A. de (Coord.). *As grandes transformações do processo civil brasileiro.* Op. cit.). Mas tal afirmação é válida apenas via de regra. Em situações como a que se discute nesse capítulo, esse não parece ser o caso.

513 Goldberg, S. B.; Sander, F. E. A.; Rogers, N. H.; Cole, S. R. *Dispute resolution.* Op. cit., p. 286-287.

A ligação, nesse caso, não é com a existência do processo, e sim com a sua validade. O reconhecimento da existência de um método de solução de controvérsias não jurisdicional não impedirá absolutamente que os métodos jurisdicionais atuem. Tratar-se-á apenas de uma condicionante, não de um impedimento que deve levar à extinção do processo.

E assim definiu-se na Lei de Mediação (art. 23), na linha caminha a proposta do Projeto de Lei nº 7.169 de 2014 da Câmara dos Deputados. Nesse Projeto, havia a previsão de que a arbitragem ou o processo judicial fiquem suspensos, pelo tempo indicado pelas partes, até que a mediação se realize, excluindo-se as medidas de urgência, caso necessárias.[514]

Conforme descrito, os MASCs são legitimados socialmente, e a visualização de tais cláusulas como instrumentos exclusivamente contratuais pode dar abertura para criação de obrigações da parte recalcitrante.

## 7.4. O Estado na qualidade de agente garantidor dos MASCs – iniciativas políticas e legislativas

Já em 1988, Ada Pellegrini Grinover tratava da necessária mudança de postura do processualista que deveria abandonar ou ao menos atenuar a cientificidade até então adotada e vislumbrar o processo como um instrumento substancialmente capaz de atingir os escopos políticos, sociais e jurídicos da jurisdição, em uma clara forma de incentivar a utilização de MASCs e de abertura para uma nova realidade no direito processual.[515]

Do ponto de vista do Estado, o papel de agente transformador e incentivador dos métodos de solução de controvérsias está indicado no escopo político do processo. Como afirma Cândido Rangel Dinamarco, o próprio direito tem um fim político que se destina a traduzir aquilo

[514] Art. 24. Se, no termo inicial de mediação, as partes se comprometerem a não iniciar procedimento arbitral ou processo judicial durante certo prazo ou até o implemento de determinada condição, o árbitro ou o juiz suspenderá o curso da arbitragem ou da ação pelo prazo previamente acordado ou até o implemento dessa condição.
Parágrafo único. O disposto no caput não se aplica às medidas de urgência em que o acesso ao Poder Judiciário seja necessário para evitar o perecimento de direito.

[515] GRINOVER, A. P. *A conciliação extrajudicial.* In: GRINOVER, A. P.; DINAMARCO, C. R.; WATANABE, K. (Coord.). *Participação e processo.* Op. cit., p. 279-280.

que o Estado utiliza para alcançar seus objetivos.[516] A premissa adotada pode ser vista à luz do processo judicial, mas também de outros métodos de solução de controvérsias.

A prática dos MASCs tem suas bases teóricas e legislativas há muito estabelecidas no direito brasileiro, mas o seu exercício, embora cada vez mais ampliado, ainda não é disseminado em nosso ordenamento jurídico. Há um influxo do dia a dia da prática de solução de controvérsias em iniciativas oficiais.

É muito comum em outros países, como os Estados Unidos, a organização e estruturação de métodos de solução de controvérsias em âmbitos institucionais públicos e a forte disseminação de tais práticas por esses mesmos órgãos e por agentes governamentais. Assim, Carlos Alberto de Salles resume: "Há cotidiana prática de pactuação dos mais variados mecanismos, sendo a sua formalização contratual realizada mesmo no âmbito dos órgãos judiciais e administrativos de decisão."[517]

Partindo desse ideário, começam a ser verificadas mais iniciativas governamentais e de modo cada vez mais amplo para se incentivarem os MASCs. Esse, por exemplo, é o mote da Resolução nº 125 do Conselho Nacional de Justiça.

Nesse sentido, o Conselho Nacional de Justiça criou e passou a gerir a denominada "Política Judiciária Nacional de tratamento dos conflitos de interesses" com o escopo de garantir a todos a utilização de meios adequados de solução de controvérsias com o oferecimento de métodos de solução de controvérsias, além do processo civil, como a mediação e a conciliação, e também orientar o cidadão a respeito de tal possibilidade.

São criados núcleos permanentes de solução de conflitos para o desenvolvimento de políticas localizadas, sendo os chamados Centros Judiciários de Solução de Conflitos e Cidadania os responsáveis pela efetivação de tais práticas e realização dos métodos de solução de controvérsias junto ao cidadão. O Tribunal de Justiça do Estado de São Paulo instituiu esse centro por meio do Provimento nº 1.892, de 26 de maio de 2011.

[516] Dinamarco, C. R. *Instrumentalidade do processo*. Op. cit., p. 198-202.

[517] Salles, Carlos Alberto de (Coord.). *A arbitragem na solução de controvérsias contratuais da administração pública*. Op. cit., p. 288.

Esse é um exemplo de iniciativa política, sem alteração legislativa para tornar a prática mais incentivadora.

No direito europeu, são diversas as iniciativas adotadas para os métodos de solução de controvérsias, quer do ponto de vista político, quer do legislativo.

Há ainda no âmbito europeu um relevante princípio de que as obrigações precisam ou devem ser cumpridas ainda que se tornem mais onerosas do que o previsto. O art. 6:111 dos Principles of European Contractual Law[518] prevê que o Judiciário poderá alterar ou declarar rescindido o contrato se a negociação entre as partes falhar. Não se impõe uma obrigação de negociar, mas se cria um requisito para a atuação judicial. De outro lado, não há discussão se aquele que se negou a negociar seja responsável pelos danos causados por não tê-lo feito. O art. 6.2.3, por seu turno, prevê princípio semelhante. Apenas se não conseguirem renegociar o contrato em um tempo razoável, as partes deverão buscar o auxílio do Judiciário.[519] Essas são as cláusulas *hardship*.

Dentre os motivos que justificam a revisão contratual, chama a atenção a exigência de que o devedor tenha buscado uma solução negociada. Mais uma vez o Estado atua como fiador dos métodos de solução de controvérsias, na medida em que de modo razoável e de boa fé proporcionou tempo para um processo de negociação.

Na essência, as partes devem, portanto, renegociar de boa-fé e respeitar paradigmas de lealdade. Contudo, como não poderia ser diferente, não se obriga que as partes alcancem um acordo sob determinada questão. Há assim um incentivo por opção política do legislador, mas não uma obrigação de celebrar acordos, o que desnaturaria o instituto da negociação.[520]

No direito inglês, é mencionada como procedimento bastante comum a utilização de arbitragem ou de métodos alternativos combinados ou secundários com elementos de arbitragem para a solução de

518 Disponível em: <http://frontpage.cbs.dk/law/commission_on_european_contract_law/PECL%20engelsk/engelsk_partI_og_II.htm>. Acesso em: 3 jul. 2011.

519 Bar, C. Von; Clive, E. Principles of European contractual law. *Draft Common Frame of Reference*, Munich, Sellier, v. I, 2009, p. 710-718.

520 Gomes, J. *Cláusulas de Hardship*. In: Monteiro, Antonio Pinto (Coord.). *Contratos*: actualidade e evolução. Porto: Universidade Católica Portuguesa, 1997, p. 188-190.

conflitos envolvendo a revisão de contratos e suas vantagens em face do Judiciário.[521]

O direito argentino, por seu turno, apresenta uma resposta mais simples à questão da economia processual e da utilização dos MASCs. A mediação e a conciliação são obrigatórias[522] e prévias à maioria das demandas de natureza cível, sendo excluídas aquelas que digam respeito a direito patrimonial indisponível de acordo com o ordenamento jurídico argentino, bem como questões envolvendo medidas cautelares e de urgência, nos termos do art. 2º da Ley 24.573, de 27 de outubro de 1995.[523] Nesse caso, a mediação/conciliação são, nitidamente, pressupostos processuais.

Em que pese a mediação ser um procedimento voluntário, também de acordo com a doutrina argentina, a obrigatoriedade foi adotada pela legislação local e não desnatura o instituto. A mediação não se tornou obrigatória, isto é, participar de uma mediação não é algo que pode ser exigido de modo coercitivo, o que se obriga é o comparecimento ao programa de mediação e conciliação para que a parte se manifeste sobre o seu interesse na participação. E, aparentemente, esse resultado foi atingido. Em 1997, foi realizada pesquisa pela Fundación Libra, sob os aus-

[521] Andrews, N. *The modern civil process*. Op. cit., p. 242-244; e Gomes, J. *Cláusulas de Hardship*. Op. cit., p. 196.

[522] Vítolo, D. R. *Alternative dispute resolution*: enforcement of foreign judgements and arbitration awards: an argentine overview. Buenos Aires: Ad Hoc, 2003, p. 82.

[523] "**Art. 2.** El procedimiento de la mediación obligatoria no será de aplicación en los siguientes supuestos:

**1.** Causas penales.

**2.** Acciones de separación personal y divorcio, nulidad de matrimonio, filiación y patria potestad, con excepción de las cuestiones patrimoniales derivadas de éstas. El juez deberá dividir los procesos, derivando la parte patrimonial al mediador.

**3.** Procesos de declaración de incapacidad y de rehabilitación.

**4.** Causas en que el Estado Nacional o sus entidades descentralizadas sean parte.

**5.** Amparo, hábeas corpus e interdictos.

**6.** Medidas cautelares hasta que se decidan las mismas, agotándose respecto de ellas las instancias recursivas ordinarias, continuando luego el trámite de la mediación.

**7.** Diligencias preliminares y prueba anticipada.

**8.** Juicios sucesorios y voluntarios.

**9.** Concursos preventivos y quiebras.

**10.** Causas que tramiten ante la Justicia Nacional del Trabajo."

pícios da Fundación Konrad Adenauer,[524] cujo resultado indicou um expressivo descongestionamento da distribuição de demandas, garantia de acesso à Justiça para demandas de menor magnitude econômica e diminuição da duração dos processos relativos a demandas que forma objeto de mediação prévia.[525]

O sistema, porém, não está livre de críticas, que são razoáveis. A mediação obrigatória ofende a Constituição argentina na medida em que os mediadores são indicados pelo Ministério da Justiça argentino, e não pelo Judiciário. Há clara ingerência do Poder Executivo na esfera de atuação do Poder Judiciário. Diversos são os julgados nesse sentido, indicados por Marco A. Rufino.[526]

A explicação para se considerar a mediação prévia um sucesso é objetiva. Não se pode descartar, porém, que alguma parcela desse sucesso decorra também do fato de as partes, cansadas ou já cientes da delonga que enfrentarão para a satisfação de um conflito, acabarem aceitando aquilo que o Estado lhes oferece, sem qualquer razoabilidade na escolha do método. Ou seja, não se sabe, efetivamente, quem faz mediação porque tal método é adequado ou melhor. Por óbvio, contudo, oferecer uma oportunidade para que as partes possam dialogar sobre sua causa e as possibilidades que ela apresenta é algo bastante razoável.

É nesse aspecto que Roque J. Caivano, Marcelo Gobbi e Roberto E. Padilla afirmam que os MASCs podem ter consequências interessantes para o funcionamento do Judiciário, desde que não se veja o processo judicial como o caminho a ser trilhado caso surja um conflito, ganhando rapidez e qualidade no método de solução a ser empregado.[527]

Cumpre ressaltar que, comparando-se Judiciário, arbitragem, mediação/conciliação e negociação, pelo menos do ponto de vista dos litígios comerciais, que, diga-se, estão englobados pelo modelo de mediação obrigatória argentino, a combinação mediação/conciliação e Judiciário tem a menor preferência dos entrevistados. O gráfico da pesquisa rea-

[524] Álvarez, G. S. *La mediación y el acceso a justicia*. Buenos Aires: Rubinzal-Culzoni, 2003, p. 283 e ss.

[525] Idem, p. 300 e ss.

[526] Rufino, M. A. *Mediación e conciliación segun la jurisprudência*. Buenos Aires: Ad Hoc, 1999, p. 23.

[527] Caivano, R. J.; Gobbi, M.; Padilla, R. E. *Negociación y mediación*. Op. cit., p. 33.

lizada pela Institute of International Commercial Law sobre *escalation clauses* ou cláusulas escalonadas é elucidativo:[528]

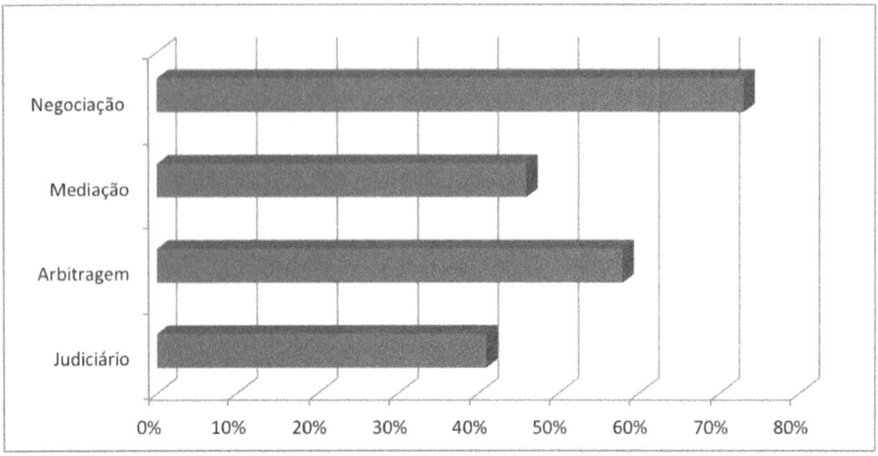


Mesmo em situações nas quais os métodos escolhidos pareçam não ser os mais adequados quando combinados, o fato é que há melhora da prestação do serviço do Judiciário, ao menos porque alguns tipos de controvérsia são melhores apreendidos por um método diverso do processo judiciário, como dispõe, por exemplo, o quarto considerando da Resolução nº 125 do Conselho Nacional de Justiça.

Eventual demora adicional na resolução daqueles conflitos não bem apreendidos pelo método anterior, no exemplo argentino, a mediação, parece ser um risco que a sociedade possa correr em prol de um benefício geral do melhor funcionamento do sistema judiciário. O fundamental é haver um critério claro e eficiente para definir quais métodos são

[528] Perguntou-se aos entrevistados quais métodos geralmente eram incluídos em suas cláusulas de solução de controvérsias. Os motivos mais indicados para a presença de tais cláusulas dizem respeito à celeridade da solução de controvérsias e a maior velocidade com que os argumentos são apresentados, posto que, mesmo que não funcionem, os métodos ditos "não adversariais" permitem essa situação. PACE INSTITUTE OF INTERNATIONAL COMMERCIAL LAW AND IACCM. Drafting step clauses: an empirical look at their practicality and legality. Disponível em: <http://www.cisg.law.pace.edu/cisg/ODR/Pace_Law_and_IACCM_Step_Clause_Drafting_Manual.pdf>. Acesso em: 17 mar. 2011. A pesquisa foi realizada com os 133 membros da IACCM e com mais 25 escritórios de advocacia selecionados.

mais adequados para quais casos e de que modos tais métodos também podem ser adequados para atender um maior número de situações.

De acordo com o exposto, a iniciativa estatal pode ser política, com o incentivo de propagar a irradiação dos métodos de solução de controvérsias, bem como legislativa, estimulando a utilização de MASCs em diversas situações.

Uma forma ou outra é fundamental para a criação de uma cultura dos MASCs, bem como para um desenvolvimento tutelado e que evite abusos e prejuízos à população que deles faça uso.

Nesse aspecto de educação do jurisdicionado e de conhecimento dos métodos judiciais, iniciativas oficiais cumprem um papel relevante, desde que tenham em conta as características consensuais dos métodos de solução de controvérsias, especialmente na sua origem.

Foi exatamente essa a opção do legislador no CPC. Há uma clara política de incentivo a esses métodos, não só do ponto de vista da técnica processual e da sua correlação especialmente com o processo judicial, mas também com a imposição de medidas coercitivas, como a multa prevista no art. 334, § 8º do CPC, a ser explorado mais adiante.

O binômio apoio maciço e coerção possivelmente terão sucesso e, especialmente se a sanção for aplicada, é possível que a cultura dos MASCs se amplie, o que não significa, contudo, que tais métodos serão utilizados com qualidade. Nesse aspecto, o desafio só está começando.

## 7.5. Cláusulas penais

A forma mais simples de atrelar consequência pela não realização de um MASC é o estabelecimento de uma cláusula penal prevendo a situação em que uma parte se recuse a utilizá-lo. Em geral é fixada em dinheiro, com expressão monetária, não dependendo da liquidação dos prejuízos que eventualmente sejam causados, "sendo o modo mais prático e usado para avaliá-la".[529]

No direito brasileiro, a disciplina da cláusula penal está contida nos arts. 408[530] a 416 do Código Civil. Na legislação anterior a cláusula penal

[529] Ferreira, J. A. Da cláusula penal. *Revista dos Tribunais*, São Paulo, Revista dos Tribunais, nº 301, 1960, p. 15.

[530] Caio Mário da Silva Pereira aponta uma imprecisão do art. 408 do Código Civil que persiste desde o Código de 1916: "O que pretende o dispositivo estabelecer, tal qual o velho

era tratada como uma modalidade de obrigação pelo Código Civil de 1916 e agora passou a ser inserida no capítulo do inadimplemento das obrigações, sendo que "essa nova sistematização auxilia a melhor compreender a própria noção de cláusula penal".[531]

A cláusula penal é uma cláusula acessória[532] estipulando penas ou multas em face daqueles que deixem de prestar uma obrigação de modo a incentivar o seu cumprimento voluntário.[533] Nos dizeres de Clóvis Bevilacqua a cláusula penal é "um meio mais prompto de coagir o devedor a cumprí-la [a obrigação] [...] sendo um modo de atuar no ânimo do devedor".[534]

O art. 410 do Código Civil trata da hipótese de escolha do credor entre o cumprimento específico da obrigação e o recebimento da cláusula penal em situações de inadimplemento total. No caso dos MASCs, contudo, a aplicação do art. 410 do Código Civil será limitada. Tal afirmação decorre da natureza da obrigação em comento ter uma efetividade limitada para obtenção de tutela específica. Garante-se apenas a realização do MASC, mas não se pode garantir o seu resultado.

De qualquer modo, na prática, o único benefício do credor será valer-se da cláusula penal. A sua existência em um contrato que preveja um

Código, é que a pena convencional pode ser estipulada no mesmo instrumento da obrigação principal, como uma de suas cláusulas, ou um de seus itens, como pode com a mesma eficácia ser avençada em instrumentos à parte." (Pereira, C. M. da S. *Instituições de direito civil.* Op. cit., p. 145).

[531] Costa, J. M. *Comentários ao novo código civil.* Rio de Janeiro: Forense, 2003, v. V, p. 409. No mesmo sentido: Venosa, S. de S. *Direito civil.* 4. ed. São Paulo: Atlas, 2004, v. II, p. 167-168.

[532] Nos termos do art. 409 do Código Civil. A nulidade da cláusula penal não acarreta a nulidade da cláusula principal, mas o contrário é verdadeiro. Tal situação é consequência direita da acessoriedade da cláusula. E tal posição é uníssona da doutrina: Ferreira, J. A. *Da cláusula penal.* Op. cit., p. 14; Costa, J. M. *Comentários ao novo código civil.* Op. cit., p. 411.

[533] Orlando Gomes tem uma visão diferente sobre a função da cláusula penal: "Sua função é pré liquidar danos. Insiste-se em considerá-lo meio de constanger o devedor a cumprir a sua obrigação, por sua força intimidativa, mas esse efeito a cláusula penal é acidental." (Gomes, O. *Obrigações.* 21ª. ed.., Rio de Janeiro: Forense, 2001, p. 159).

[534] Bevilacqua, C. *Código civil dos Estados Unidos do Brasil.* Op. cit., p. 64. No mesmo sentido: França, R. L. *Teoria e prática da cláusula penal.* São Paulo: Saraiva, 1988, p. 7. Fábio Maria de Mattia ainda afirma que "a função sancionatória constituiria a natureza constante do instituto" (Mattia, F. M. de. Cláusula penal pura e cláusula penal não pura. *Revista dos Tribunais,* São Paulo, Revista dos Tribunais, no 385, 1967, p. 41).

MASC terá o condão de "a) estimular o contratante ao cumprimento da obrigação, mediante a ameaça de pagar a importância da pena; b) servir de sucedâneo da indenização de perdas e interesses",[535] sem permitir que o devedor desvincule-se da obrigação principal oferecendo o valor correspondente à cláusula penal de modo pré determinado.[536]

Questão bastante complicada poderá ser aquela que diz respeito à limitação do valor da cláusula penal, que deverá ser o valor da obrigação (art. 412 do Código Civil).[537] No caso dos MASCs poderá ser difícil quantificar o valor de um método não realizado, mas parece razoável que todos os custos que seriam incorridos com honorários de profissionais, advogados e terceiros imparciais e com estrutura física para a sua realização podem ser somados para corresponder ao valor da cláusula penal. Em última análise, tudo aquilo que puder ser incluído no conteúdo econômico da obrigação.[538]

A grande vantagem da cláusula penal em relação a qualquer discussão atinente à responsabilização civil é a desnecessidade, no primeiro caso, de alegação de prejuízo, nos termos do art. 416 do Código Civil, e muito menos, de demonstração de prejuízo. No entanto, se o credor decidir pleitear indenização, o que pode ser possível e se verá com mais vagar no item 7.6 a seguir, a cláusula penal servirá como um mínimo de

[535] Carvalho Santos, J. M. *Código civil brasileiro interpretado.* 4. ed. Rio de Janeiro: Freitas Bastos, 1951, v. XI, p. 301. No mesmo sentido, Rodrigues, S. *Direito civil.* Op. cit., p. 83. Tratando do caráter punitivo da cláusula penal: Costa, J. M. *Comentários ao novo código civil.* Op. cit., p. 409.

[536] Cfr. Gomes, O. *Obrigações.* Op. cit., p. 162.

[537] Comentando sobre o art. 920 do Código Civil de 1916, com redação idêntica à do art. 412 do atual Código, Clóvis Bevilacqua afirmava que "O limite imposto à pena por este artigo não se justifica. Nasceu da prevenção contra a usura, e é uma restrição à liberdade das convenções que mais perturba do que tutela os legítimos interesses processuais." (Bevilacqua, C. *Código civil dos Estados Unidos do Brasil.* Op. cit., p. 68). No caso dos MASCs, a crítica de Clóvis Bevilacqua ganha eco e solução nas palavras de Orlando Gomes: "O limite percentual só se aplica aos contratos feneratícios." (Gomes, O. *Obrigações.* Op. cit., p. 161), e a previsão de um MASC não envolve lucro ou retorno financeiro, entendimento seguido por Venosa, S. de S. *Direito civil.* Op. cit., p. 174-176. Já Silvio Rodrigues considera o limite real razoável já que "o preceito se inspira em preocupação justa" (Rodrigues, S. *Direito civil.* Op. cit., p. 92).

[538] No sentido do conteúdo econômico da cláusula penal, *vf.* STJ, REsp nº 1119740-RJ, 3ª Turma, Rel. Min. Massami Uyeda, j. em 13-10-2011.

indenização e o credor, dessa feita, deverá provar o dano excedente, de acordo com o art. 416, parágrafo único do Código Civil.

A disciplina da cláusula penal pode ser utilizada em conjunto com os *time limits* que sejam estabelecidos pelas partes. Desse modo, não se discutirá apenas a realização do método de solução de controvérsias, mas também o respeito à cláusula penal sob pena de sua incidência.

Quando se discute a utilização dos MASCs e a possibilidade de redução parcial do valor da cláusula penal (art. 413 do Código Civil), a hipótese cabível é aquela na qual o terceiro imparcial teve papel relevante no insucesso do método, não o realizando de modo adequado, em instituição não especializada, sem qualificação ou com parcialidade. Nesse contexto, parte da responsabilidade do insucesso não poderia recair sobre a outra parte, causando a diminuição do valor da cláusula penal. Eventual prejuízo causado pelo terceiro poderia ser cobrado com a apuração de penas e danos.

Finalmente, pode-se pensar até na possibilidade de definição do pagamento das custas de um MASC que venha a ser utilizado em uma hipótese de escalonamento.[539] Assim, a não realização de uma mediação fará com que a parte recalcitrante tenha que custear a arbitragem que se realizará posteriormente. Essa questão, todavia, dependerá de previsão expressa das partes.

Nesse contexto, a parte que pretendesse não utilizar um método de solução de controvérsias teria que justificar completamente a sua escolha sob pena de arcar, conforme previsão contratual, com os custos de uma arbitragem ou do processo judicial, por exemplo, imediatamente seguintes a uma conciliação ou mediação.

A cláusula penal, sem dúvida, incentivaria a escolha das partes pela realização dos métodos consensuais, sendo uma forma rápida e direta de fixação de indenização pela não utilização de um método MASC.

[539] Comentando sobre a hipótese de descumprimento da sentença arbitral, Francisco Cavalcante Pontes de Miranda previra a possibilidade de se estabelecer cláusula penal no compromisso: "Assim no negócio jurídico de compromisso, como no negócio jurídico entre o comitente e o árbitro, pode ser inserta a cláusula penal. A pena convencional para o caso de insubmissão ao laudo arbitral estabelece alternativa: ou submeter-se ao laudo arbitral, ou prestar o quanto da pena." (Pontes de Miranda, F. C. *Tratado de direito privado*. Op. cit., p. 328).

É nessa linha que caminhou o CPC. Sendo designada audiência de conciliação e não comparecendo as partes, sem qualquer justificativa, poderá ser imposta sanção por ato atentário à dignidade da justiça em até 2% (dois por cento) sobre o valor do proveito econômico ou do valor da causa, revertida em favor da União ou do Estado (art. 334, § 8º do CPC).

Como se vê, a coerção patrimonial parece ser a forma mais adequada de incentivar o comparecimento das partes às sessões em que se realizarão métodos consensuais de solução de conflitos. Tal multa, no entanto, jamais poderá ser utilizada como forma de pressão para que as partes celebrem um acordo ou sejam de algum modo induzidos a desistir da demanda.

### 7.6. Indenizações

Considerando-se ainda a hipótese de perdas e danos como consequência prática da não utilização de uma determinada etapa do escalonamento de solução de controvérsias, há que verificar em quais categorias de responsabilização civil estaria inserida a não utilização de um determinado método não jurisdicional.

Obviamente, a não utilização de um dos métodos de solução de controvérsias pode gerar diversos efeitos, dentre os quais se destacam atrasos, impossibilidade de conclusão de obras ou serviços, danos à imagem a uma determinada empresa ou empresários. Tudo isso poderá ser decorrente da manutenção do conflito e, sem dúvida, poderá ser ressarcido com base em algum método jurisdicional e vinculativo.

Nessa toada, os danos materiais e os danos morais poderão estar relacionados com a não utilização de um MASC e, indubitavelmente, criarão dificuldades para a parte interessada, posto que suas obrigações podem ficar comprometidas pelo inadimplemento de outra ou pela pendência do litígio.

E cada contrato, cada situação, provocará consequências específicas. O negócio realizado entre as partes pode estabelecer regras peculiares de indenização para situações em que há recusa em se utilizar de um MASC.

Contudo, o que aqui se pretende apresentar é um resultado não do negócio acordado entre as partes, mas sim pela não utilização dos métodos consensuais, pois para os métodos vinculativos, Judiciário e arbitragem, a consequência da revelia pode ser aplicada no caso de recalcitrância de uma das partes.

Na impossibilidade de utilizar a disciplina da revelia e aplicar suas consequências peculiares para aquela parte recalcitrante em participar de um processo, pode-se aplicar aquilo que vem sendo conhecido na doutrina civilista brasileira como a perda de uma chance.

O instituto da perda de uma chance teve a sua gênese na jurisprudência francesa para situações de falha de auxiliares da Justiça e grande difusão em situações de ausência ou falha de um tratamento médico, impedindo a chance de uma cura. Inicialmente, a disciplina era aplicada somente aos casos de responsabilidade civil médica,[540] com a extensão cada vez mais comum para o campo jurídico.[541]

No caso emblemático do direito norte-americano *Dougert* vs. *Pappas*, entendeu não ser possível transportar a questão da perda de uma chance do domínio médico para o jurídico, na medida em que, malgrados registrados equívocos cometidos pelo advogado, a natureza de sua obrigação com o cliente e a natureza de sua atuação não permitiriam a aplicação do referido instituto por uma ausência de causalidade que, como se verá, vem sendo substituída por um *Relaxed Causation Approach*.

Trata-se de uma evolução das categorias indenizatórias que decorre do progresso do ramo da responsabilidade civil, caminhando-se para uma chamada teoria da reparação integral, isto é, tenta-se fazer com que todos os fatos da vida sejam indenizados na medida em que estejam presentes os requisitos da responsabilização civil, conduta culposa ou

[540] Andreasa Junior, G. Responsabilidade civil pela perda de uma chance. In: Nery Junior, N.; Nery, R. M. de. *Doutrinas essenciais de responsabilidade civil*: direito de obrigações e direito negocial. São Paulo: Revista dos Tribunais, 2010, v. II, p. 542; e Peteffi da Silva, R. *Responsabilidade civil pela perda de uma chance*. São Paulo: Atlas, 2007, p. 19. No mesmo sentido, Sérgio Cavalieri Filho conceitua: "Caracteriza-se essa perda de uma chance quando, em virtude da conduta de outrem, desaparece a probabilidade de um evento que possibilitaria um benefício futuro para a vítima, como progredir na carreira artística ou militar, arrumar um melhor emprego, deixar de recorrer de uma sentença desfavorável pela falha do advogado, e assim por diante. Deve-se, pois, entender por chance a probabilidade de se obter um lucro ou de se evitar uma perda." (Cavalieri Filho, S. *Programa de responsabilidade civil*. 9. ed. São Paulo: Atlas, 2010, p. 77).

[541] *Dougert* vs. *Pappas*, 704 P.2d 600 (Wash. 1985).

dolosa ilícita do agente, dano e nexo de causalidade entre o primeiro e o segundo.[542]

Nesse caso, não há reparação por um dano, que, como já dito, poderá advir e ser indenizado pela não utilização de um método de solução de controvérsias, mas sim pela perda de uma chance real de solucionar o litígio. A perda de uma chance exige, para que enseje o dever indenizatório, sua correlação com evento que impossibilite o ganho.[543] O que é reparado, nesse caso, é a mera retirada de uma possibilidade, e não a certeza do resultado; aquela impossibilidade de a sorte atuar retirada pelo causador do dano trata-se efetivamente de categoria autônoma de reparação civil.[544]

Como assevera Jean Carbonnier, desde a década de 1970, o Judiciário francês se vê envolvido em questões desse tipo, tendo como atividade lógica realizar a avaliação da chance, estimando a probabilidade, atribuindo a uma chance um determinado correspondente pecuniário, este sim um dano certo, que deve ser indenizado, geralmente com uma porcentagem do que se pretendia ganhar caso o resultado esperado tivesse ocorrido.[545]

Assim, há uma tentativa de sistematização na doutrina brasileira entre duas espécies da perda de uma chance:(i) causalidade e dano; e (ii) dano presente e dano futuro.[546]

A impressão que se tem de todas as conceituações é a de que a perda de uma chance deve envolver duas categorias existentes, quais sejam lucros cessantes e danos emergentes, daí a necessidade de danos atuais e danos futuros, representando a perda de uma chance uma porcentagem da análise conjugada desses elementos. Será apenas parcial na medida em que os esperados resultados, em uma categoria e em outra, não se efetivaram pelo advento da situação danosa, retirada da chance.

A causalidade e dano indicam sempre um dano final de fácil identificação, a perda da vantagem esperada pela vítima. Nesse caso, contudo, a perda do resultado final, mais especificamente a não celebração do

[542] Müller, C. *La perte d'une chance*. Berne: Stæmpfli, 2002, p. 54.

[543] Nesse sentido, o julgamento do TJRS, 14ª Câm. Civ. nº 70009264375, Rel. Des. Roberto Carvalho Fraga, j. em 28-4-2005.

[544] Larroumet, C. *Droit civil*. 3. ed. Paris: Economica, 1996, t. III, p. 686-687.

[545] Carbonnier, Jean. *Droit civil*. 22. ed. Paris: PUF, 2000, t. 4, p. 388.

[546] Peteffi Da Silva, R. *Responsabilidade civil pela perda de uma chance*. Op. cit., p. 102-110.

acordo, não pode ser indenizada, dado que a participação da contraparte não seria condição *sine qua non* para a sua ocorrência. Essa noção passou a ser tratada como fundamental, principalmente a partir do século XIX, com uma nova perspectiva, conferindo nova interpretação ao instituto da chance, devendo ser buscados critérios de causalidade objetivos para sua fixação. Desse modo, a causalidade ganha uma relação com a probabilidade, mas não uma probabilidade estática, e sim uma probabilidade estimativa, comparativa nos casos concretos.[547]

Embora a questão tenha a sua origem no direito continental europeu, sua aplicação se espraiou por países da *Common Law*, tal qual é o caso dos EUA. Como declara Christoph Müller em monografia sobre o tema no direito norte-americano, apresenta a análise de acordo com o *substantial chance approach* em oposição à *relaxed causation approach*,[548] que parece prevalecer no direito brasileiro.

Com o *relaxed causation approach,* a já mencionada suposta falta de causalidade apontada pela jurisprudência norte-americana para afastar a aplicação da teoria da perda de uma chance no caso *Dougert vs. Pappas* é superada na medida em que permite a aplicação de uma causalidade parcial, que não tem relação direta com o resultado esperado, mas apenas com a atuação do agente para a redução das chances.[549]

Diminuem-se, portanto, as exigências do ponto de vista de provas para que se demonstre a efetiva perda de uma chance. No sistema brasileiro, diversos instrumentos jurídicos, tal qual a inversão do ônus das provas, arts. 373 do CPC e 6º, inciso VII, do CDC, já exercem tal função de diminuição de exigências probatórias para o autor, em determinadas situações, como nas relações de consumo.

Indica-se a possibilidade de reparação mesmo tratando-se de possibilidade de sucesso inferior a 50%, mas com atuação negligente de uma das partes e sem que a outra tenha contribuído para o evento danoso. A análise decorre do caso *Hicks vs. United States*,[550] no qual um paciente militar foi examinado em uma base por estar sentindo dores, tendo sido diagnosticado e medicado erroneamente, vindo a falecer. Como as chan-

[547] Müller, C. *La perte d'une chance*. Op. cit., p. 49.

[548] Idem, p. 107-109.

[549] Müller, C. *La perte d'une chance*. Op. cit., p. 107-109.

[550] *Hicks* vs. *United States*, 368 F.2d 626 (4th Cir. 1996).

ces do paciente foram tolhidas, embora o quadro já fosse bastante grave, a perda de uma chance se verificou.

De outro lado, não se podem confundir o dano e o evento danoso, posto que este último sempre precede àquele. No entanto, deve-se considerar que apenas o prejuízo eventual não pode ser indenizado, mas somente aquele que é futuro como prolongação de um estado de coisas atual e suscetível de estimação imediata deve ser indenizado.[551]

Contudo, embora essa indenização total não seja possível, há que se analisarem apenas as chances subtraídas, e não o seu resultado final.[552] É necessário apenas que o ato danoso do ofensor retire de uma vez por todas as chances que detinha a vítima. Desta maneira, Rafael Peteffi da Silva afirma que haveria um conceito específico e independente de dano e uma causalidade parcial que o respaldaria em relação ao dano final[553]. Não obstante tal relação de independência com o dano final seja clara, parece que a perda de uma chance não deve ser enquadrada como uma *tertia via* ou lucros cessantes.

A perda de uma chance deve ser enquadrada como dano emergente na medida em que não representa uma expectativa daquilo que se poderia ganhar, em uma análise prospectiva, e sim o tolhimento, certo, de uma possibilidade, em uma análise perspectiva.

Como afirma Sérgio Savi:

> "Enquanto a completa realização da possibilidade deve ser considerada de difícil demonstração em razão da incerteza que envolve os seus elementos constitutivos, o problema da certeza resta implicitamente superado como uma espécie de propriedade anterior do sujeito que sofre a lesão"[554].

[551] Noronha, F. *Direito das obrigações*. São Paulo: Saraiva, 2003, p. 578. No mesmo sentido, Pereira, C. M. da S. *Responsabilidade civil*. 9. ed. Rio de Janeiro: Forense, 2002, p. 42.

[552] Para afastamento da indenização do dano hipotético e sua não indenizabilidade, cf. Stocco, R. *Tratado de responsabilidade civil*. 5. ed. São Paulo: Revista dos Tribunais, 2004, p. 1.184, item 1.02.

[553] Peteffi Da Silva, R. *Responsabilidade civil pela perda de uma chance*. Op. cit., p. 103-104.

[554] Savi, S. *Responsabilidade civil por perda de uma chance*. 2. ed. São Paulo: Atlas, 2009, p. 111-112.

Nesse contexto, a chance integra-se à esfera patrimonial do agente, não sendo a sua perda algo indireto ou hipotético, mas que atinge sua esfera de direitos.

No caso Show do Milhão,[555] o caráter hipotético ou indireto da chance de sucesso fora afastado na medida em que uma questão mal formulada impediu que a participante do programa arriscasse alguma resposta. Tal análise foi feita pelo Ministro Fernando Gonçalves:

> "Destarte, não há como concluir, mesmo na esfera da probabilidade, que o normal andamento dos fatos conduziria ao acerto da questão. Falta, assim, pressuposto essencial à condenação da recorrente no pagamento da integralidade do valor que ganharia a recorrida caso obtivesse êxito na pergunta final, qual seja, a certeza – ou a probabilidade objetiva – do acréscimo patrimonial apto a qualificar o lucro cessante."
>
> "Não obstante, é de se ter em conta que a recorrida, ao se deparar com questão mal formulada, que não comportava resposta efetivamente correta, justamente no momento em que poderia sagrar-se milionária, foi alvo de conduta ensejadora de evidente dano."

E, no caso dos MASCs, a não utilização de uma conciliação que estava acordada, sem dúvida, interrompe imediatamente o processo aleatório que teria início ou continuidade para a celebração ou não de um acordo e para a possível solução de uma controvérsia.

De acordo com o ensinamento de Caio Mário da Silva Pereira, a defesa ordinária dos interesses da parte é obrigação do advogado. Nesse aspecto, seguir todas as etapas previstas em contrato para a utilização de um determinado MASC também deve ser encarado dessa forma. A responsabilidade de indenizar pela perda de uma chance e saber quem será o responsável no âmbito civil, parte ou advogado, dependerá da análise casuística, mas o fato é que o jurista, pelo seu conhecimento técnico, deve alertar a parte e esta, como não pode se furtar de cumprir as obrigações que contraiu, deve efetivá-las.[556]

A presença de um processo judicial ou arbitral no balanço de uma empresa e a necessidade de provisão de fundos certamente geram danos

[555] STJ, REsp nº 788.459-BA, 4ª Turma, Rel. Min. Fernando Gonçalves, j. em 8-11-2005 in *DJ* 13-3-2006, p. 334.

[556] Pereira, C. M. da S. *Responsabilidade civil.* Op. cit., p. 163-164.

de imagem, o que uma negociação, conciliação ou mediação,[557] caso fossem realizadas, poderiam evitar sem sombra de dúvida. Já em 2002 Caio Mário da Silva Pereira tecia comentários sobre esse ponto: "Mas esta [*reparação*] será devida se se considerar dentro de uma ideia de perda de uma oportunidade (*perte d'une chance*) e puder situar-se na certeza do dano."[558] Parece claro que, na hipótese em comento, a não realização de um método MASC e a exposição empresarial, por exemplo, podem gerar algum dano reparável.

Embora haja, via de regra, um método jurisdicional e vinculativo na sequência do escalonamento de solução de controvérsia, aquela oportunidade de autocomposição pode ter sido perdida por ato exclusivo de uma das partes e, certamente, com prejuízos para a contraparte, no mínimo, de contratação de advogados para um procedimento contencioso, mobilização de recursos humanos e financeiros para preparação da defesa de seus interesses em um processo adversarial etc.

Sem dúvida, a recalcitrância a um método de solução de controvérsias não pode ser vista como uma saída possível e impune para as partes. E, de acordo, com os critérios aqui expostos, podem gerar indenização.

Para que ocorra a perda de uma chance deverá estar presente o nexo causal entre a conduta daquele que se negou a utilizar um MASC consensual e a chance perdida pela parte contrária de solucionar o conflito.

A não utilização de um MASC, assim, diminui em algum percentual quantificável a possibilidade de solução do conflito no momento adequado e acordado. E, para tanto, deverão ser analisadas a condição das partes, a natureza do conflito e a potencial chance de composição.

[557] As regras desses MASCs são similares com a exceção de que na conciliação o conciliador sugere soluções para as partes e, na mediação, tal sugestão não pode ser feita pelo mediador. Essas definições constam do CPC (art. 145, §§ 1º e 2º). A Lei Modelo da UNCITRAL para Conciliação no Comércio Internacional em seu art. 1º (3) trata referidos processos como sinônimos, não fazendo nenhuma diferença conceitual ou processual: <http://www.uncitral.org/pdf/english/texts/arbitration/ml-conc/03-90953_Ebook.pdf>. Acesso em: 17 mar. 2011. Mauro Cappelletti e Bryanth Garth se referem à mediação e à conciliação sem fazer muita diferença entre elas, tratando-as, aparentemente, como formas diversas de se referir ao mesmo fenômeno de "*conciliatory forms of Justice*", ou "formas conciliatórias de Justiça" (CAPPELLETTI, M.; GARTH, B. Settlement of disputes ou of court: A comparative report the trend toward conciliation. In: KÖTZ, Hein; OTTENHOF, Reynald (Org.). *Les conciliateurs, la conciliation, un étude comparative*. Paris: Economica, 1983, p. 4.

[558] PEREIRA, C. M. da S. *Responsabilidade civil*. Op. cit., p. 42.

De outro lado, existem sistemas de cálculo indicados no direito estrangeiro.

O primeiro desses métodos é o da porcentagem, já mencionado e comum no direito internacional. Em primeiro lugar, utiliza-se o valor do dano total, caso a situação se efetivasse na completude daquilo que o agente pretendia.

Posteriormente, deve ser realizada uma análise profunda das chances existentes em uma operação complexa na medida em que possam faltar dados confiáveis para se verificar, por exemplo, a chance real de um cavalo vencer uma corrida ou de uma das partes vencer determinada demanda, permitindo que sejam utilizadas regras de experiência e a própria discricionariedade do juiz. Em resumo, o gráfico é da seguinte forma:[559]

| Valor da chance perdida = |
|---|
| Valor da indenização total |
| X |
| % de chances de obter a indenização total |

Esse foi o método adequado no caso Show do Milhão.[560] Considerando o valor da questão formulada incorretamente (R$ 500.000,00), aplicou-se a porcentagem de 25%, correspondente a uma em quatro chances de acerto, resultando no *quantum debeatur* de R$ 125.000,00.

Ademais, há um método discricionário em que a avaliação se dá a partir de princípios de equidade para se avaliar qual é o valor da indenização pela perda de uma chance, refletindo as percepções do julgador sobre o caso e sua experiência em situações semelhantes ou análogas.[561]

Apesar dos problemas, o método discricionário parece ser o de aplicação mais palatável no direito brasileiro, indicando que todas as hipóte-

[559] C. Müller, C. *La perte d'une chance*. Op. cit., p. 380-381.

[560] STJ, REsp nº 788.459-BA, 4ª Turma, Rel. Min. Fernando Gonçalves, j. em 8-11-2005 in *DJ* 13-3-2006, p. 334.

[561] King Jr., J. H. Causation, valuation and chance in personal injury torts. 90 *Yale Law Journal*, 1981, p. 1.381.

ses de cálculo devem levar em conta a experiência e o prudente arbítrio do julgador, com situações verificadas caso a caso.

A doutrina brasileira, por seu turno, sumariza tais elementos nos seguintes termos: (i) situação da vítima, se a chance invocada como perdida tivesse se realizado; (ii) a chance em si mesma valorada em função do interesse quebrantado, do grau de probabilidade de sua produção e do caráter reversível ou irreversível do prejuízo que provoque sua frustração; e (iii) o montante indenizatório que houvesse correspondido no caso de haver se concretizado a chance e obtido o benefício esperado.[562]

Em relação à situação (i), devem ser consideradas as partes envolvidas no contrato e a probabilidade de acordo em uma situação de mediação, conciliação ou arbitragem. As partes podem demonstrar que tais situações não teriam êxito em face do relacionamento entre as partes ou do ponto crítico que as negociações alcançaram, por exemplo.

No tocante ao item (ii), podem ser utilizados os índices de acordo de uma determinada instituição ou de um determinado serviço de conciliação judicial, por exemplo. A capacidade de o serviço escolhido resolver a controvérsia deve ser analisada entre as partes.

Por fim, em relação ao item (iii), o vulto da discussão entre as partes deve ser considerado, e aquele que verificar a indenização em face deste item deverá proceder a uma análise do mérito do litígio e observar qual resultado seria mais provável.

No caso dos MASC, a indenização total não deve ocorrer ainda mais um cálculo, na medida em que o valor da indenização total em métodos consensuais não poderá ser o mesmo daquele indicado em um processo arbitral ou judicial. Isso porque, nos métodos consensuais, há um outro ingrediente a ser levado em conta, que é a necessidade de concessões mútuas entre as partes, via de regra, para obtenção de um acordo.

Essa necessidade de conceder uma parte daquilo que se pretende logicamente já faz reduzir aquele valor total pretendido, de modo que essa nuance típica dos métodos de solução de controvérsias consensuais, como a mediação e a conciliação, não pode ser desconsiderada.

De qualquer modo, é importante mencionar que a perda de uma chance não tem qualquer relação direta com a possibilidade de se vencer o litígio, sendo esse apenas um dos itens a serem reputados na quan-

[562] Santos, A. J. dos. *Dano moral indenizável*. São Paulo: Método, 2001, p. 115.

tificação dos benefícios que devem ser atribuídos para se compensar a perda de uma chance.

Nesse sentido, deve vir à baila paradigmático julgamento do Superior Tribunal de Justiça de relatoria do Min. Ilmar Galvão acerca da participação em um processo licitatório, muito semelhante com um MASC consensual, na medida em que não há como garantir o resultado máximo desejado pelas partes, quais sejam vitória na licitação ou acordo em um MASC:

> "Por fim, esclareça-se, para melhor entendimento, que, ao aventar o despacho agravado a possibilidade de indenização de mera chance, quis referir hipótese em que essa chance, por si só, apresenta valor econômico, como é o caso do exercício do direito de ação. Como se sabe, não são raras as cessões de direito de ação, o que demonstra que se trata de mera chance com valor econômico."[563]

É interessante notar, de acordo com o julgado acima, que o Judiciário brasileiro considerou que o exercício do direito de ação tem um conteúdo econômico. Infelizmente o STJ, nessa oportunidade, não analisou a expressão dessa chance na medida em que não considerou razoável a indenização pela desqualificação da parte em um certame licitatório, mas, mesmo que tivesse feito, haveria outro grande trabalho para averiguar de que modo a chance de uma transação seria verificada.

Ao que parece razoável, o valor da chance de uma transação deve corresponder a algo inferior à metade da chance de êxito de uma demanda judicial em termos monetários para cálculo de uma indenização. Entre o piso e a metade para se chegar até o teto que uma demanda judicial pode envolver, será necessária a análise casuística.

De qualquer modo, vê-se, portanto, que a disciplina da perda de uma chance pode ser usada como consequência natural e compensatória para a não utilização de um determinado MASC consensual no momento adequado e estipulado pelas partes em um contrato, por exemplo, sendo aplicados métodos de cálculo aritméticos com fundamentos discricioná-

[563] STJ, AgRg no Ag nº 4364, 2ª T., Rel. Min. Ilmar Galvão, j. em 10-10-1990 in RSTJ 22/17. E inúmeros são os julgados sobre o assunto desde então. Para tanto, Cf. também Peteffi Da Silva, R. *Responsabilidade civil pela perda de uma chance*. Op. cit., p. 192-200.

rios para se apurar a que, efetivamente, corresponde aquilo que foi perdido em termos monetários.

### 7.7. O dever de mitigar o próprio dano

O *duty to mitigate the loss* ou o dever de mitigar o próprio dano é brocardo comum no direito do comércio internacional para indicar a atuação de boa-fé de uma parte que sofreu danos em função do comportamento de outra.

Quando se pensa em MASC, parece adequado que, após demonstrar a possibilidade de indenização, ainda que pela perda de uma chance de solucionar a controvérsia, da parte que desejava utilizar o MASC, sejam determinados os limites de tal atuação.

O brocardo do dever de mitigar o próprio dano está plasmado na Convenção de Viena, que obviamente não é aplicável para esse tipo de situação, mas certamente é uma referência, ainda mais, como se verá, à luz do direito brasileiro que tem o brocardo como referência do art. 422 do Código Civil.

A conhecida Convenção de Viena foi aprovada em 1980 em reunião da ONU, ocorrida na capital austríaca. Inicialmente aprovada por 10 membros da ONU, hoje a CISG conta com a adesão de 76, e o Brasil ainda não é um deles.[564]

O documento foi desenvolvido em sua maioria por representantes de países de *Civil Law*, e tal tradição está refletida no documento, sem que este tenha deixado de apresentar seu caráter internacional.[565] Como afirma Eric Bergsten, embora uma interpretação 100% uniforme não seja possível, a aproximação interpretativa já é suficiente e a revisão periódica do texto tem um papel importante.[566]

Em primeiro lugar, buscou-se disciplinar o contrato como instrumento-base para a transferência de riquezas e para a efetivação das tro-

[564] Disponível em: <http://www.uncitral.org/uncitral/en/uncitral_texts/sale_goods/1980CISG_status.html>. Acesso em: 8 mar. 2011.

[565] Honnold, J. O. *Uniform law for international sales under 1980 United Nations Convention*. 4. ed. The Hague: Wolters Kluwer, 2009, p. 17.

[566] Bergsten, E. Methodological problems in the drafting of the CISG. In: Jenssen, A.; Meyer, O. (Ed.). *CISG methodology*. Munich: European Law Publishers, 2009, p. 30-31.

cas comerciais. Essa foi a essência do ponto de vista material.[567] Sem deixar de lado a interpretação dos negócios jurídicos, a Convenção lhes conferiu destaque. Nesse sentido, a Convenção de Viena foi estruturada para incluir o princípio da boa-fé no âmbito das relações comerciais internacionais em face do tratamento distinto que o instituto recebe nos mais diversos países. Tal disposição está presente em seu art. 7º (1).[568] Boa-fé esta que, como já se viu, é fundamental também para a interpretação dos negócios jurídicos, especialmente daqueles que darão origem a métodos de solução de controvérsias.

E, de acordo com tal entendimento, dois problemas interpretativos surgem de antemão. O primeiro deles é saber de onde se extrair o princípio da boa-fé.[569] É por isso que parte da doutrina ainda sugere uma interpretação *acontrario sensu* na medida em que o princípio será reconhecido quando a atuação de boa-fé não existir, "*you'll know it when you don't see it*".[570] A boa-fé é indicada como um daqueles princípios em que a sua falta é claramente sentida, mas a sua presença não necessariamente é notada.

O segundo problema é definir o exato limite de boa-fé.[571]

Como preceito uniforme, a boa-fé tem o significado de atuação de modo honesto e justo de modo a cumprir as obrigações contratuais estipuladas, esperando-se razoabilidade na relação entre as partes[572]. A ideia de razoabilidade é muito presente na doutrina, sendo uma etapa lógica para a atuação das partes e a sua interação contratual, com destaque no

[567] Honnold, J. O. *Uniform law for international sales under 1980 United Nations Convention*. Op. cit., p. 3 e 4.

[568] Zeller, B. The observance of good faith on international trade. In: Jenssen, A.; Meyer, O. (Ed.). *CISG methodology*. Op. cit., p. 133-134. No mesmo sentido, Janssen, A.; Kiene, S. C. The CISG and its General Principles. In: Jenssen, A.; Meyer, O. (Ed.). *CISG methodology*. Op. cit., p. 265-266, apresentando a ideia de preenchimento de lacuna ou "*gap-filling*" que tais princípios exercem.

[569] Huber, P.; Mullis, A. *The CISG*: a new textbook for students and practioners. Munich: European Law Publishers, 2007, p. 8.

[570] Klein, J. Good faith in international transactions. *Liverpool Law Review*, v. 15, 1993, p. 155 e ss.

[571] Huber, P.; Mullis, A. *The CISG*. Op. cit., p. 8.

[572] Zeller, B. *The observance of good faith on international trade*. Op. cit., p. 144.

texto, em negrito.[573] Dessa maneira, busca-se também mitigar a diferença de significados que a expressão boa-fé pode ter.

Nitidamente, tem-se por escopo evitar comportamentos oportunistas e contraditórios das partes depois que o negócio jurídico está estabelecido, observando-se as regras de usos e costumes do lugar em que se celebrou o negócio jurídico.[574]

É importante notar que o princípio da boa-fé não é uma super-regra, embora exerça papel relevantíssimo, de servir de válvula de escape[575] interpretativa para o sistema, tal como no sistema civil brasileiro, bem como permitir ao intérprete ser o método-padrão quando outros métodos interpretativos apontarem caminhos diferentes.[576]

A Convenção de Viena, portanto, é de interpretação absolutamente palatável para o direito brasileiro na medida em que a tradição jurídica nela exposta não nos é estranha, e um de seus pontos centrais, qual seja o princípio da boa-fé nas relações jurídicas, é um paradigma de nosso sistema jurídico, com grande relevância no direito privado, especialmente a partir de 2002 com a entrada em vigor do novo Código Civil.

Partindo do mencionado princípio, o art. 77 da Convenção de Viena estabelece que a parte que alega a quebra de um contrato deve tomar as medidas necessárias para reduzir as suas perdas. Se ela quedar-se inerte, a parte acusada da quebra pode pedir a redução das perdas,[577] ou seja, há uma clara limitação ao direito da parte que sofreu o dano de exigir a sua

[573] Lookofsky, J. *Understanding the CISG*. 3. ed. The Hague: Wolters Kluwer, 2008, p. 37.

[574] Honnold, J. O. *Uniform law for international sales under 1980 United Nations Convention*. Op. cit., p. 95.

[575] Retoma-se a ideia de *"gap filling"* ou preenchimento de lacunas exercida pelo princípio da boa-fé.

[576] Huber, P.; Mullis, A. *The CISG*. Op. cit., p. 8.

[577] "A parte que invoca a quebra do contrato deve tomar as medidas razoáveis, levando em consideração as circunstâncias, para limitar a perda, nela compreendido o prejuízo resultante da quebra. Se ela negligencia em tomar tais medidas, a parte faltosa pode pedir a redução das perdas e danos, em proporção igual ao montante da perda que poderia ter sido diminuída."

reparação,[578] e a falha nessa mitigação pode até fazer precluir o direito à reparação.[579]

O objetivo é claro: garante-se de um lado a inocorrência de danos adicionais que seriam desnecessários, bem como a eficiência econômica do negócio jurídico realizado, com interpretação que deve ser ampla.[580] Com isso, permite-se até que o indivíduo que desejar adquirir uma mercadoria ou um MASC possa calcular com mais segurança a potencialidade dos danos a que está exposto e, com certeza, avaliar melhor as suas escolhas.[581]

O limite está exatamente na reclamação apresentada pela parte que foi prejudicada. Não há que cumprir o próprio contrato para que a mitigação do dano se verifique, mas apenas em relação ao dano causado, tomando as medidas para que ele não se amplie, também na proporção da razoabilidade,[582] e cabendo ao réu nessa demorada demonstrar que a mitigação, eventualmente, não foi realizada.[583]

Claramente podem surgir controvérsias, pois aquilo que representa mitigação para uma parte pode não sê-lo para outra, dependendo do grau de cuidado e zelo de cada uma.[584] O que é razoável variará caso a caso, todavia o critério da razoabilidade em termos das medidas que devem ser adotadas é exatamente aquele que o homem médio ou *bonus pater familiæ* aplicaria na situação. Não se exigem medidas extremas ou extraordinárias.[585]

Um bom exemplo da aplicação do direito na busca e no incentivo do comportamento cooperativo é a abstração do *duty to mitigate the loss*, ou mitigação do próprio prejuízo, aplicável a partir da cláusula geral de

[578] BRAND, R. A. et al. *Guide to the international sale of goods convention*. Eagan: West, 2010. v. I, §1:41, p. 1-74.8.

[579] BUTLER, A. E. *A practical guide to CISG*. The Hague: Aspen, 2007, §8.02 [B], p. 8-10.2. No mesmo sentido: LOOKOFSKY, J. *Understanding the CISG*. Op. cit., p. 153.

[580] LEISINGER, B. K. *Fundamental breach considering non-conformity of the goods*. Munich: European Law Publishers, 2007, p. 83-85.

[581] PATRÍCIO, M. C. T. *Análise econômica da litigância*. Op. cit., p. 139-154.

[582] HUBER, P.; MULLIS, A. *The CISG*. Op. cit., p. 289.

[583] SCHLECHTRIEM, P.; BUTLER, P. *UN law on international sales*. Heidelberg: Springer, 2009, p. 220-221.

[584] HONNOLD, J. O. *Uniform law for international sales under 1980 United Nations Convention*. Op. cit., p. 418.

[585] HUBER, P.; MULLIS, A. *The CISG*. Op. cit., p. 290.

boa-fé (art. 422 do Código Civil). Tal entendimento, inclusive, constou do Enunciado nº 169 da III Jornada de Direito Civil: "o princípio da boa-fé objetiva deve levar o credor a evitar o agravamento do próprio prejuízo".[586]

Nesse sentido, a boa-fé apresenta-se como um cânone hermenêutico integrativo destinado ao preenchimento de lacunas que nem sempre são previstas pelos contratantes.[587] Esse é o já mencionado e comumente referenciado *gap filling* desempenhado pelo instituto. Nesse sentido: "Com a edição de conceitos abertos como o da boa-fé, é possível ao magistrado adequar a aplicação do direito aos influxos de valores sociais, pois os limites dos fatos preconizados nas cláusulas gerais são móveis e passíveis de concretização variável."[588]

O resultado dessa interpretação seria uma espécie de preenchimento do princípio da boa-fé objetiva com um conteúdo que não é obrigacional, não permitindo reparação por meio da aplicação da responsabilidade contratual, e nem seria possível exigir o cumprimento do dever de mitigar o próprio dano *in natura*.[589]

Essa impossibilidade, porém, não nos parece permitir que o caso envolvendo o dever de mitigar o próprio dano seja reduzido a uma questão de culpa concorrente, pois o fato de não se exercer a mitigação não torna aquele que violou o contrato inicialmente menos descumpridor do contrato e menos responsável pelo cumprimento de suas obrigações, nos termos do art. 392 do Código Civil.

Não há paralelismo entre a conduta das partes se, de um lado, uma deixa de entregar uma matéria-prima no prazo avençado e, se de outro, a parte que não a recebeu deixa de buscar outros fornecedores. São dois fatos distintos, duas ordens de danos diversas, aqueles evitáveis e estes inevitáveis.

E essa inexistência de paralelismo se reflete exatamente na impossibilidade de compensação entre o dano causado e a desídia do ofendido

[586] Segundo justificativas da autora do enunciado, a professora Vera Maria Jacob de Fradera, ele tem inspiração no art. 77 da Convenção de Viena de 1980.

[587] Costa, J. M. *A boa-fé no direito privado.* Op. cit., p. 428-430.

[588] Rosenvald, N. In: Peluso, A. C. (Coord.). *Código civil comentado.* Op. cit., p. 314.

[589] WITZ, C. L'obligation de minimiser son popre dommage dans les conventions internationales: l'exemple de la convention de vienne sur la vente internationale. *Petites Affiches*, 21 mars 2002, p. 50 e ss.

em mitigá-lo. O que ocorre é que a ofensa causada pelo dano é acrescida pelos custos razoáveis da mitigação dos prejuízos. Se nenhuma atitude foi tomada para a mitigação, não há soma a ser realizada, mas conceitualmente jamais poderia haver compensação, concorrência de culpas. O dever de mitigar o próprio dano faz o papel de um dever acessório[590] que é parte do caminho para o ressarcimento dos danos experimentados e um grande indicativo da conduta de boa-fé de cumprimento da avença nos moldes em que foi prevista.

Nesse contexto, Lilian Cecilia San Martín Neira considera que aquele dano evitável será excluído do montante[591] o qual o ofensor estaria obrigado a ressarcir pelo descumprimento contratual originário. Ainda nesse caso, não haveria culpa concorrente, e sim culpa exclusiva da vítima no tocante à responsabilidade decorrente dos danos evitáveis. Esse é o limite do dever de mitigar o próprio dano.

A expressão dano evitável não é cara ao nosso ordenamento jurídico,[592] mas o conceito é o de que:

> "o devedor tem a obrigação de realizar as atividades tendentes à minoração do dano e a sua falta de atividade é vista como uma omissão que interrompe o nexo de causalidade, para fins de quantum respondeatur, entre o descumprimento do devedor e aquela parte do dano que pode ser reduzida, a qual se verá já não como uma consequência do descumprimento, senão como uma consequência da desídia do credor, será, portanto, uma consequência indireta ou não necessária, e como tal fora do quantum respondeatur".[593]

O dano originário e inevitável será de responsabilidade exclusiva do ofensor e, em relação a ele, não há que falar em culpa concorrente, havendo sim uma ruptura do nexo causal em relação apenas aos danos evitáveis.

[590] Fradera, V. M. J. Pode o credor ser instado a diminuir o próprio prejuízo? *Revista Trimestral de Direito Civil*, Rio de Janeiro, Padma, 2004, p. 118.

[591] Neira, L. C. S. M. Del debber del acredor de evitar o mitigar el daño: estudio histórico comparado. Tese (Doutorado em Direito) – Università degli Studi di Roma Tor Vergata, Facoltá di Giurisprudenza, Roma, 2010, p. 193.

[592] Neira, L. C. S. M. *Del debber del acredor de evitar o mitigar el daño.* Op. cit., p. 273-274.

[593] Neira, L. C. S. M. *Del debber del acredor de evitar o mitigar el daño.* Op. cit., p. 350.

De acordo com esse posicionamento, surge outra dimensão existente do princípio, não muito referenciada no âmbito da CISG, mas decorrente da aplicação do cânone interpretativo mencionado acima: a exigência também é um padrão de conduta das partes, com a criação de deveres jurídicos,[594] especialmente o de comportar-se de modo cooperativo tão comum no âmbito do comércio internacional como no ambiente das soluções de controvérsias. Significa impor a interpretação integrativa e supletiva de modo a corrigir e suprir o contrato de acordo com a exigência de comportamento legal dos contratantes.[595]

Essa não é a tradução do agir conforme o homem médio faria, mas sim ter uma postura ativa em relação ao negócio jurídico. Mais do que interpretar uma situação e verificar o melhor caminho a ser tomado, essa exigência de comportamento indica a necessidade de criação de um padrão de conduta das partes, com a aplicação dos denominados *deveres instrumentais* de conduta.[596] Algo que vem cada vez mais sendo absorvido pelos tribunais brasileiros, retratando o padrão de comportamento leal de conduta, como demonstra o acórdão proveniente do *site brasileiro autônomo da Convenção de Viena*.[597]

[594] Essa consequência está indicada no Enunciado nº 24 do Conselho da Justiça Federal: "Art. 422: em virtude do princípio da boa-fé, positivado no art. 422 do novo Código Civil, a violação dos deveres anexos constitui espécie de inadimplemento, independentemente de culpa". Cf. COSTA, J. M. *A boa-fé no direito privado*. Op. cit., p. 437. No mesmo sentido: EGASHIRA, F. de P. *A reconstrução da teoria contratual sob o enfoque do princípio da boa-fé objetiva no código civil de 2002*. Curitiba: Bagaço, 2008, p. 73 e ss.

[595] NERY JÚNIOR, N.; NERY, R. M. de A. *Código civil anotado e legislação extravagante*. 2. ed. São Paulo: Saraiva, 2003, p. 340-341. No mesmo sentido: VENOSA, S. de S. *Direito civil*. Op. cit., p. 378.

[596] COSTA, J. M. *A boa-fé no direito privado*. Op. cit., p. 438.

[597] "Com o realce da função social do contrato, o princípio da boa-fé objetiva levou ao surgimento do Enunciado nº 26, do Conselho da Justiça Federal, na I Jornada de Direito Civil, pelo qual 'A cláusula geral contida no art. 422 do novo Código Civil impõe ao juiz interpretar e, quando necessário, suprir e corrigir o contrato segundo a boa-fé objetiva, entendida como a exigência de comportamento leal dos contratantes'.
A par deste, aplica-se outro princípio. Um que vigora há muito, ou seja, o princípio 'duty to mitigate the loss', ou mitigação do prejuízo pelo próprio credor, ou não oneração do devedor a causar-lhe maior prejuízo, o que levou à aprovação do Enunciado nº 169 na III Jornada de Direito Civil daquele mesmo Conselho: 'O princípio da boa-fé objetiva deve levar o credor a evitar o agravamento do próprio prejuízo'. Tal Enunciado surgiu por proposta da

Não basta agir conforme a interpretação literal das regras, mas conforme aquela percepção que aquelas regras trazem ao homem médio, de acordo com aquilo que se deriva da lei ou do texto contratual, vista a obrigação como um processo em seu caráter dinâmico de alterações das condições dos agentes e das circunstâncias que a envolvem.[598]

Assim, no caso dos métodos de solução de controvérsias consensuais, a parte que alegar descumprimento da parte adversa sobre a realização de um MASC deve tomar as medidas necessárias para mitigar suas perdas. No caso de uma cláusula escalonada, a parte que não viu cumprida a obrigação de se realizar o MASC deve, além de exigir verbas indenizatórias da parte contrária, dar sequência ao escalonamento para solução da controvérsia.

Isso significa, aplicando-se tal raciocínio para um MASC, que a parte que gostaria de se valer de um método consensual de solução de controvérsias deve utilizar o método vinculativo determinado em contrato ou a regra geral da legislação aplicável ao contrato antes de exigir a indenização, que deve corresponder somente àquele período de exposição entre a negativa da parte contrária e a instauração do método definitivo e vinculativo de solução de controvérsias.

Professora Vera Maria Jacob de Fradera, da Universidade do Rio Grande do Sul, onde ressaltado o dever de colaboração das partes, em todas as fases do contrato.
Inspirou-se ela no art. 77 da Convenção de Viena de 1980, sobre venda internacional de mercadorias: 'A parte que invoca a quebra do contrato deve tomar as medidas razoáveis, levando em consideração as circunstâncias, para limitar a perda, nela compreendido o prejuízo resultante da quebra. Se ela negligencia em tomar tais medidas, a parte faltosa pode pedir a redução das perdas e danos, em proporção igual ao montante da perda que poderia ter sido diminuída'.
Já em 1º de julho de 1.964, na Convenção de Haia, art. 88, estabeleceu-se o princípio do dever do credor de mitigar o dano, com respeito à Lei Uniforme sobre a venda internacional de objetos móveis corporais. Também quanto aos contratos de comércio internacional, os princípios publicados em Roma, em 1994, e o Código Europeu de Contratos.
Isso constitui um dever de natureza acessória, um dever 'anexo', derivado da boa conduta que deve existir entre os negociantes." TJSP, 16ª Câm. Dto. Priv., Ap. 1.170.013-1, Rel. Des. Windsor Santos, j. em 3-7-2007. Disponível em: <http://www.cisg-brasil.net/doc/tjsp1.htm>. Acesso em: 23 out. 2010.

[598] Silva, C. do C. e. *A obrigação como processo*. São Paulo: GV, 2007, p. 32 e 33 e Costa, J. M. *A boa-fé no direito privado*. Op. cit., p. 453.

Ganha destaque, nesse caso, o brocardo *tu quoque*, em relação ao desequilíbrio material da relação jurídica como uma violação da boa-fé. Não pode haver diferença entre o julgar e o julgar-se, conforme veda expressamente o art. 187 do Código Civil. O rompimento, nesse caso, não decorre daquele que encerrou a negociação, e sim daquele que criou um ambiente desfavorável ao desfecho de insucesso, por ação desleal.[599]

O rompimento, portanto, não será necessariamente daquele indivíduo que deu fim ao contrato ou negou-se a usar um MASC. As circunstâncias do caso deverão ser analisadas de modo que fique bastante claro qual foi a causa determinante para a não utilização de um método de solução de controvérsias.

De qualquer modo, não é razoável que a parte prejudicada aguarde até o início do método adjudicatório previsto no escalonamento para se manifestar acerca da não utilização de um MASC consensual, e, mais do que isso, exija os danos que alega ter sofrido.

A resposta das partes deve ser imediata, com a célere tomada de providência de modo a mitigar seus danos e a traduzir a postura cooperativa exigida.

### 7.8. Possibilidade de execução extrajudicial (*de lege ferenda*) – o exemplo da venda de excussão

Como se viu, no direito positivo brasileiro, a figura da execução é concebida como a atividade de realizar praticamente, efetivar, tornar efetivo o direito já declarado.

Em nosso sistema legal, como afirma a doutrina, tal atividade pode ser tanto judicial como extrajudicial. Via de regra, tal atividade sempre foi desempenhada pelo Estado, mas nos últimos anos o legislador, com a escusa de tornar mais célere a atividade executiva, autorizou a existência de execuções sem a necessidade de um processo judicial.[600]

O primeiro dos exemplos de tal execução extrajudicial seria aquele previsto na Lei nº 4.591/1964, bem como o Decreto-lei nº 70/1966 e

[599] Zanetti, C. de. *Responsabilidade pela ruptura das negociações*. São Paulo: Juarez de Oliveira, 2005, p. 204.

[600] Yoshikawa, E. H. de O. *Execução extrajudicial e devido processo legal*. São Paulo: Atlas, 2010, p. 34-41.

a Lei nº 9.514/1997, além de dois projetos de lei que pretendem inserir hipóteses de execução extrajudicial, um para a criação da chamada "penhora administrativa" e outro para reforma da lei da execução fiscal.

Contudo, como ato representativo do exercício do poder do Estado e de invasão na esfera patrimonial do devedor, a constitucionalidade de tais medidas foi posta em xeque.

A constitucionalidade da execução extrajudicial é vista inicialmente antes dos cânones estabelecidos pela Constituição de 1988. Nesse aspecto, a doutrina já se inclinava pela inconstitucionalidade de tais execuções por diversos motivos, especialmente pela sua incompatibilidade com o princípio do juiz natural e o caráter tipicamente jurisdicional da execução forçada.[601]

Depois da Constituição Federal de 1988 são relevantes as posições doutrinárias favoráveis à constitucionalidade de tais execuções. Nesse sentido, Marcelo Terra e Melhim Chalhub consideram não haver ofensa ao monopólio estatal da execução. Uma vez que tal garantia não está na Constituição, não há ofensa ao princípio do juiz natural, pois o procedimento é aplicável a todos os casos, e não há ofensa à proporcionalidade, dado que esta solução é justificada pelo elevado nível de inadimplência e, finalmente, não há ofensa ao acesso à justiça, posto que a jurisdição não é a única forma de composição de conflitos.[602]

O julgamento do Supremo Tribunal Federal considerou que as execuções extrajudiciais são compatíveis com a Carta Constitucional por ser prevista uma fase de controle judicial, ainda que posterior, e não impede que qualquer ilegalidade perpetrada durante o procedimento seja imediatamente reprimida. E tais pontos foram profundamente discutidos no voto do Ministro Relator Ilmar Galvão.[603]

[601] Nesse sentido: GRINOVER, A. P. O princípio do juiz natural e sua dupla garantia. In: *Revista de Processo*, nº 29, São Paulo: Revista dos Tribunais, 1983, p. 22-23. MESQUITA, J. I. B. O princípio da liberdade na prestação jurisdicional. In: MESQUITA, J. I. B. *Teses, estudos e pareceres de processo civil*. São Paulo: Revista dos Tribunais, 2005, v. II, p. 41-42; e SANTOS, E. F. Alienação fiduciária de coisa imóvel. *Revista Jurídica*, Sapucaia do Sul, nº 261, 1999, p. 22.

[602] TERRA, M. Alienação fiduciária de imóvel em garantia (lei nº 9.514/97, primeiras linhas). Porto Alegre: Sergio Antonio Fabris, 1998, p. 53-54, e CHALHUB, M. N. *Negócio fiduciário*. 2. ed. Rio de Janeiro: Renovar, 2000, p. 292-321.

[603] STF, RE nº 223.075-1-DF, Rel. Min. Ilmar Galvão, j. em 23-6-1998 in *DJ* 6-11-1998, ementário nº 1930-08.

No entanto, as críticas doutrinárias não cessaram. Ovídio A. Batista da Silva questionou veementemente tal julgado ao instituir a cláusula *solve et repete*, o que seria vedado pelo nosso ordenamento jurídico.[604] Na mesma linha, José Ignácio Botelho de Mesquita questiona a privação que é imposta ao réu para só depois ser permitido o devido processo legal.[605]

A crítica é grande e relevante, mas a análise foge da natureza da relação jurídica de direito material entabulada entre as partes nas hipóteses de alienação em garantia (Lei nº 4.591/1964, bem como o Decreto-lei nº 70/1966 e a Lei nº 9.514/1997).

Historicamente, esses tipos de negócio jurídico denominado fiduciário dividiram-se entre várias espécies, sendo uma das mais difundidas a alienação fiduciária em garantia, fundamento muito comum das chamadas execuções extrajudiciais ora em comento.[606] De modo indubitável, porém, o inadimplemento *per se* não representa esbulho ou turbação à propriedade do credor, mas sim a recusa na devolução do bem.[607] Tal situação justifica não só a consolidação da propriedade, mas a adoção das medidas judiciais para imissão na posse do bem.

Como asseverava Álvaro Villaça Azevedo, antes da égide da Constituição de 1988:

> "A venda e compra com fins de garantia é, pelo menos, entre nós, uma das mais comuns aplicações do negócio fiduciário, principalmente ante as seguidas crises econômico-financeiras que atacam nosso país, avassalando nossa moeda e colocando em graves riscos a classe dos credores.
>
> O importante que se deve distinguir nesta venda é que as partes aceitam uma garantia, não havendo uma dação em pagamento (v.). Assim, a transferência da propriedade não importa extinção da dívida, mas tão somente,

[604] Batista Da Silva, O. A. *Curso de processo civil*. 7. ed. Rio de Janeiro: Forense, 2006, v. I, p. 135.

[605] Mesquita, J. I. B. de. As novas tendências do direito processual: uma contribuição para o seu reexame. *Teses, Estudos e Pareceres de Processo Civil*, São Paulo, Revista dos Tribunais, v. I, 2005, p. 291-292.

[606] Buzaid, A. Alienação fiduciária em garantia (histórico). *Enciclopédia Saraiva do Direito*, São Paulo, Saraiva, v. 6, 1978, p. 77-79.

[607] Idem, p. 86.

garante seu pagamento, para que, depois de saldada, haja a correspectiva retrocessão da coisa fiduciada ao fiduciante."[608]

O credor transfere o domínio e a posse indireta de uma coisa sem que haja sua tradição efetiva. Tal coisa é dada em garantia do pagamento de uma obrigação a que acede resolvendo-se o direito do adquirente com a solução da dívida garantida. Com o inadimplemento da obrigação garantida e constituição em mora do devedor, o proprietário poderá vender a coisa e aplicar o resultado de tal venda na solução de seu crédito, bem como nas despesas com a cobrança.[609]

Nesse sentido, o credor, proprietário do bem, realiza a venda por excussão. O devedor prossegue como detentor, possuidor indireto, do bem garantia até que uma medida judicial de imissão na posse seja intentada e deferida por um magistrado. Em nenhum momento se suplanta o monopólio do uso da força do Estado para consolidação da propriedade pelo credor.[610]

Ou seja, o credor tem o seu bem na sua esfera patrimonial e ele servirá como garantia do pagamento do empréstimo por ele realizado ao devedor, no negócio fiduciário ou, na sua espécie, alienação fiduciária em garantia. Nesse sentido, como invadir a esfera patrimonial de um indivíduo que não tem o bem em seu patrimônio?[611]

O máximo que se faz é consolidar a propriedade do bem na esfera do patrimônio do credor, na qual já estava. Posteriormente, as medidas que demandem o uso da força para que o bem seja recuperado são tomadas na esfera judicial, sem nenhuma ofensa a tais princípios. Não há, portanto, aplicação da cláusula *solve et repete*, pois o devedor não precisará quitar o que está em aberto para discutir a regularidade da venda realizada e, se for o caso, recuperar o bem.

[608] Azevedo, A. V. Negócio fiduciário. *Enciclopédia Saraiva do Direito*, São Paulo, Saraiva, 1980, v. 54, p. 167.

[609] Pereira, C. M. da S. Alienação fiduciária em garantia (doutrina). *Enciclopédia Saraiva do Direito*, v. 6, São Paulo, Saraiva, 1978, p. 55-64.

[610] Restiffe Neto, P.; Restiffe, P. S. *Garantia fiduciária*. 3. ed. São Paulo: Revista dos Tribunais, 2000, p. 683-684.

[611] Diferente é a disposição do art. 9º do Projeto de Lei nº 5.080 de 2009 (nova execução fiscal). Nesse caso, há invasão da esfera patrimonial do devedor.

O máximo que se pode permitir sem ferir garantias constitucionais é a venda de excussão, é a exatamente isso o que se faz. Vê-se que o modelo de vendas de excussão é absolutamente cabível em MASCs, posto que não há qualquer invasão à esfera patrimonial do devedor.

Não se trata de execução em sentido técnico.

Encerrado o procedimento, o terceiro imparcial apenas chancela a transferência do bem para a parte vencedora, podendo aquela que se considerar prejudicada requerer a atuação do Judiciário conforme o art. 5º, inciso XXXV, da Constituição Federal de 1998, sem que seus ditames sejam ofendidos.

A arbitragem seria realizada com um sistema de *demand guarantees*,[612] como no âmbito do comércio internacional, por opção das partes, para garantir a efetividade do procedimento arbitral que será realizado. Tal cláusula de garantia seria acessória à cláusula compromissória e vinculativa entre as partes.

De outro lado, a execução, neste caso, poderia ser aplicada permitindo-se a realização de sanções institucionais caso o MASC ocorra no âmbito de uma corporação como a B[3]. Por seu turno, as partes poderiam apresentar garantias antes do início do procedimento e, ao seu final, haveria uma transferência realizada pelo julgador da esfera patrimonial do vencedor para a esfera patrimonial do perdedor.

A sanção não é diretamente patrimonial, mas pode resolver o conflito. Nesse aspecto, o Regulamento do Novo Mercado,[613] no seu item 12.1. do Regulamento, permite a imposição de multas para o descumprimento de qualquer item do Regulamento, inclusive da arbitragem (item 6.4, (vii), 8.4, 11.5, 12.4.4, 12.5.1 (iv), 13.1, Anexo B, segundo parágrafo, Anexo C, segundo parágrafo, Anexo D e Anexo F, item 2).

Mais adiante as consequências são mais graves. O item 12.4, (ii), permite a suspensão da negociação de valores mobiliários, enquanto o item 12.5 admite ainda a rescisão do Contrato de Adoção de Práticas Diferenciadas de Governança Corporativa do Novo Mercado se o descumprimento de qualquer ordem ou item do Regulamento não for sanado após

[612] Para maiores detalhes sobre as *demand guarantees*: <http://www.investopedia.com/terms/u/urdg.asp>. Acesso em: 29 jun. 2010.

[613] Disponível em: <http://www.bmfbovespa.com.br/pt-br/mercados/download/RegulamentoNMercado.pdf>.

notificação para tanto. A obrigação surge de uma disposição contratual, mas não se trata de sanções menos graves do que aquelas que podem ser impostas por uma sentença.

O magistrado, em face do questionamento a esses métodos e à eventual invasão da esfera patrimonial do devedor, deverá analisar, entre outras coisas, a possibilidade de apresentação de defesa, a comunicação adequada, o direito de ter um devedor no processo e o de obter uma decisão fundamentada.

Tão somente com base nesses princípios é que se pode pensar em qualquer limitação à esfera de direitos individuais na perspectiva de qualquer processo de solução de controvérsias com regras de proporcionalidade.[614] Em MASCs nos quais não haja tais garantias, tal possibilidade também não pode existir.

Como se vê, os MASCs não jurisdicionais estão excluídos dessa possibilidade, uma vez que não há decisão, nem sequer um terceiro que decida de alguma outra forma. Parece razoável, seguindo esses cuidados, que se permita a execução extrajudicial das decisões obtidas nos métodos de solução de controvérsias e que essa eficácia seja a elas aplicada como forma de torná-los mais efetivos, bastando garantir o controle

[614] Como ensina Luís Virgílio Afonso da Silva: "o objetivo da aplicação da regra da proporcionalidade, como o próprio nome indica, é fazer com que nenhuma restrição a direitos fundamentais tome dimensões desproporcionais" (Silva, Luis Virgílio Afonso da. O proporcional e o razoável. *RT*, São Paulo, Revista dos Tribunais, nº 798, p. 149, 1997, p. 149). No mesmo sentido: Nery Júnior, N. *Princípios processuais na Constituição Federal*. São Paulo: Revista dos Tribunais, 2002, p. 161. Ademais, Marcelo José Magalhães Bonício conclui: "Karl Larenz entende, com acerto, que há 'princípios com forma de proposição jurídica' e, em contraposição, 'princípios abertos' e, longe de ser possível estabelecer uma distinção nítida entre estes princípios, no primeiro caso há uma regra a ser observada, enquanto, no segundo caso, o princípio não tem caráter de norma. [...] É interessante observar que, conforme ensina Larenz, o princípio do 'meio mais idôneo', da 'restrição menor possível' e da 'ponderação de bens', subprincípios do princípio da proporcionalidade, são 'princípios com forma de proposição jurídica', enquanto o princípio da proporcionalidade, em sua formulação mais geral, é um 'princípio aberto', porque não exige uma valoração adicional, isto é, não trata de 'outra coisa senão da ideia da justa medida', do 'equilíbrio', que está indissociavelmente ligada à ideia de justiça." (Bonício, M. J. M. *Proporcionalidade e processo*: a garantia constitucional da proporcionalidade, a legitimação do processo civil e o controle das decisões judiciais. São Paulo: Atlas, 2006, p. 74).

*a posteriori* de licitude do objeto, capacidade das partes e legalidade da forma do procedimento.

### 7.9. Execução por transformação – a técnica da substituição da vontade do devedor – procedimento do art. 7º da Lei de Arbitragem, o art. 466-B do CPC/1973 e o art. 501 do CPC[615]

A demanda prevista no art. 7º da Lei de Arbitragem materializa a possibilidade de tutela específica da convenção de arbitragem celebrada entre as partes, tornando tal modo de solução de controvérsias claramente vinculativo até mesmo para as cláusulas compromissórias denominadas vazias, ou seja, que não indiquem claramente forma de indicação dos árbitros,[616] criando um procedimento específico.

Anteriormente, no regime da arbitragem disciplinado pelo CPC/1973 em sua redação original, a arbitragem não era vinculativa quando estivesse contida em uma cláusula compromissória, isto é, sur-

[615] Como já dito, o art. 466-B do CPC/1973 permanece em vigor, já que não revogado expressamente e sem disposição específica ao assunto pelo CPC, ou o art. 501 do CPC terá interpretação ampliativa.

[616] "Art. 7º Existindo cláusula compromissória e havendo resistência quanto à instituição da arbitragem, poderá a parte interessada requerer a citação da outra parte para comparecer em juízo a fim de lavrar-se o compromisso, designando o juiz audiência especial para tal fim.

§ 1º O autor indicará, com precisão, o objeto da arbitragem, instruindo o pedido com o documento que contiver a cláusula compromissória.

§ 2º Comparecendo as partes à audiência, o juiz tentará, previamente, a conciliação acerca do litígio. Não obtendo sucesso, tentará o juiz conduzir as partes à celebração, de comum acordo, do compromisso arbitral.

§ 3º Não concordando as partes sobre os termos do compromisso, decidirá o juiz, após ouvir o réu, sobre seu conteúdo, na própria audiência ou no prazo de dez dias, respeitadas as disposições da cláusula compromissória e atendendo ao disposto nos arts. 10 e 21, § 2º, desta Lei.

§ 4º Se a cláusula compromissória nada dispuser sobre a nomeação de árbitros, caberá ao juiz, ouvidas as partes, estatuir a respeito, podendo nomear árbitro único para a solução do litígio.

§ 5º A ausência do autor, sem justo motivo, à audiência designada para a lavratura do compromisso arbitral, importará a extinção do processo sem julgamento de mérito.

§ 6º Não comparecendo o réu à audiência, caberá ao juiz, ouvido o autor, estatuir a respeito do conteúdo do compromisso, nomeando árbitro único.

§ 7º A sentença que julgar procedente o pedido valerá como compromisso arbitral."

gido o conflito, uma das partes poderia se negar a fazer a arbitragem, mesmo tendo uma disposição contratual anterior nesse sentido. A questão se resolvia em perdas e danos.

Como se sabe, tal situação era desastrosa.[617] As exigências do mundo moderno prestigiam o *facere*. O obrigado, nesse tipo de obrigação, presta um ato ou atividade, se positiva, ou uma omissão, se negativa. Nesse caso, o *facere* representa uma declaração de vontade.[618]

Contudo, há que se fazer o devido enquadramento da questão.

Nesse sentido, vê-se que a questão aqui não é de simples obrigação de fazer. E a doutrina discutiu muito tal situação, embora hoje a questão esteja consolidada. Flávio Luiz Yarshell afirma que:

> "a tutela jurisdicional que se opera pela prolação de uma sentença substitutiva dos efeitos de declaração de vontade caracteriza-se como uma típica providência cognitiva, não se revestindo de caráter executivo, exceto se adotada para este último uma perspectiva ampla e genérica".[619]

Cassio Scarpinella Bueno, por seu turno, sustenta que não se trata de uma obrigação de fazer lastreada em título executivo extrajudicial, posto que:

> "Para os casos em que o ordenamento jurídico dispensa a necessidade de prévio reconhecimento jurisdicional do direito para as obrigações de fazer e não fazer, o referencial das atividades jurisdicionais voltadas à satisfação do direito reconhecido pelo título executivo (um título executivo extrajudicial) está nos arts. 632 a 643."[620]

Cumpre destacar que o art. 639 do CPC/1973, relevantíssimo para essa questão teve sua disciplina transferida após a reforma imposta pela Lei nº 11.232/2005 para o art. 466-B do CPC/1973. A relevância do antigo art. 639 do CPC/1973 remonta ao julgamento acerca da consti-

617 Carmona, C. A. *Arbitragem e jurisdição*. Op. cit., p. 156.

618 Assis, A. de. *Manual de execução civil*. 13. ed. São Paulo: Revista dos Tribunais, 2010, p. 642-643.

619 Yarshell, F. L. *Tutela jurisdicional específica nas obrigações de declaração de vontade*. São Paulo: Malheiros, 1993, p. 55.

620 Bueno, C. S. *Curso sistematizado de direito processual civil*. São Paulo: Saraiva, 2010, v. III, p. 461.

tucionalidade da Lei de Arbitragem realizado pelo Supremo Tribunal Federal em 2001. Naquela oportunidade, o voto-vista do Min. Ilmar Galvão admitiu serem constitucionais as disposições do art. 7º da Lei de Arbitragem. A execução específica da cláusula compromissória baseava-se no art. 639 do CPC/1973:

> "o art. 639 do CPC, diferentemente do que ocorria com o art. 1.006, § 2º, do CPC de 1939, não condiciona, para que a sentença produza o mesmo efeito do contrato a ser firmado, que o contrato preliminar preencha as condições de validade do definitivo, bastando-se a possibilidade de substituição".[621]

Este entendimento aplica-se à cláusula compromissória (contrato preliminar) e ao compromisso arbitral (contrato definitivo). De outro lado, tratava-se de mera adequação do Brasil à sua legislação, infelizmente pouco conhecida na época como a Convenção do Panamá de 1975.

O Min. Ilmar Galvão ainda explicitou, em consonância com a doutrina, que o art. 5º, inciso XXXV, da Constituição Federal não está destinado a particulares, mas sim aos legisladores e membros do executivo, como forma de coibir abusos por parte destes. Ressalta também que Espanha e Itália possuem dispositivos análogos ao art. 5º, inciso XXXV, da Constituição Federal, sem ter havido, no entanto, discussão acerca da constitucionalidade da arbitragem nesses países. No mesmo sentido votaram os Ministros Nelson Jobim, Maurício Correa, Marco Aurélio, Ellen Gracie, Celso De Mello e Carlos Velloso, sempre prevalente no referido julgado.

Do ponto de vista da técnica processual, o que ocorre nesse tipo de situação é uma execução por transformação. A obrigação de declarar vontade não envolve comportamento físico do obrigado.

A prestação que se pede tem natureza fungível e tem por objetivo o suprimento de declaração de vontade inexistente, com aplicação clara em situações de contratos preliminares.

O resultado de tal procedimento será uma sentença constitutiva, criando ou alterando uma situação jurídica existente. Nesse caso, não há

[621] STF, Ag.Reg. no SEC nº 5.206-7, Rel. Min. Sepúlveda Pertence, j. em 12-12-2001. Disponível em: <http://redir.stf.jus.br/paginador/paginador.jsp?docTP=AC&docID=345889>.

como falar em imposição de *astreintes*, pois a substituição de manifestação de vontade do devedor impede que este fique em mora.[622]

Especificamente sobre a aplicação de tal técnica processual aos métodos de solução de controvérsias, a legislação brasileira dispõe do art. 7º da Lei de Arbitragem.

Com o intuito de incentivar a solução de conflitos por arbitragem, o magistrado pode suprir a lacuna deixada pela manifestação de vontade das partes, independentemente dos dados faltantes da convenção de arbitragem.[623] Esse é o caso da instauração de instância a partir da cláusula em branco, como sustenta Clávio de Melo Valença Filho, posto que esta forma de convenção de arbitragem é despida de eficácia *per se* e é apenas nessa situação que o Judiciário deve atuar.[624]

Como afirma Alexandre Freitas Câmara, a disposição legal ainda é inteligente, pois colocará as partes diante do juiz que poderá, inclusive, tentar a conciliação acerca da totalidade do litígio, mesmo não sendo esse o objeto do processo que irá julgar eventualmente.[625] Trata-se de mais um caso de integração de um método de solução de controvérsias autocompositivo, conciliação, com outro método jurisdicional, arbitragem, como se apontou anteriormente.

O procedimento dessa demanda no sistema brasileiro é inspirado no procedimento sumaríssimo dos Juizados Especiais Cíveis. Há a consciência de que a forma de solução de controvérsias escolhida pelas partes é a arbitragem e que a passagem pelo Judiciário é mera etapa para a correta configuração dessa forma de solução de conflitos.[626]

Embora o procedimento não seja expresso acerca da instrução probatória, o que se justifica pelos motivos expostos acima, podem-se, de acordo com critérios de discricionariedade do magistrado, aplicar regras de distribuição do ônus da prova, especialmente o autor demonstrando fatos constitutivos do seu pedido de instauração de arbitragem e do réu

[622] Lucon, P. H. S. Art. 466-B. In: Marcato, A. C. (Coord.). *Código de processo civil interpretado*. p. 1.519-1.522. No mesmo sentido, A. Assis, *Manual*... Op. cit., p. 653-654.

[623] Carmona, C. A. *Arbitragem e jurisdição*. Op. cit., p. 155.

[624] Valença Filho, C. de M. *Poder judiciário e sentença arbitral*. Curitiba: Juruá, 2002, p. 86-87.

[625] Câmara, A. F. *Arbitragem*: lei nº 9.307/96. Rio de Janeiro: Lumen Juris, 2002, p. 30-32.

[626] Carmona, C. A. *Arbitragem e jurisdição*. Op. cit., p. 160.

apresentando fatos impeditivos ou modificativos para que não defira tal pretensão.[627]

Nesse aspecto, em relação aos fatos modificativos, é importante que se tenha em mente que o art. 8º da Lei de Arbitragem garante a autonomia da cláusula compromissória em relação ao negócio jurídico que a contém. Sendo assim, várias alterações que possam implicar consequências diretas à eficácia do contrato não afetarão a cláusula, por exemplo, a nulidade de alguma cláusula contratual, até mesmo a compromissória cuja precedência de análise será do árbitro.

A causa de pedir, por sua vez, terá seu aspecto remoto encontrado nos arts. 1º a 6º da Lei de Arbitragem, especialmente a disposição do art. 4º, *caput*, da Lei de Arbitragem. Ademais, o autor indicará os fatos ou conjuntos de fatos que justificam a sua pretensão de instituir a arbitragem:[628] (i) existência de cláusula compromissória vazia (art. 5º da Lei de Arbitragem, *a contrario sensu*); (ii) notificação à parte contrária para instituir a arbitragem (art. 6º da Lei de Arbitragem); e (iii) demonstração da recalcitrância ou desídia da parte contrária em instituir a arbitragem (art. 7º, *caput*, da Lei de Arbitragem).

É conveniente ainda, como aponta Pedro Antonio Batista Martins, que o autor instrua a sua petição inicial com condições relevantes que deverão nortear o processo arbitral, até mesmo com minuta do compromisso arbitral que será lavrado no Judiciário, servindo como proposta de acordo ou norte para o juiz.[629]

Quanto aos meios de prova, há uma grande amplitude, pois podem ser deferidas provas testemunhais, periciais[630] ou de outra natureza que se considere adequada, especialmente para demonstração de situações de hipossuficiência e real manifestação de vontade de um dos contratantes.

[627] Bedaque, J. R. dos S. *Poderes instrutórios do juiz*. 4. ed. São Paulo: Revista dos Tribunais, 2009, p. 117-188.

[628] Tucci, J. R. C. e. *A causa petendi no processo civil*. 3. ed. São Paulo: Revista dos Tribunais, 2009, p. 26.

[629] Martins, P. A. B. *Apontamentos sobre a lei de arbitragem*. Rio de Janeiro: Forense, 2008, p. 121.

[630] Carmona, C. A. *Arbitragem e jurisdição*. Op. cit., p. 160.

O papel do magistrado deve ser o de alguém colocado entre as partes, mas acima delas, devendo nesse sentido o juiz buscar o seu livre convencimento e a máxima instrução para fundamentar a sua decisão.[631]

Sendo objetivo básico do sistema impedir a má-fé dos réus que já se comprometeram a utilizar uma determinada forma de solução de conflitos e, mesmo assim, ainda manifestam um comportamento recalcitrante, permite-se até que o juiz decida à revelia do réu se este não comparecer à audiência designada nos termos do art. 7º, § 6º da Lei de Arbitragem.

A sentença prolatada pelo magistrado terá os mesmos efeitos de um compromisso arbitral, tendo, como dito, natureza constitutiva, e permitirá o início dos procedimentos para instituição da arbitragem. Tal sentença poderá ser aclarada por embargos de declaração, e eventual apelação interposta não terá efeito suspensivo nos termos do art. 1.011, inc. IV, do CPC, nos mesmos termos do art. 42 da Lei de Arbitragem que alterara o art. 520, inc. IV, do CPC/1973.

Daí surgirão dois comandos, como afirma Selma Maria Ferreira Lemes: (i) função supletiva em situações de convenção de arbitragem vazia, passando pelo procedimento; e (ii) regras sobre a escolha dos árbitros. Tais situações serão preenchidas pela vontade concordante das partes ou, em último caso, por decisão do juiz.[632]

No sistema brasileiro, o relatório do grupo responsável pela pesquisa da aplicação do art. 7º da Lei de Arbitragem, no contexto da Pesquisa Arbitragem e o Judiciário capitaneada pelo Comitê Brasileiro de Arbitragem e pela Fundação Getulio Vargas, demonstrou que as ações fundadas no art. 7º da Lei de Arbitragem são bem recebidas pelo Judiciário, que tem se esforçado em conferir efetividade a essas situações.[633]

À guisa de conclusão, para os métodos de solução de controvérsias não jurisdicionais, embora possa ser proferida uma sentença substitutiva de declaração de vontade para que eles sejam realizados, tal situação poderá até inócua na medida em que a parte recalcitrante comparecerá e se negará a negociar, conciliar ou mediar, sem que nada possa ser feito,

631 CARREIRA ALVIM, J. E. *Comentários à lei de arbitragem*. Rio de Janeiro: Lumen Juris, 2002, p. 69-70.

632 LEMES, S. M. F. Cláusulas arbitrais ambíguas. In: MARTINS, P. A. B.; GARCEZ, J. M. R. (Org.). *Reflexões sobre arbitragem*. São Paulo: LTR, 2002, p. 169-173.

633 COMITÊ BRASILEIRO DE ARBITRAGEM E FUNDAÇÃO GETULIO VARGAS. Ação do art. 7º da Lei de arbitragem, arbitragem e o judiciário, 2010. Disponível em: <www.cbar.org.br>.

pois eventuais terceiros não decidirão. De qualquer modo, a vinculação das partes torna a solução por um MASC mais provável e o engenho das partes pode combinar métodos consensuais com métodos adjudicatórios, ampliando a eficácia do método adequado de solução de controvérsias.

## 8. A confidencialidade dos métodos de solução de controvérsias *vis-à-vis* a publicidade do processo – questão de eficácia?

A questão da confidencialidade nos métodos de solução de controvérsias parte da dicotomia existente entre o sigilo convencional por vezes estabelecido pelas partes e o princípio da publicidade dos atos processuais.

Portanto, dever-se-ia pensar que nos métodos extrajudiciais esse problema se restringe à esfera de interesse das partes, mas, mesmo assim, haveria a questão da persistência do litígio caso um dos pontos discutidos sob a égide de cláusula de confidencialidade tivesse que ser trazido para o Judiciário. De outro lado, nos MASCs Court Annexed ou os que ocorrem no seio do Judiciário jamais, pelo menos no Brasil, poderia haver sigilo.

Entretanto, a resposta a esses pontos não é tão simples. Já se disse até que sigilo absoluto é uma ilusão,[634] mas, para respondê-las, não basta uma análise geral dos métodos de solução de controvérsias, é preciso recuar e recorrer a todas as normas que os autorizam e os fundamentam. Como considera Eduardo Couture,[635] há uma tutela constitucional do processo e, porque não, dos métodos de solução de conflitos. É nesse viés interpretativo que se insere a questão. O ponto é saber de que modo os direitos fundamentais inscritos na Constituição, aqui especialmente o direito à publicidade dos atos processuais e a possibilidade de sigilo, devem ser analisados.

No direito brasileiro, em geral, a influência dos direitos fundamentais nas relações privadas não é negada, mas tal interpretação deve levar em conta alguns valores, como o direito supostamente lesionado, nesse caso

[634] Partridge, M. V. B. *Alternative dispute resolution*: an essential competency for lawyers. New York: Oxford, 2009, p. 142. Essa tem sido realmente a tendência nos EUA, como aponta Quek, D. Mandatory mediation: an oxymoron? Examining the feasibility of implementing a court-mandated mediation program. *Cardozo Journal of Conflict Resolution*, New York, n. 11, 479, p. 494.

[635] Couture, E. J. *Fundamentos del derecho procesal civil*. Op. cit., p. 148.

o acesso a informação processual ou a garantia da intimidade, o princípio da autonomia privada e o valor do pluralismo, por exemplo. A interpretação é complexa e multidimensional.[636]

A confidencialidade deve ser analisada em oposição à publicidade. Dessa maneira, recorremos ao art. 5º, inciso LX, da Constituição Federal, que estabelece que qualquer restrição à publicidade dos atos processuais só é possível se tiver o fito de proteger a intimidade dos envolvidos ou se o interesse social o exigir.

A garantia à publicidade dos atos processuais é um corolário dos princípios também constitucionais do devido processo legal[637] e do direito à informação,[638] uma garantia para que prestação jurisdicional, por meio de formas instrumentais adequadas – e isso inclui o processo e outras formas de solução de controvérsias –, quando entregue pelo Estado, dê a cada um o que é seu.[639]

A matéria em referência é uma novidade da Constituição Federal de 1988 e tratada de modo formalmente constitucional.[640] O objetivo é conferir ao cidadão a possibilidade de tomar conhecimento de questões de seu interesse, particular ou geral. Tratando-se de processo civil, o objetivo é dar conhecimento dos atos processuais para permitir a participação do indivíduo.[641]

A finalidade, por conseguinte, é dúplice. De um lado, há o escopo de garantir a transparência e a fiscalização popular dos órgãos que exercem função pública, e de outro busca-se assegurar àquela que participa de um método de solução de controvérsias a ciência de todos os atos e

[636] Pereira, J. R. G. Apontamentos sobre a aplicação das normas de direito fundamental nas relações jurídicas entre particulares. In: Barroso, Luis Roberto (Org.). *A nova interpretação constitucional.* 3. ed. Rio de Janeiro: Renovar, 2008, p. 170-180 e 189-190.

[637] Bastos, C. R. *Curso de direito constitucional.* 22. ed. São Paulo: Saraiva, 2001, p. 234.

[638] Dinamarco, C. R. *Instituições de direito processual civil.* Op. cit., v. I, p. 240.

[639] Silva, J. A. da. *Curso de direito constitucional positivo.* 15. ed. São Paulo: Malheiros, 1998, p. 432-433.

[640] Para Manoel Gonçalves Ferreira Filho, ainda nos primeiros momentos da Constituição Federal de 1988, a presença desse inciso no texto constitucional era desnecessária na medida em que esta questão estava regulada há muito nos Códigos de Processo Civil (Ferreira Filho, M. G. *Comentários à Constituição Brasileira de 1988.* São Paulo: Saraiva, 1990, v. I., p. 70-71).

[641] Costa, N. N.; Alves, G. M. *Constituição federal anotada e explicada.* Op. cit., p. 33.

garantir a sua possibilidade de manifestação.[642] Assevera-se que o Judiciário resolve litígios às vistas da lei, com a sociedade como um todo, utilizando tal princípio como escudo e proteção contra arbitrariedades com julgamentos independentes e imparciais[643] e com participação de todos os envolvidos como atores ativos.

Na mesma linha, o processo civil define tal princípio a partir de uma interpretação constitucional, tornado tal norma de eficácia contida[644] adaptada ao nosso ordenamento jurídico garantindo harmonização ao sistema, especialmente porque dotado de normas promulgadas ou outorgadas sob a sua égide ou mesmo anteriormente.

Tal indicação está prevista em nosso sistema jurídico desde o CPC/1939, arts. 5º e 19, parágrafo único. De acordo com o preciso conceito de Cândido Rangel Dinamarco:

> "No que diz respeito ao conhecimento pelas partes e seus patronos, as garantias constitucionais da publicidade dos atos do processo (Const., art. 5º, inc. LX; art. 93, inc. IX) constituem apoio operacional à efetividade do contraditório, dado que as reações das partes são condicionadas à ciência dos atos que lhes dizem respeito."[645]

O conhecimento das partes garante a higidez dos processos de solução de controvérsias em contraditório, e, nesse aspecto, se liga também ao ideal de segurança jurídica do sistema,[646] com o tempero da instrumentalidade das formas como exigência dos ordenamentos jurídicos modernos, desde que o ato jurídico tenha atingido a sua finalidade.[647] Deve-se assim dar informação oficial às partes acerca dos acontecimentos processuais indicando também o que ocorrerá daqui em diante no

642 Moraes, A. de. *Constituição do Brasil anotada e legislação constitucional.* Op. cit., p. 401.

643 Santos, N. A. M. dos. Princípio da publicidade. In: Oliveira Neto, O. de; Lopes, M. E. de C. *Princípios processuais civis na Constituição.* Rio de Janeiro: Elsevier, 2008, p. 175-176.

644 Na medida em que o legislador pode, de modo subjetivo, impor limitações a ela, definindo o que são situações de necessária garantia da intimidade ou de interesse social (Silva, J. A. da. *Aplicabilidade das normas constitucionais.* 7. ed. São Paulo: Malheiros, 2008, p. 113).

645 Dinamarco, C. R. *Instituições de direito processual civil.* Op. cit., v. I, p. 240.

646 Nesse sentido, comentando sobre a notificação judicial e a garantia de segurança jurídica: Ridenti, E. *Diritto processuale civile.* Milano: Giuffrè, 1957, v. I, p. 215.

647 Mandrioli, C. *Diritto processuale civile.* Op. cit. p. 400-402.

processo de solução de controvérsias, conferindo segurança jurídica no método de solução de controvérsias.

Evidente que tal garantia não significa que os órgãos jurisdicionais tenham que certificar o conhecimento efetivo das partes acerca da notificação que encaminharam, mas, cumpridas as formalidades legais para intimação e cientificação das partes, será presumido que houve ciência. Comentando sobre esse aspecto, Enrico Tullio Liebman afirmava que a notificação se considera existente e eficaz desde que se as prescrições legais sejam observadas.[648]

As disposições do Código de Processo Civil sobre o assunto caminham na mesma linha da Constituição, conferindo-se publicidade a todos os atos processuais, com exceção das situações previstas nos incisos do art. 189 do CPC (sendo o inciso I relativo a questões de interesse público e o inciso II relacionado à intimidade dos envolvidos), que coincidem até certo ponto com a disposição *in fine* do art. 5º, inciso LX, da Constituição Federal.

A coincidência não é total na medida em que as hipóteses do inciso II do art. 189 do CPC se referem apenas às pessoas físicas, enquanto as disposições constitucionais permitem a utilização do princípio da publicidade e de sua restrição para pessoas jurídicas no tocante a questões que envolvam segredos industriais, estratégias empresariais etc.[649]

Os incisos do art. 189 do CPC indicam o chamado segredo de justiça, que impõe uma regra de publicidade restrita aos atos processuais sempre limitada aos valores envolvidos. Contudo, mesmo nesse caso, a restrição à publicidade não será absoluta, pois o terceiro que demonstrar interesse jurídico na causa poderá obter certidão do dispositivo da sentença, bem como do inventário e partilha resultante do desquite.[650]

648 LIEBMAN, E. T. *Manuale di diritto processuale civile*. 4. ed. Milano: Giuffrè, 1980. v. I, p. 221.

649 "Segredo de justiça – Execução por título extrajudicial – Nomeação de administrador judicial da penhora, com acesso a todos os papéis e documentos de interesse econômico e financeiro da executada pessoa jurídica – Sigilo a ser preservado pelo juiz, a exemplo do que ocorre com declarações de bens à Receita Federal – Acesso aos advogados dos demandantes e a terceiros que o requererem mediante comprovação de interesse jurídico – Agravo provido em parte, com recomendação." (TJSP, AI nº 7.017.061-1, 12ª Câm. de Dto. Privado, Rel. Des. Cerqueira Leite, j. em 3-8-2005).

650 SANTOS, N. dos. Art. 155. In: MARCATO, A. C. (Coord.). *Código de processo civil interpretado*. Op. cit., p. 446-447.

Com o sigilo, busca-se incentivar os métodos de solução de controvérsias como forma de solução de conflitos efetiva, evitando que as partes fiquem inibidas de utilizá-los em toda a sua potencialidade sem o receio de que informações relevadas e limites de negociação possam ser usados contra si próprias.

Não há como negar que os MASCs, em uma visão teleológica da jurisdição, representam uma face do escopo do processo, especificamente aquela que o indica como um instrumento de pacificação social. Transportando os ensinamentos de Cândido Rangel Dinamarco, tem-se que o "escopo de pacificar pessoas mediante a eliminação de conflitos com justiça é, em última análise, a razão mais profunda pela qual o processo existe e se legitima na sociedade".[651]

Tratando especificamente desse aspecto da aplicação constitucional na arbitragem, Antonio Maria Lorca Navarrete sustenta que a arbitragem tem uma natureza *"negocial-procesal"*, tratado como um sistema de garantias ordinárias de origem negocial.[652] Sendo uma determinada lei aplicada, portanto, o sistema de garantias sobre os quais ela gravita também será aplicado.

Partindo da análise da arbitragem como método de solução de controvérsias estabelecido no direito brasileiro, tem-se que não há impedimento para o sigilo que é comum nos processos arbitrais. O CPC reconhece tal realidade e no art. 189, inc. IV e no art. 166, reconhecem a relevância do sigilo e da confidencialidade, respectivamente, para a arbitragem como método adjudicatório de solução de conflitos e dos métodos consensuais, mediação e conciliação.

Entretanto, há que se fazer um esclarecimento muito pertinente. Embora seja um procedimento que na maioria das vezes ocorre em sigilo, a arbitragem não é algo intrínseco do instituto, tal qual o princípio da autonomia da vontade. Nesse aspecto como indica Carlos Alberto Carmona, qualquer conflito entre publicidade e sigilo relativos à arbitragem trata-se de "um falso dilema".[653] Isso significa que o sigilo pode ser

[651] Dinamarco, C. R. *Instituições de direito processual civil.* Op. cit., v. I, p. 132.

[652] Navarrete, A. M. L. Garantias ordinarias versus garantias constitucionales en el arbitraje. In: Carmona, C. A.; Batista Martins, P. A.; Lemes, S. M. (Coord.). *Arbitragem.* Op. cit., p. 240-250.

[653] Carmona, C. A. *Arbitragem e processo.* Op. cit., p. 51.

estabelecido pelas partes e em geral o é, assim como pelos regulamentos de Câmaras de Arbitragem[654] nas hipóteses de arbitragens institucionais, mas nada impedirá que as partes renunciem a tal situação para que o procedimento deixe de ser sigiloso.

A CCI já teve a oportunidade de julgar casos envolvendo o sigilo da arbitragem algumas vezes.

No primeiro dos casos analisados, CCI nº 2.745 e nº 2.762/1977, reconheceu-se que o sigilo das informações não é algo estranho ao universo da arbitragem, e é utilizado com o escopo de que os litígios e as transações comerciais em discussão sejam levados ao conhecimento de terceiros, especialmente de concorrentes. Contudo, toda a análise de eventual violação e eventuais consequências do não cumprimento do dever de sigilo são analisados à luz do direito material em discussão.[655] Por esse primeiro julgado pode-se verificar que o sigiloso não foi con-

[654] No caso da CCI, o sigilo é facultativo de acordo com o item 20.7: "O Tribunal Arbitral poderá tomar quaisquer medidas com a finalidade de proteger segredos comerciais e informações confidenciais". Em sentido contrário é o Regulamento de Arbitragem do Centro de Arbitragem e Mediação da Câmara de Comércio Brasil Canadá: "9.8. O procedimento arbitral é rigorosamente sigiloso, dele participando somente as pessoas que tenham legítimo interesse. Nas audiências o presidente do Tribunal Arbitral diligenciará para que qualquer testemunha se retire do recinto da audiência durante o depoimento das partes ou de outras testemunhas." (Disponível em: <http://www.ccbc.org.br/arbitragem.asp?subcategoria=regulamento português>. Acesso em: 24 fev. 2011). A obrigatoriedade do sigilo foi mantida com outras palavras no regulamento da CCBC que entrou em vigor em 1º de janeiro de 2012: "14.1. O procedimento arbitral é sigiloso, ressalvadas as hipóteses previstas em lei ou por acordo expresso das partes ou diante da necessidade de proteção de direito de parte envolvida na arbitragem". Na London Court of International Arbitration, o regulamento é no mesmo sentido: "30.1A menos que as partes acordem expressamente em contrário, por escrito, as partes obrigam-se, como princípio geral, a manter confidencial toda sentença na sua arbitragem, junto com todos os materiais no processo criados para os efeitos da arbitragem e todos os demais documentos apresentados por outra parte no processo que não sejam de outra forma de domínio público – salvo e na medida em que a revelação possa ser exigida de uma das partes por dever legal, para proteger ou fazer valer um direito legal, ou para fazer cumprir ou impugnar uma sentença em processo judicial de boa fé ante um tribunal nacional ou outra autoridade judicial." (Disponível em: <http://www.lcia.org/>. Acesso em: 24 fev. 2011).

[655] Casos CCI nºs 2.745 e 2.762 de 1977. In: Jarvin, S.; Derains, Y. *Collection of ICC arbitral awards (1974-1985)*. Op. cit., p. 330.

siderado um aspecto intrínseco da arbitragem, sendo decorrente do direito material, das legislações nacionais.

Nesse aspecto, em outro caso (CCI nº 6.932/1992), a CCI aplicou o direito francês para o mérito a solução do litígio, considerou também existente uma tradicional confidencialidade nas arbitragens, mas com possibilidade de mitigação, por exemplo, em casos em que a publicação da sentença possa reparar danos a uma empresa ou produto.[656] Outro caráter importante: a confidencialidade deve ser analisada caso a caso e pode ser mitigada pelo árbitro.

Por fim, a cláusula de confidencialidade, quando existente ou decorrente da convenção de arbitragem, será *intuitu personae* nos termos do caso CCI nº 7.983/1996 e à luz do direito suíço aplicado para a solução da controvérsia. Com a cessão do contrato principal, sem qualquer ressalva à cláusula não garante o sigilo primário.[657] Ou seja, a confidencialidade, quando se deseja a sua existência ou manutenção, deve ser explicitada.

A confidencialidade, portanto, é algo que se extrai com os direitos nacionais e deve ser sopesado com os demais elementos do caso, por exemplo, as pessoas envolvidas e os limites de suas vinculações. Essa é a demonstração de que o sigilo não se confunde com a discrição, pode haver diferentes níveis de vinculação para diferentes pessoas que participam do procedimento. O árbitro deve ser discreto, tal qual exige a lei brasileira, mas não necessariamente tem obrigação de sigilo, assim como advogados,[658] por exemplo. O papel do advogado terá consequências contratuais no direito brasileiro, ao contrário do direito francês em que o advogado exerce uma função pública.[659]

[656] Caso CCI nº 6719 de 1992. In: Arnaldez, J. J.; Derains, Y.; Hascher, D. *Collection of ICC arbitral awards (1991-1995)*. Op. cit., p. 567.

[657] Caso CCI nº 7983 de 1996. In: Arnaldez, J. J.; Derains, Y.; Hascher, D. *Collection of ICC arbitral awards (2001-2007)*. Wolters Kluwer, 2008, p. 574.

[658] Capítulo III do Código de Ética da Ordem dos Advogados do Brasil. No caso dos advogados, exemplo mais claro de responsabilidade acerca de sigilo na área jurídica no direito brasileiro, há obrigação de o advogado não declarar nada daquilo que passou a ter conhecimento em razão de seu ofício (Pereira, C. M. da S. *Responsabilidade civil*. Op. cit., p. 165-166).

[659] Queiroga, A. E. de. *Responsabilidade civil e o novo código civil*. Rio de Janeiro: Renovar, 2007, p. 165.

É em decorrência disso que se indica tal situação, geralmente, mas não sempre, como uma característica da arbitragem. De qualquer modo, há um tratamento diverso daquele dado à questão no tocante aos processos judiciais. Não obstante tal diferença, há que se discordar daqueles que veem no art. 13, § 6º, da Lei de Arbitragem uma afirmação da obrigação de sigilo por parte do árbitro[660] e daqueles que consideram o sigilo como algo intrínseco do procedimento,[661] e toda a questão se resolve no âmbito convencional. Mesmo sendo apontada como uma das principais vantagens da arbitragem, grande motivo para a escolha desse método de solução de controvérsias,[662] a confidencialidade não pode ser vista como algo intrínseco ao procedimento.

Em primeiro lugar, a obrigação de o árbitro ser discreto, insculpida na referida norma legal, não se confunde com obrigação de confidencialidade. Sigilo e descrição são vocábulos com significados próximos, mas não são sinônimos. Enquanto o primeiro representa "aquilo que se deve manter totalmente privativo, sem o alheio conhecimento", o segundo indica "circunspeção; sobriedade".[663] Como se vê, o fato de agir sem chamar a atenção dos demais, sem ter qualquer tipo de conduta espalhafatosa, não pode se confundir com a obrigação de guardar segredo. O discreto sabe selecionar aquilo que é conveniente falar, o sigiloso nada pronuncia sobre uma determinada questão.[664]

Nesse aspecto, o árbitro poderia dizer, por exemplo, que há um processo arbitral sob os seus cuidados, sem maiores detalhes. Na regra geral, estaria sendo discreto, não violaria o art. 13, § 6º, da Lei de Arbitragem.[665] Contudo, se tivesse alguma obrigação de confidencialidade,

660 Muniz, J. T. de P.; Basílio, A. T. P. *Arbitration law of Brazil*. Op. cit., p. 104.

661 Pinto, J. E. N. A confidencialidade na arbitragem. Disponível em: <http://www.ccbc.org.br/download/artarbit11.pdf>. Acesso em: 24 fev. 2011, e Lampert, C.; Rennó Jr., Joel. A eficácia da arbitragem e da cláusula de confidencialidade nos contratos da administração pública. *Revista Brasileira de Arbitragem*, São Paulo, IOB Thompson, nº 4, 2004, p. 159.

662 Lee, J. B. O princípio da confidencialidade na arbitragem internacional. In: Valença Filho, C. de M.; Lee, J. B. *Estudos de arbitragem*. Curitiba: Juruá, 2008, p. 286.

663 Caldas Aulete, F. J. *IDicionário Aulete*. Op. cit. Acesso em: 24 fev. 2011.

664 Plácido e Silva, De. Discrição. Sigilo. In: *Vocabulário jurídico*. 19. ed. Rio de Janeiro: Forense, 2002.

665 Caprese, O. A constituição do tribunal arbitral em arbitragem multiparte. *Revista Brasileira de Arbitragem*, São Paulo, nº 8, IOB Thompson, 2005, p. 100.

deveria dizer que não poderia se pronunciar sobre o assunto, aí estaria sendo mais do que discreto, estaria sendo sigiloso.

Assim, o árbitro deve ter comportamento circunspecto não comentando nada sobre causa que esteve ou está sob o seu cuidado, todavia o dever de segredo ou de confidencialidade deve ser definido expressamente[666] e de acordo com o princípio da autonomia da vontade.[667] Também é possível, como já se disse, que os regulamentos prevejam a arbitragem sigilosa. No entanto, de uma forma ou de outra, a solução é sempre convencional.

Em segundo lugar, porque de nada adiantaria apenas o árbitro ter obrigação de confidencialidade se os demais envolvidos no procedimento não a tiverem também. De nada adiantará exigir do árbitro o sigilo de suas informações se as partes estiverem liberadas para divulgá-las ou não tiverem nenhum dever legal de mantê-las sob sigilo. A existência desse dispositivo, havendo obrigação para que o árbitro aja sem expor o caso ou sobre ele fazer comentários, está muito mais ligada ao dever de imparcialidade e equidistância das partes que este tem do que com o eventual dever de tornar as informações da arbitragem confidenciais.

No âmbito internacional, Yves Derains ainda aponta um declínio da confidencialidade, sendo a arbitragem vítima do seu próprio sucesso, especialmente com a ampliação de procedimentos para obtenção de provas, devendo o processo ser protegido, e não eventuais situações que possam impedir o melhor julgamento.[668]

Com entidades públicas o problema se agrava porque, além da publicidade genérica relativa a processos, aplica-se a publicidade dos atos da

[666] Carmona, C. A. *Arbitragem e processo.* Op. cit., p. 246.

[667] Nesse aspecto é perfeita a conclusão do parágrafo final do texto de João Bosco Lee, no sentido de que a autonomia da vontade é determinante para o sigilo na arbitragem (Lee, J. B. O princípio da confidencialidade na arbitragem internacional. In: Valença Filho, C. de M.; Lee, J. B. *Estudos de arbitragem.* Op. cit., p. 286).

[668] Derains, Y. Evidence and confidenciality. *Confidenciality in Arbitration: 2009 Special Supplement ICC International Court of Arbitration Bulletin*, Paris, ICC, 2009, p. 57-71. Luiz Olavo Baptista afirma que a confidencialidade não é "essencial à arbitragem, mas é, isto sim, uma qualidade acessória dela, que decorrerá da lei ou da vontade das partes" (Baptista, L. O.; Prado, M. Confidencialidade na arbitragem. In: congresso do centro de arbitragem comercial, 5., 2012, Coimbra. *Anais*... Coimbra: Almedina, 2012, p. 201).

administração pública.[669] Como afirma Dennys Zimmermann, nesses casos, a arbitragem não poderá ser sigilosa.[670] Todavia, o sigilo presente no processo arbitral não afeta nenhuma regra da Constituição Federal, posto que os contratos administrativos que contenham cláusula compromissória serão divulgados, e a sentença arbitral decorrente de processo envolvendo o Estado também deverá ser divulgada.[671]

Na mesma linha, o Estado, por meio dos seus procuradores, advogados etc., não é obrigado a divulgar as peças elaboradas nos processos em que atua, mas a atuação da administração como um todo deve ser objeto de fiscalização e análise pelos administrados. É bom destacar ainda que a própria publicidade dos atos administrativos sofre limitações no caso dos contratos sigilosos previstos na Lei nº 8.159, de 8 de janeiro de 1991, e no Decreto nº 4.553, de 27 de dezembro de 2002.[672]

De todo modo, deve ser lembrado o caso do *Museu Guggenheim* do Rio de Janeiro,[673] o qual fora vetado, entre outros motivos, pelo sigilo exigido na cláusula compromissória do contrato que estipulava a sua construção. No caso, tratou-se de um grande equívoco do Judiciário brasileiro não só pela perda de um grande museu, mas também porque não se vislumbrou a exata dimensão da confidencialidade como aqui se expõe. Como assevera Lauro Gama e Souza Júnior:

> "não há antagonismo entre publicidade e arbitragem, cabendo à Administração, ao elaborar o edital de licitação e a minuta de contrato de PPP, determinar que o procedimento arbitral e suas decisões não serão sigilosas,

[669] Carmona, C. A. *Arbitragem e processo.* Op. cit., p. 51.

[670] Zimmermann, Dennys. Alguns aspectos sobre a arbitragem nos contratos administrativos à luz dos princípios de eficiência e do acesso à justiça: por uma nova concepção do que seja interesse público. *Revista de Arbitragem e Mediação*, São Paulo, Revista dos Tribunais, nº 12, 2007, p. 91.

[671] Nesse sentido, José Afonso da Silva manifesta o mesmo entendimento de que tal princípio não é absoluto, comentando acerca de pareceres: "É de se ponderar, contudo, que os pareceres só se tornam públicos após sua aprovação final pela autoridade competente." (Silva, J. A. da. *Comentário contextual à constituição.* Op. cit. p. 336).

[672] Guerrero, L. F. *Convenção de arbitragem e processo arbitral.* Op. cit., p. 114.

[673] TJRJ, AI nº 07839/2003, 13ª Câmara Cível, Rel. Des. Ademir Pimentel, j. em 29-10-2003.

> mas, apenas, os aspectos da arbitragem que razoavelmente devam ser preservados da divulgação pública".[674]

Nos demais MASCs, a lógica da confidencialidade apresenta especificidades.

Não obstante existam peculiaridades, que serão analisadas com vagar, é fundamental consignar que, assim como na arbitragem, a confidencialidade não é uma característica intrínseca da mediação ou da conciliação: "A confidencialidade, embora com frequência considerada um aspecto importante e na verdade uma necessidade funcional da mediação, não é universalmente garantida ou necessária."[675]

Nesse Aspecto, Gustavo Trancho de Azevedo afirma que tanto a confidencialidade não é uma característica inerente da mediação que não pode ser recomendada em setores públicos, por exemplo, não obstante a mediação seja utilizada e, no caso dos juizados especiais, haja a necessidade de se homologar o acordo decorrente de uma mediação por sentença, o que afasta o caráter sigiloso do procedimento. Contudo, duas necessidades do procedimento de mediação são apontadas para justificar a sua existência: (i) confiança no mediador: o poder do mediador sobre as partes é proporcional à confiança que as partes têm nele, é persuasivo, e a informação serve de papel fundamental para criar um clima de reciprocidade entre as partes; e (ii) proteção do processo: o esforço sincero na negociação é fundamental para que a mediação dê certo. Isso se torna mais fácil quando as partes têm a garantia de que informações lá utilizadas não serão adotadas em outras esferas nem contra os seus interesses.[676]

Verifica-se, portanto, a necessidade de proteção dos processos de mediação e de conciliação como métodos próprios de solução de controvérsias, e, de outro lado, especialmente para se impedir, por exemplo, que documentos produzidos, mas não efetivados em MASCs, possam ser transformados em pontos de partida para processos monitórios no sis-

674 Souza Jr., L. G. e. Sinal verde para a arbitragem nas parcerias público-privadas (a construção de um novo paradigma para os contratos entre o Estado e o investidor privado). *Revista Brasileira de Arbitragem*, São Paulo, IOB Thompson, nº 1, 2003, p. 35.

675 Azevedo, G. T. de. Confidencialidade na mediação. In: Azevedo, A. G. de (Org.). *Estudos de arbitragem, negociação e mediação*. Op. cit., p. 304.

676 Azevedo, G. T. de. *Confidencialidade na mediação*. Op. cit., p. 305-308.

tema brasileiro, por exemplo, como se verá com mais vagar a seguir.[677] Isto é, o sigilo operaria uma proteção em face de implosões e explosões do sistema.

É exatamente sobre esse binômio que se fundam os processos de mediação ou de conciliação. Como métodos não jurisdicionais, a adesão é voluntária e, nesse aspecto, deverá haver confiança das partes naquele terceiro imparcial escolhido. De outro lado, por não serem vinculativos, a participação em tais processos também dependerá da vontade das partes, e a atuação proveitosa nesses processos, mais ainda.

Há muito existe o entendimento empírico de que a confidencialidade, de acordo com os termos expostos acima, é aspecto fundamental dos métodos de solução de controvérsias, principalmente a partir do caso Macaluso.[678] Nessa oportunidade consolidou-se o entendimento no sentido de que as partes estarão mais aptas a negociarem de modo amplo e aberto quando tiverem a garantia da confidencialidade. De outro lado, os mediadores, e o entendimento é plenamente aplicável aos conciliadores, não terão a sua neutralidade comprometida na medida em que poderão atuar com plena liberdade e segurança. Além disso, a obrigação de tornar o mediador uma testemunha certamente interferiria na sua neutralidade, pois, ao depor, estaria valorando, até instintivamente, os fatos ocorridos, bem como poderia ser induzido a endossar a versão de uma das partes.[679]

Existe ainda um posicionamento intermediário que permite a comunicação entre mediadores e agentes governamentais, por exemplo, embora entenda-se que tal tipo de comunicação deva ser muito restrito

[677] Obviamente, a proteção a documentos no processo de mediação se restringe a documentos nele produzidos. Documentos produzidos em outras oportunidades não estarão sujeitos a proteção se apresentados no processo de mediação. Nesse sentido: *Rojas* vs. *Superior Court*, 33 Cal. 4th 407, 417 93 P.3d 260, 266 15 Cal.Rptr.3d 643, 650 (2004).

[678] *NLRB* vs. *Joseph Macaluso*, Inc., 618 F.2d 51 (9th Cir. 1980). Comentando sobre esse caso e seu impacto na análise da neutralidade do mediador, dentre outros: Hoxie, T. Mediation confidentiality. In: Freedman, L.; Haile, C.; Bookstaff, H. (Org.). *Confidentiality in mediation*: a practitioner's guide. Los Angeles: ABA, 1985, p. 112-113.

[679] Nesse sentido, pode ser destacado o posicionamento de Birke, R.; Teitz, L. E. American law in a time of global interdependence. In: INTERNATIONAL CONGRESS OF COMPARATIVE LAW: SECTION ii, 16., 2001, U.S. *The path that brought America to uniform laws and mediation in cyberspace (Anais...)*. U.S., 2001, 50 Am., J. Comp. L. 181, p. 196-198. Para referidos autores, o sigilo na mediação deve ser absoluto.

e excepcional. Sugere-se até mesmo que os serviços de públicos, tais como promotores e agências, tenham contato com setores ou grupos de MASCs para terem conhecimento de informações, desde que aceitem cláusulas de confidencialidade.[680] Embora tal solução possa ser vista como uma aparente contradição, o fato é que, na verdade, não se viola nenhuma garantia de confidencialidade e, de outro lado, nem se permite que situações litigiosas se perpetuem e fiquem sem solução. Garante-se o acesso de órgãos públicos de investigação a tais documentos, permitindo-se a adoção de medidas legais cabíveis, ainda sob sigilo.

É exatamente esse o entendimento admitido pelo Federal Administrative Dispute Resolution Act (ADRA). De acordo com referido diploma legal, no qual as partes desde o momento em que aderem ao programa concordam em revelar todas as informações caso o Judiciário assim entenda necessário, há três situações específicas: (i) evitar manifesta injustiça; (ii) quando se indica violação da lei; e (iii) para impedir ameaças à segurança ou à saúde públicas.[681]

As situações indicadas pelo Federal Administrative Dispute Resolution Act (ADRA) para excepcionar a confidencialidade das mediações afiguram-se bastante adequadas. Obviamente a violação à confidencialidade, quando estabelecida, não deve ser uma regra, mas em situações excepcionais, como as ora comentadas, parece não haver alternativa. O mesmo raciocínio é aplicado no Brasil em relação à arbitragem no setor público.

De outro lado, há o entendimento também comum na doutrina de que o interesse do Judiciário em alcançar a verdade material supera o interesse das partes e a garantia da confidencialidade. Há alguns casos relevantes sobre a questão da confidencialidade da mediação já decididos por cortes norte-americanas.

No caso *Olam* vs. *Congress Mortgage Co.*, decidiu-se que o mediador pode ser obrigado a testemunhar em relação ao conteúdo final do eventual acordo celebrado no qual as partes dispensaram sua garantia

[680] FREEDMAN, L. Confidentiality: a closer look. In: FREEDMAN, L.; HAILE, C.; BOOKSTAFF, H. (Org.). *Confidentiality in mediation*. Op. cit., p. 71.

[681] Comentando esse texto legal e seus dispositivos relacionados com os ADR: TUTTLE, M. T. J. Three's a crowd: why mandating union representation at mediation of federal employees' discrimination complaints is illegal and contrary to legislative intent. 62 A.F. *Law Review*, n. 127, p. 141-142.

de acordo com a legislação estadual de confidencialidade na mediação. Houve nesse caso ainda uma grande discussão sobre o papel do mediador em verificar o pleno exercício da capacidade jurídica pelas partes no momento da realização de uma mediação ou da celebração de um acordo. A grande questão era saber até que ponto o mediador poderia ser obrigado a prestar testemunho na medida em que as partes dispensaram a garantia legal do sigilo sem que, contudo, tal ato atingisse terceiros.[682]

No *In re Grand Jury Subpoena*, por sua vez, decidiu-se que os arquivos dos trabalhos decorrentes de uma mediação não teriam sujeição absoluta ao sigilo, especialmente, quando a informação lá obtida fosse relevante para um processo criminal.[683] É de imaginar a situação em que uma das partes revela que o crime praticado não foi cometido pela parte que está sendo acusada.

Até que ponto o sigilo deve ser absoluto e permitir a condenação de alguém que é inocente? Ou até mesmo em um processo cível em um relevante caso de responsabilização civil, na qual a sessão de mediação deixa claro que o problema se deu pelo mau uso de um produto, e não por uma falha em sua produção. Nessas hipóteses, parece claro que o sigilo, que embora importante não é intrínseco nem característico da mediação e da conciliação, seja, de alguma forma, mitigado. Nesse aspecto, deve ser trazida a lição de Eugênio Pacelli de Oliveira:

> "Evidentemente, quando da confissão assim obtida se puder extrair fundado receio da prática de crimes futuros, não se poderá exigir o silêncio absoluto da testemunha, devendo ela diligenciar junto às autoridades a adoção das providências cabíveis."[684]

A mediação, portanto, flui em um ambiente de discussão livre a aberta. Entretanto, surgem questões importantes nesses aspectos, e

[682] *Olamvs. Congress Mortgage Co*, 68 F. Supp. 2d 1110 (N.D.Cal. 1999).

[683] *In re Grand Jury Subpoena*, 148 F.3d 47 (5th Cir. 1998). Diversos são os julgados nos sistemas de *common law* tratando da questão do sigilo nos processos de mediação, nesse sentido: Rogers, Nancy H.; Mcewen, Caraig A. *Mediation*: law, policy, practice. Deerfield: Clark; Boardman: Callaghan, 1993, p. 75 e ss.

[684] Oliveira, E. P. de. *Curso de processo penal*. 7. ed. Belo Horizonte: Del Rey, 2007, p. 356.

o art. 408, (a), (2), do Federal Rules of Civil Procedure[685] norte-americano garante que provas ou afirmações obtidas durante negociações compromissadas de qualquer natureza não podem ser utilizadas no Judiciário. Nesse aspecto, a solução intermediária mencionada anteriormente parece bastante adequada.[686] O sigilo é importante para o desenvolvimento dos processos não jurisdicionais de solução de controvérsias, mas não pode ser absoluto.

Sistematizando o entendimento sobre os limites do sigilo na mediação no sistema norte-americano, Timothy Roxie afirma:

> "Primeiro, deve-se proteger **todas** as comunicações feitas na mediação, excepcionadas até certo ponto aquelas informações entre as partes diretas ou por meio do mediador que forem: (a) necessárias para um processo decorrente de qualquer acordo resultante; ou (b) necessárias para demonstrar o descumprimento de qualquer obrigação de uma parte com outra, como a obrigação de negociar de acordo com regras de boa-fé. Segundo, deve-se evitar o testemunho do mediador, exceto se com o consentimento das partes e ainda se esse testemunho não impactar na efetividade da mediação."[687]

[685] "Rule **408. Compromise and Offers to Compromise**
(a) Prohibited uses. Evidence of the following is not admissible on behalf of any party, when offered to prove liability for, invalidity of, or amount of a claim that was disputed as to validity or amount, or to impeach through a prior inconsistent statement or contradiction:
[...]
(2) conduct or statements made in compromise negotiations regarding the claim, except when offered in a criminal case and the negotiations related to a claim by a public office or agency in the exercise of regulatory, investigative, or enforcement authority."

[686] No sistema brasileiro, a eficácia probatória extraída de tal disposição legal seria semelhante àquela existente no "Art. 401. A prova exclusivamente testemunhal só se admite nos contratos cujo valor não exceda o décuplo do maior salário mínimo vigente no país, ao tempo em que foram celebrados." Há uma clara limitação dos meios de prova em relação a certas situações objetivas. No caso norte-americano, as informações obtidas na mediação não podem ser usadas como provas, e, no caso brasileiro, prova exclusivamente testemunhal não pode ser utilizada para demonstrar a existência de contratos de valor superior a dez vezes o do maior salário mínimo vigente.

[687] "First, it should protect **all** communications made in mediation except in so far as communications between parties either directly or through the mediator are: (a) necessary to a suit on any resulting agreement; or (b) necessary to prove breach of one's party's obligation to another, such as a duty to bargain in good faith. Second, it should prevent mediator testi-

No direito francês, a lógica também é semelhante. O art. 131-14 do Code de Procédure Civile prevê a confidencialidade na mediação, entendimento também aplicável na conciliação, das constatações obtidas pelo terceiro imparcial, bem como das informações trocadas pelas partes durante o processo.

De acordo com a Cour de Cassation, tal entendimento é ainda extensível àquelas hipóteses em que, mesmo depois da realização de um acordo, há litígio judicial entre as partes que participaram de um MASC,[688] considerando-se que quaisquer manifestações dos terceiros imparciais, ainda que no Judiciário, devem se limitar à informação de existência ou não de acordo entre as partes.[689]

A divulgação de informações de qualquer natureza por partes ou terceiros imparciais permite a obtenção de indenização civil pelos demais envolvidos no processo.[690]

Por seu turno, a Lei Modelo da Uncitral para Conciliação, no Comércio Internacional, iniciativa substituída pela Convenção de Cingapura, dispunha em seu art. 9º que a conciliação seria confidencial a menos que o fornecimento de informações seja requerido pela lei ou para fins de efetivação dos acordos celebrados.[691] Embora seja regra, a confidencialidade nesse caso não é vista como algo essencial ao processo de solução de controvérsias.

Mesmo em face do direito brasileiro, no qual existem dispositivos legais sobre a questão do sigilo profissional, a questão também é polêmica porque, via de regra, a obrigação de sigilo depende de uma função desempenhada pelo indivíduo na sociedade, quer seja ele médico, advogado ou religioso, por exemplo (arts. 5º, inciso XIV, da Constituição

mony, except with the consent of both parties and the only when such testimony would not impair the mediator's future effectiveness." Hoxie, T. Mediation confidentiality. In: Freedman, L.; Haile, C.; Bookstaff, H. (Org.). *Confidentiality in mediation*. Op. cit., p. 116 (Tradução livre do inglês).

688 Cass. Crim., 28 février 2001, nº 00-83.365, Évelyne X, Bull. nº 54.

689 Tavel, A.; Lascoux, J.-L. *Code de la médiation*. Bordeaux: Médiateurs Éditeurs, 2009, p. 45.

690 Idem, p. 45.

691 Disponível em: <http://www.uncitral.org/pdf/english/texts/arbitration/ml-conc/03-90953_Ebook.pdf>. Acesso em: 17 mar. 2011.

Federal,[692] 154 do Código Penal[693] ou 325 do Código Penal,[694] dependendo do setor de atuação do profissional, se público ou privado, combinado com o art. 207 do Código de Processo Penal[695] e art. 448 do CPC).[696]

Como ideia geral, a legislação brasileira trata a questão partindo do princípio de que algumas profissões, por peculiaridades específicas e pela necessidade de confiança nas informações que lhe são passadas, deve garantir sigilo.[697]

692 "Art. 5º Todos são iguais perante a lei, sem distinção de qualquer natureza, garantindo-se aos brasileiros e aos estrangeiros residentes no País a inviolabilidade do direito à vida, à liberdade, à igualdade, à segurança e à propriedade, nos termos seguintes:
XIV – é assegurado a todos o acesso à informação e resguardado o sigilo da fonte, quando necessário ao exercício profissional."

693 "**Violação do segredo profissional**
Art. 154. Revelar alguém, sem justa causa, segredo, de que tem ciência em razão de função, ministério, ofício ou profissão, e cuja revelação possa produzir dano a outrem:
Pena – detenção, de três meses a um ano, ou multa.
Parágrafo único. Somente se procede mediante representação."

694 "**Violação de sigilo funcional**
Art. 325. Revelar fato de que tem ciência em razão do cargo e que deva permanecer em segredo, ou facilitar-lhe a revelação:
Pena – detenção, de seis meses a dois anos, ou multa, se o fato não constitui crime mais grave.
§ 1º Nas mesmas penas deste artigo incorre quem: (Incluído pela Lei nº 9.983, de 2000)
I – permite ou facilita, mediante atribuição, fornecimento e empréstimo de senha ou qualquer outra forma, o acesso de pessoas não autorizadas a sistemas de informações ou banco de dados da Administração Pública; (Incluído pela Lei nº 9.983, de 2000.)
II – se utiliza, indevidamente, do acesso restrito. (Incluído pela Lei nº 9.983, de 2000.)
§ 2º Se da ação ou omissão resulta dano à Administração Pública ou a outrem: (Incluído pela Lei nº 9.983, de 2000.)
Pena – reclusão, de 2 (dois) a 6 (seis) anos, e multa. (Incluído pela Lei nº 9.983, de 2000.)."

695 "Art. 207. São proibidas de depor as pessoas que, em razão de função, ministério, ofício ou profissão, devam guardar segredo, salvo se, desobrigadas pela parte interessada, quiserem dar o seu testemunho."

696 "Art. 448. A testemunha não é obrigada a depor de fatos:
[...]
II – a cujo respeito, por estado ou profissão, deva guardar sigilo."

697 Sobre a conceituação de função, ministério, ofício e profissão, Cf. Mirabete, J. F. *Código de processo penal interpretado*. São Paulo: Atlas, 2001, p. 488.

A legislação penal, composta pelos arts. 154 do Código Penal e art. 207 do Código de Processo Penal, trata como crimes a violação ao sigilo de alguns profissionais e, de outro lado, reforça e protege esse sigilo impedindo que tais profissionais sejam obrigados a depor. Do contrário, correr-se-ia o mesmo risco do sistema americano no sentido de que, de um lado há uma obrigação de garantir sigilo, mas de outro pode-se ser obrigado a depor de acordo com decisão judicial. Como já se viu, alguma mitigação talvez seja necessária em face de interesses sociais mais amplos.

Do ponto de vista da legislação civil brasileira, o CPC também desobriga aqueles que devam guardar sigilo profissional de prestar testemunho. Contudo, a questão da revelação é mais protetiva no tocante às testemunhas na medida em que evita que sejam obrigadas a qualquer revelação se isso puder causar-lhes prejuízo, sendo cabível pedido indenizatório em face daquele que violou o dever de sigilo com base em regras de responsabilização civil.[698] De qualquer modo, os comandos legais não representam a licença para o não comparecimento em audiências, apenas permite-se que não se revelem fatos.[699]

Como se vê, há certa diferença no tratamento entre o sistema penal e o sistema civil. Enquanto o primeiro permite a mitigação da confidencialidade em face de se permitir o esclarecimento de um crime, no sistema civil, a questão parece admitir menos exceções. Em função dos interesses com os quais um sistema e o outro lidam, tal diferenciação parece adequada, embora a questão seja polêmica e seja necessária uma análise criteriosa de exceções, não se podendo permitir que injustiças sejam mascaradas pela confidencialidade.

Além disso, parece não haver, hoje, amparo legal para que se exija a confidencialidade do mediador. O amparo, se existir, será apenas contratual. Em primeiro lugar, a função de mediador, termo que parece mais adequado na essência, na medida em que ele só exercerá tal função para determinados casos específicos, isto é, não estará investido do poder de mediar, não é, pelo menos por ora, regulamentada de algum modo, e, como se está analisando, o sigilo não é algo inerente da atividade, não

[698] Tabosa Pessoa, F. G. Art. 406. In: Marcato, A. C. (Coord.). *Código de processo civil interpretado.* Op. cit., p. 1.294-1.295.
[699] Duarte, N. In: Peluso, A. C. (Coord.). *Código civil comentado.* Op. cit., p. 154.

pode decorrer do "mero interesse de determinados grupos".[700] Em segundo lugar, ao que parece, a confidencialidade *per se* é apenas um facilitador do processo de mediação, uma espécie de agente potencializador da confiança e da sinceridade que as partes depositam nos mediadores ou conciliadores, posto que a segurança da confidencialidade surge muito mais para impedir que aquilo que foi explicitado pelas partes o fora em uma outra esfera do que necessariamente contribuir para o sucesso do procedimento.

O CPC, contudo, prevê não só a regulação da atividade de mediador, mas também especificamente o sigilo em procedimentos de mediação e conciliação. No caso, aplica-se a proteção ao interesse social na medida em que a ideia do legislador é utilizar os MASCs de modo auxiliar ao Judiciário e, nesse aspecto, os fatos revelados no seio desses procedimentos poderiam ser prejudiciais para os interesses das partes se fossem adotados no processo civil.

Nesse aspecto, o legislador andou bem, pelos menos para os MASCs endoprocessuais, ao prever que mediadores e conciliadores, dada a natureza de suas funções, não poderão também depor sobre fatos ocorridos na sessão de mediação ou de conciliação (art. 144, § 2º, do CPC). A questão da regulação, pelo menos *delege ferenda*, será superada ao menos para os MASCs endoprocessuais. Vê-se que parte do problema estará resolvida, mas não se criará um sistema de solução de controvérsias amplo. A questão, para aquelas mediações e conciliações ocorridas fora do âmbito do Judiciário, permitidas pela nova sistemática de acordo com o art. 154 do CPC, continuará com o mesmo tratamento atual, vale dizer, contratual.

Ou seja, ainda de acordo com uma análise sistemática do direito brasileiro vigente e daquele que poderá entrar em vigor com o CPC, vê-se uma certa aproximação com o direito norte-americano e a razoabilidade de aplicação dos critérios de confidencialidade lá estabelecidos no direito brasileiro. A única exceção, *de lege ferenda*, parece ser a não obrigatoriedade de os mediadores e conciliadores brasileiros prestarem depoimentos, ao contrário do que ocorre em alguns casos no sistema americano, no qual, em algumas situações, tais profissionais podem ser compelidos a depor.

[700] OLIVEIRA, E. P. de. *Curso de processo penal*. Op. cit., p. 355.

O que se busca garantir, portanto, é que o sigilo seja utilizado para prejudicar uma das partes. No entanto, quando todas participam do procedimento, embora sigiloso, não haverá ofensa à liberdade ou paridade de armas. É por isso que hoje o sistema processual brasileiro permite a tramitação de processos em segredo de justiça sem que tal permissão viole princípios constitucionais.

Assim, vê-se que a confidencialidade prevista nos métodos de solução de controvérsias não é intrínseca a elas nem da sua essência, mas tem uma razão de ser quando se pensa em um sistema integrado de solução de controvérsias sem que isso signifique uma subversão sistêmica. Divulgar informações de uma conciliação ou de uma conciliação certamente macularia seu bom resultado e interferiria no andamento de eventuais subsequentes arbitragens ou processos judiciais.

Caso a solução dada a essas situações pelo sistema norte-americano seja a mesma dada aqui, a adoção de instrumentos de confidencialidade impede dúvidas acerca da existência de um sistema legal de proteção de mediação nos MASCs no Brasil, bem como afasta os intérpretes norte-americanos de equívocos de aplicação de precedentes e regras jurídicas.[701]

De qualquer modo, uma violação de confidencialidade, por sua relação com os métodos de solução de controvérsias aqui apontada, não impedirá a produção de efeitos desses métodos, isto é, não interferirá nos seus resultados nem nos seus efeitos.

De outro lado, é importante meciona a Lei nº 13.709, de 14 de agosto de 2018, LGPD ("Lei Geral de Proteção de Dados") que se relaciona com o tratamento de dados pessoais. No caso da arbitragem e do processo judicial, este tratamento poderia ser realizado. No caso da mediação, por força da Lei de Mediação, não.

A simples existência de uma cláusula de solução de controvérsias não traz em si a ideia de confidencialidade, mas pode decorrer de lei, no caso da Lei de Mediação e métodos consensuais, onde a questão do sigilo é essencial (art. 30 da Lei de Mediação). Caberá às partes interessadas, principalmente quando o direito brasileiro for aplicado, pensar na elaboração de um termo ou cláusula de confidencialidade, sem deixar de

[701] Grenig, J. E. *Alternative dispute resolution.* Op. cit., p. 74-75.

analisar com profundidade se a situação em comento pode ser abarcada por hipóteses de sigilo processual.

É recente a tendência entre a comunidade arbitral brasileira, especialmente, de divulgar decisões arbitrais ou andamentos de processos. Talvez a tendência seja fruto da inclusão na Lei de Arbitragem sobre a publicidade como elemento essencial da arbitragem com a administração pública (art. 2º, § 3º da Lei de Arbitragem). Nesse aspecto, a Centro de Arbitragem e Mediação da Câmara de Comércio Brasil Canadá[702], a CCI passou a solicitar permissão para divulgação das sentenças e listas as nacionalidades das partes, volume de casos dos árbitros, dentre outras questões[703], a Câmara de Arbitragem do Mercado (B3) passou a emitir ementários das sentenças, por exemplo[704], e o CAESP, que atua para administração pública.[705]

Finalmente, o TJSP confirmou decisão de primeira instância para afastar o sigilo de uma ação para anulação de sentença arbitral (art. 32 da Lei de Arbitragem). No entendimento do TJSP, não havendo "*Perigo de vulneração à intimidadedescaracterizado, ausente a exposição de segredo de empresa*", o segredo de Justiça e a cláusula de sigilo deve ser afastada.[706]

A questão de fato é bastante polêmica e motivou um artigo bastante claro de Joaquim de Paiva Muniz sobre a necessidade também da comunidade arbitral de divulgar o seu trabalho e expor as questões. Não se trataria de uma sociedade secreta, mas, se há desconfiança, há alguma coisa a ser corrigida.

Para os métodos consensuais a questão continua protegida. Aí sim é algo intrínseco pelos temas discutidos e a necessidade de consenso não

[702] RA 35/2019 – https://ccbc.org.br/cam-ccbc-centro-arbitragem-mediacao/resolucao--de-disputas/resolucoes-administrativas/ra-35-2019-divulgacao-dos-tribunais-arbitrais/, Acessado em 1º de setembro de 2021.

[703] https://iccwbo.org/dispute-resolution-services/arbitration/icc-arbitral-tribunals/, Acessado em: 1º de setembro de 2021.

[704] http://www.b3.com.br/pt_br/noticias/camara-de-arbitragem-do-mercado.htm, Acessado em: 1º de setembro de 2021.

[705] https://www.caesp.org.br/ximplantacao-da-cultura-da-mediacao-e-da-arbitragem/, Acessado em: 1º de setembro de 2021.

[706] TJSP, 1ª Câm. Res. de Dto. Emp., AI nº 2263639-76.2020.8.26.0000, Rel. Des. César Ciampolini. TJSP, j. em 2-3-2021.

só para a solução, mas também para a própria continuidade do método de solução de conflitos.[707]

Como se viu, o sigilo não é intrínseco, é tradicional e talvez seja um instituto a ser amenizado para métodos adjudicatórios. Nos mesmos consensuais a questão é diversa e o sigilo é essencial.

[707] *Concepção equivocada sobre arbitragem* In: https://valor.globo.com/legislacao/coluna/concepcao-equivocada-sobre-arbitragem.ghtml, Acessado em: 1º de setembro de 2021.

# PARTE VI

## 9. Conclusão

A tendência observada hoje, não só no sistema jurídico brasileiro, é de um sistema de solução de controvérsias que permita diversas possibilidades ao jurisdicionado, conferindo a ele a possibilidade de adaptar o método de solução ao tipo de controvérsia que possa enfrentar.

Nesse contexto, são postos à disposição métodos de solução de controvérsias que podem ser caracterizados como consensuais, nos quais as próprias partes ou um terceiro imparcial não decidem, mas trabalham até que seja atingida uma solução, ou adjudicatórios, nos quais um terceiro imparcial escolhido pelas partes decide e impõe a sua decisão.

Nesse sentido, há uma recolocação do processo civil e sua relação com os demais métodos de solução de controvérsias a partir de uma releitura de institutos fundamentais, tais como a inafastabilidade da tutela jurisdicional e a própria jurisdição que deixa de ser vista como uma atividade exclusiva do Estado para ser aplicada a partir de um ponto de vista teleológico, especialmente para direitos patrimoniais disponíveis. Nesse aspecto, a tutela do Estado não se impõe com a mesma força, e os indivíduos podem se organizar de acordo com a lei, nas matérias em que podem realizar transações ou arbitragens, por exemplo. Cria-se um sistema multiportas de solução de controvérsias.

A análise dos objetivos dos métodos de solução de controvérsias, nesse sentido, demonstra de modo claro que a pacificação social é o liame que une todos os métodos de solução de controvérsias que se utilizam de diferentes instrumentos, poder estatal, acordo de vontade das partes e determinação legal para que a sua decisão tenha os mesmos efeitos de uma decisão judicial, vínculo contratual, persuasão etc. Em linhas gerais, a origem decorre da permissão estatal ou do acordo de vontade entre as partes.

E é exatamente a partir do fundamento de cada um dos métodos de solução de controvérsias (consensual ou jurisdicional) que se verifica de que modo eles podem se organizar. Assim, o poder estatal pode disponibilizar métodos de solução de controvérsias em sua estrutura, bem como a lei pode permitir que as partes organizem métodos de solução de controvérsias sem depender da estrutura ou do funcionamento do Judiciário.

É interessante notar que há estruturas judiciárias que determinam os tipos de caso que serão solucionados por determinado método de solução de controvérsias; há outras que combinam métodos de solução de controvérsias para determinados assuntos e há aquelas que deixam tais decisões à escolha dos jurisdicionados. O mais correto, respeitando-se a natureza dos MASCs, é deixá-los à escolha dos indivíduos. Obviamente, devem ser estabelecidas regras que impeçam abusos e permitam a atuação de boa-fé das partes no exercício das suas autonomias de vontade.

De uma forma ou de outra, a adesão a qualquer método que não seja o Judiciário, pelo menos em um momento inicial, tem características contratuais, as bases são de direito privado. Estão edificados na autonomia da vontade, do *pacta sunt servanda* e da boa-fé. Todo o sistema é edificado em alicerces estabelecidos nesses princípios. Enquanto a primeira é responsável por permitir a liberdade de atuação dos indivíduos para a escolha do método de solução de controvérsias que mais lhe agrada, a segunda é fundamental para estabelecer os limites de tal exercício, com honestidade e lealdade das atuações das partes. O *pacta sunt servanda* representa a outra face da liberdade oferecida às partes, isto é, ela deve ser exercida com responsabilidade.

Nesse aspecto, o modelo brasileiro outorga instrumentos eficazes às partes, especialmente o compromisso e a transação, embora a recente alteração em nosso Código Civil não tenha correspondido às expectativas em alguns pontos. A figura do compromisso, por exemplo, poderia ter sido generalizada para não ficar restrita apenas à arbitragem, posto que tal instituto é dotado de legislação própria, e permitir a vinculação a outros métodos. A transação, por sua vez, deixou de ser uma forma de extinção de obrigações para ser um contrato, negócio jurídico, ampliando sua utilização como instrumento de solução de controvérsias. Desse modo, um instrumento de transação, atualmente, pode ser utilizado com tranquilidade para extinguir direitos e obrigações, mas também para regular relações jurídicas futuras.

Embora existam individualmente, os MASCs podem se dar em conjunto, em situações de sequência, sucessividade ou de escalonamento. A isso se chama escalonamento, etapas nas cláusulas de solução de controvérsias, representando um aspecto dinâmico dos métodos de solução de controvérsias. Nesse ponto surge um dos aspectos mais relevantes da conformação entre os métodos de solução de controvérsias, sendo necessário impor limites e realizar uma análise de acordo com as características de cada um deles. A arbitragem é um ponto de partida, porém, como se viu, apresenta características híbridas que ora a aproximam dos demais MASCs, especialmente na sua origem, mas tem também características que a aproximam do Judiciário. Desta maneira, regras como a do efeito vinculante da convenção de arbitragem não se aplicam aos demais MASCs, especialmente a mediação e a conciliação.

De que modo tais MASCs se relacionam entre si e com o Judiciário? Tais métodos podem ser vistos como verdadeiros sucedâneos do Judiciário, pressupostos processuais negativos, questões judiciais ou até condições da ação.

Dependendo do critério que se adote, as consequências serão diversas. Realidades muito diferentes empregam modelos também diferentes até por razões históricas e sociais. O estudo de modelos franceses, americanos e argentino, especialmente, e o conhecimento do modo finlandês, aplicados para o Brasil, permitem algumas conclusões.

A arbitragem no Brasil é consagradamente um método jurisdicional de solução de controvérsias, e, por isso, equiparar MASCs naturalmente não jurisdicionais, como mediação e conciliação, é algo inadequado, como faz o modelo finlandês. Da mesma forma, equiparar mediação e conciliação a métodos jurisdicionais, como alguns autores sugerem na França, padecerá do mesmo vício.

A natureza dos métodos de solução de controvérsias pode ser diferente, com consequências de vinculação e efetivação também diferentes.

Tratar os métodos consensuais como condições da ação ou pressupostos processuais, com exceção da arbitragem em relação ao Judiciário, posto que os dois últimos são métodos jurisdicionais, é algo que tecnicamente não pode ser feito, embora seduza a ideia de uma afetação do interesse de agir no método jurisdicional ou adjudicatório pela não utilização do método consensual. Todavia, do ponto de vista de duração do processo e da demora da prestação da tutela jurisdicional, que não são nada razoáveis no Brasil, aguardar um pronunciamento judicial para que se confirme a necessidade da realização de uma conciliação ou uma mediação pré-processual após seis anos, como aconteceu em um caso francês aqui narrado, parece ser contrário aos objetivos buscados pelo sistema.

Não se busca criar mais um obstáculo para o acesso à justiça, mas sim criar a criar a possibilidade de que os MASCs consensuais sejam utilizados de modo efetivo. Assim, ao impor uma aparente dificuldade para acesso ao método jurisdicional pela não utilização do método consensual, estar-se-á criando uma alternativa efetiva às partes e não uma mera disposição contratual sem efetividade para a solução de conflitos.

Portanto, o que se faz é coordenar a utilização de métodos consensuais com métodos jurisdicionais de solução de conflitos, ganhando destaque a forma exposta pela qual tais métodos se relacionam.

Nesse aspecto, tratar os MASCs consensuais como questões prévias parece ser a solução mais razoável. De um lado, tais métodos são efetivados e as partes, depois que os combinaram, devem realizá-los, mas apenas tendo o condão de suspender eventuais processos judiciais ou arbitrais para que todo o custo e esforço despendidos não sejam perdidos.

Entretanto, os métodos consensuais podem, como se disse, ocorrer fora do processo e, mesmo assim, não ser realizados. Nesse aspecto, a não realização de um método de solução de controvérsias consensuais pode ensejar indenização pela perda de uma chance ou por cláusulas penais que as partes tenham estipulado. Até o início do método de solução de controvérsias, sua disciplina é contratual e as partes podem fazer uso de regras de direito civil para fazer valerem os seus direitos. É fundamental lembrar que a exposição de um conflito não resolvido nos meios de comunicação, por exemplo, é algo que pode acarretar prejuízo para as empresas.

Como se vê, a execução por transformação com substituição da vontade de uma das partes não é possível apenas na arbitragem e no Judiciário, mas também nos demais métodos de solução de controvérsias, pelo caráter vinculante aplicável a todos os MASCs no tocante à sua realização. Nesse contexto, além do que aqui se expôs, destaca-se o Projeto de Lei do Senado nº 517, 2011, do Senador Ricardo Ferraço, especialmente nos seus arts. 16 e 17, ideia que se efetivou na Lei de Mediação.

De qualquer modo, a situação descrita no parágrafo anterior não levará à realização de um MASC que não seja jurisdicional na medida em que a vinculação existente entre as partes será eminentemente consensual. Nesse aspecto, as cláusulas penais ganham importante relevo para incentivar a utilização dos MASCs pelas partes, sendo a economia um incentivo para utilização do método de solução de controvérsias mais barato.

Na mesma linha, mas com maior dificuldade. Obviamente, qualquer disciplina indenizatória, partindo do ponto da boa-fé que as partes devem ter, faz que qualquer pleito indenizatório seja permeado pela ideia de mitigação do próprio dano. A parte prejudicada deve demonstrar que tentou solucionar a controvérsia e reduzir seus prejuízos, sendo estes causados exclusivamente pela desídia da parte contrária.

E as consequências obrigacionais e processuais podem ser cumulativas, sem nenhum prejuízo.

Outro aspecto importante diz respeito à confidencialidade. Tal qualificador não é intrínseco a nenhum método de solução de controvérsias e diversas foram as situações em que o dogma da confidencialidade foi quebrado. Os métodos de solução de controvérsias subsistem sem a confidencialidade, embora ela seja relevante em diversos pontos e situações, como em conflitos empresariais que guardem segredos industriais ou gerenciais, questões de família, entre outros.

Apesar de todas as dificuldades aqui apontadas e das especificidades de cada um dos métodos de solução de conflitos, é possível tratá-los a partir de uma teoria geral dos métodos de solução de conflitos, partindo do fato de que a vinculação entre as partes, em qualquer dos métodos, tem uma origem comum de natureza contratual.

Contudo, a análise dos métodos deve ser feita de modo cuidadoso pelo fato de que nem todos podem ser tratados como "equivalentes jurisdicionais", na medida em que somente a arbitragem permite a aplicação do direito ao caso concreto com os mesmos efeitos de uma sentença judicial. Os métodos consensuais sem dúvida têm a sua utilidade e importância, porém, com características distintas que os afastam de um prisma jurisdicional.

# REFERÊNCIAS


ABBUD, André Albuquerque de Cavalcante. *Homologação de sentenças arbitrais estrangeiras*. São Paulo: Atlas, 2008.

ÁLVAREZ, Gladys Stella. *La mediación y el acceso a justicia*. Buenos Aires: Rubinzal-Culzoni, 2003.

ALVES, J. C., *Direito Romano*. Vol. I. 12ª ed. Rio de Janeiro: Forense. 1999.

AMERICAN ARBITRATION ASSOCIATION. *Adr & the law*. 20. ed. Huntington: JP Juris, 2006.

ANDOLINA, Ítalo. *Contributto alla dottrina de titulo esecutivo*. Milano: Giuffré, 1982.

ANDREWS, Neil. *The modern civil process*. WAMBIER, Teresa Arruda Alvim Wambier (trad. es.). São Paulo: Revista dos Tribunais, 2009.

–. *Arbitragem e Outros Métodos de Solução de Conflitos Brasil e Reino Unido*. ARRUDA ALVIM, Teresa, MONTEIRO, André Luis e GUERRERO, Luis Fernando (trad. en e comentários). Curitiba: EDC, 2021.

AMARAL, Francisco. *Direito civil*: introdução. Rio de Janeiro: Renovar, 2000.

AMARAL SANTOS, Moacyr. *Primeiras linhas de direito processual civil*. Rio de Janeiro: Forense, 1983. V. I, II e III.

AMORIM FILHO, Agnelo. Critério científico para distinguir a prescrição da decadência. *Revista dos Tribunais*, São Paulo: Revista dos Tribunais, Edição Histórica, 2010.

ANCEL, Pascal; COTTIN, Marianne. L'efficacité procédurale des clauses de conciliation ou de médiation. *Recuil Le Dalloz*, nº 21, 2003.

APRIGLIANO, Ricardo de Carvalho. *Ordem pública e processo*: o tratamento das questões de ordem pública no direito processual civil. São Paulo: Atlas, 2011.

ARAGÃO, Egas Dirceu Moniz de. *Comentários ao código de processo civil*. 9. ed. Rio de Janeiro: Forense, 2000. v. II.

ARAÚJO CINTRA, Antônio Carlos; GRINOVER, Ada Pellegrini; DINAMARCO, Cândido Rangel. *Teoria geral do processo*. 26. ed. São Paulo: Malheiros, 2010.

–. *Teoria geral do processo*. 22ª ed. São Paulo:, Malheiros, 2006.

ARMELIN, Donaldo; BONÍCIO, Marcelo José; CIANCI, Mirna; QUARTIERI, Rita. *Comentários à execução civil*. São Paulo: Saraiva, 2008.

ARNALDEZ, Jean-Jacques; DERAINS, Yvese; HASCHER, Dominique. *Collection of ICC arbitral awards (1991-1995)*. The Hague: Kluwer Law, 1997.

–. *Collection of ICC arbitral awards (1996-2000)*. Wolters Kluwer, 2008.

–. *Collection of ICC arbitral awards (2001-2007)*. Wolters Kluwer, 2008.

ARRUDA ALVIM. *Manual de direito processual civil*. 6. ed. Vol. I. São Paulo: Revista dos Tribunais, 1997.

ASSIS, Araken de. *Cumprimento da sentença*. Rio de Janeiro: Forense, 2006.

–. *Manual de execução civil*. 13. ed. São Paulo: Revista dos Tribunais, 2010.

ATIYAH, P. S., *The Rise and Fall of Freedom of Contract*. 2ª ed.. Oxford: Oxford University Press, 2000.

AZARA, Antonio; AULA, Ernesto. *Novissimo digesto italiano*. 3. ed. Torino: UTET, 1957. v. XIII.

AZEVEDO, Álvaro Villaça. Negócio fiduciário. *Enciclopédia Saraiva do Direito*, São Paulo, Saraiva, 1980, v. 54.

AZEVEDO, André Gomma. *Estudos de arbitragem, negociação e mediação*. Brasília: UNB, 2003. v. II.

–. (Org.). *Estudos de arbitragem, negociação e mediação*. Brasília: UNB, 2004. v. III.

AZULAY, Keren. Knights of the round table: participant selection mechanism for court-related deliberations. *40 Creighton L. Rev.*, Craigton University: Omaha, 2007.

BAKER E MCKENZIE. *The Baker & McKenzie international arbitration yearbook*. MockBa/Wolters Kluwer, 2009.

BAPTISTA, Luiz Olavo; PRADO, Maurício. *Construção civil e direito*. São Paulo: Lex Magister, 2011.

–. *Confidencialidade na arbitragem*. In: CONGRESSO DO CENTRO DE ARBITRAGEM COMERCIAL, 5., 2012, Coimbra. *Anais*... Coimbra: Almedina, 2012.

BAPTISTA DA SILVA, Ovídio A. *Jurisdição na tradição romano canônica*. 3. ed. Rio de Janeiro: Forense, 2007.

–. *Curso de processo civil*. 5. ed. São Paulo: Revista dos Tribunais, 2001. v. I.

BARBOSA, Ruy. *Oração dos Moços*, Rio de Janeiro, 5ª ed., Edições Casa de Rui Barbosa, 1999.

BARBOSA MOREIRA, José Carlos. Sobre os pressupostos processuais. *Temas de Direito Processual*, quarta série, São Paulo, Saraiva, 1989.

–. *Comentários ao código de processo*. Rio de Janeiro: Forense, 1981. v. V.

–. Notas sobre o problema da efetividade do processo. *Ajuris*, Porto Alegre, v. 29, 1983.

–. Os limites objetivos da coisa julgada no sistema do Novo Código de Processo Civil. *Temas de Direito Processual*, primeira série, São Paulo, Saraiva, 1988.

–. Tendenze evolutive del processo civile. *Temas Fundamentais de Direito Processual*, sexta série, São Paulo, Saraiva, 1997.

–. La nuova legge brasiliana sull'arbitrato. *Temas Fundamentais de Direito*

*Processual*, sexta série, São Paulo, Saraiva, 1997.

–. Privatização do processo. *Temas de Direito Processual*, sétima série, São Paulo, Saraiva, p. 7-18, 2001.

–. Estrutura da sentença arbitral. *Revista de Direito Civil e Processual Civil*, São Paulo, Síntese, nº 16, 2002.

–. *O novo processo civil brasileiro*. 21. ed. Rio de Janeiro: Forense, 2001.

– (Coord.). *Estudos de direito processual e homenagem a Luiz Machado Guimarães*. Rio de Janeiro: Forense, 1977.

–. Tutela de urgência e efetividade do direito. *Revista de Direito Renovar*, v. 23, Rio de Janeiro: Renovar, 2003..

–. A sentença mandamental: da Alemanha ao Brasil. *Temas de Direito Processual*, sétima série, São Paulo, Saraiva, 2001.

–. O processo civil contemporâneo: um enfoque comparativo. *Revista Brasileira de Direito Comparado*, Rio de Janeiro, nº 25, Instituto de Direito Comparado Luso-Brasileiro, 2004.

–. *Temas de Direito Processual*, quarta série, São Paulo, Saraiva, 1989.

Barnaud, Caroline. *L'efficacité des clauses relatives aux litiges*. Tese (Doutorado em Direito) – Université Versailles Saint-Quentin-en-Yvelines, Versailles, 2009.

Bar, Christian Von; Clive, Eric. Principles of European contractual law. *Draft Common Frame of Reference*, Munich, Sellier, Vol.. I, 2009.

Barroso, Luis Roberto (Org.). *A nova interpretação constitucional*. 3. ed. Rio de Janeiro: Renovar, 2008.

Bastos, Celso Ribeiro. *Curso de direito constitucional*. 22. ed. São Paulo: Saraiva, 2001.

Bedaque, José Roberto dos Santos. *Efetividade do processo e técnica processual*. 2. ed. São Paulo: Malheiros, 2007.

–. Competência: aspectos teóricos e práticos. *Revista do Advogado*, São Paulo, AASP, ano XXV, nº 84, 2005.

–. *Direito e processo*. 2. ed. São Paulo: Malheiros, 2001.

–. *Tutela cautelar e tutela antecipada*: tutelas sumária e de urgência. 2. ed. São Paulo: Malheiros, 2001

Benigni, Francesco; Franzini, Fulvio (Org.). *Composizione delle controversie commerciali com le procedure "ADR"*: oppotunità per le imprese. Milano: Giuffré, 2004.

Berman, Edward J.; Bickerman, John G. *Court-annexed mediation*: critical perspectives on selected state and federal programs. Bethesda: American Bar Association, 1998.

Bevilacqua, Clóvis. *Código civil dos Estados Unidos do Brasil*. 8. ed. Rio de Janeiro: Livraria Francisco Alves, 1950. v. IV.

Bienvenu, Pierre. The enforcement of multi-tiered dispute resolution clauses in Canada and the United States. In: New York Convention Workshop, 2003, San Francisco. *Anais*... San Francisco: Annual Convention of the International Bar Association, 2003.

Birke, Richard; Teitz, Louise Ellen. American law in a time of global interdependence. In: International Congress of Comparative Law: Section II, 16., 2001,

U.S. *The path that brought America to uniform laws and mediation in cyberspace (Anais...)*. U.S., 2001, 50 Am., J. Comp. L. 181.

BITTAR, Carlos Alberto. *Direito dos contratos e dos atos unilaterais*. Rio de Janeiro: Forense Universitária, 1990.

BOISSÉSON, Matthieu de. *Le droit français de l'arbitrage*: interne et international. Paris: GLN, 1990.

BOYER, Louis. *La notion de transation*. Paris : Sirey, 1947.

BONDIOLI, Luis Guilherme Aidar. *O novo CPC*. São Paulo: Saraiva, 2006.

BONÍCIO, Marcelo José Magalhães. *Proporcionalidade e processo*: a garantia constitucional da proporcionalidade, a legitimação do processo civil e o controle das decisões judiciais. São Paulo: Atlas, 2006.

BORN, Gary B. *International commercial arbitration in the United States*. Deventer: Wolters Kluwer, 1994.

BRAGA NETO, Adolfo. Mediação de conflitos e legislação brasileira. *Valor Econômico*, São Paulo, Caderno E2, 24 set. 2004.

BRAGHETTA, Adriana. A escolha da sede da arbitragem. *Revista do Advogado*, São Paulo, nº 87, AASP, 2006.

–. *A importância da sede da arbitragem*. Rio de Janeiro: Renovar, 2010.

BRAND, Ronald A. et al. *Guide to the international sale of goods convention*. Eagan: West, 2010. v. I.

BUENO, Cássio Scarpinella. *Curso sistematizado de direito processual civil*. São Paulo: Saraiva, 2009. v. II. t. I.

–. *Curso sistematizado de direito processual civil*. 3. ed. São Paulo: Saraiva, 2010. v. III.

–; WAMBIER, Teresa Arruda Alvim. *Aspectos polêmicos da nova execução*. São Paulo: Revista dos Tribunais, 2008. v. IV.

BÜLOW, Oskar von. *La teoría de las excepciones procesales y los presupuestos procesales*. Tradução de Miguel Angel Rosas Lichtenstein. Buenos Aires: Ediciones Jurídicas Europa-América, 1964.

BUSHELL, Simon (Org.). *Dispute resolution in 48 jurisdictions worldwide*. London: Law Business Research, 2010.

BUTLER, A. E. *A practical guide to CISG*. The Hague: Aspen, 2007.

BUZAID, Alfredo. *Agravo de petição no sistema do código de processo civil*. 2. ed. São Paulo: Saraiva, 1956.

–. Alienação fiduciária em garantia (histórico). *Enciclopédia Saraiva do Direito*, São Paulo, Saraiva, v. 6, 1978.

–. Do juízo arbitral. *Revista da Faculdade de Direito da Universidade de São Paulo*, v. LV, São Paulo, EDUSP, 1960.

CADIET, Loïc. *Droit judiciaire privé*. Paris: Litec, 1992.

CAHALI, Yussef. *Prescrição e decadência*. 2. ed. São Paulo: Revista dos Tribunais, 2008.

CAIVANO, Roque J.; GOBBI, Marcelo; PADILLA, Roberto E. *Negociación y mediación*. 2. ed. Buenos Aires: Ad Hoc, 2006.

CALAMANDREI, Piero. *Direito processual civil*. Campinas: Bookseller, 1999. v. I.

CALDAS AULETE, F. J. IDicionário Aulete. São Paulo: Lexikon, 2004. Disponível em: <http://aulete.uol.com.br>. Acesso em: 6 jun. 2010.

CÂMARA, Alexandre Freitas. *Arbitragem*: lei nº 9.307/96. Rio de Janeiro: Lumen Juris, 2002.

CAPPELLETTI, Mauro. *Processo civil no direito comparado.* Tradução de Hermínio A. Carvalho. Belo Horizonte: Editora Ler, 2001.

–. e GARTH, B., *Acesso à Justiça*, NORTHFLEET, E. G. (trad. Ing.). Porto Alegre: Sérgio Antonio Fabris Editor, 2000.

CAPRESE, Olivier. A constituição do tribunal arbitral em arbitragem multiparte. *Revista Brasileira de Arbitragem*, São Paulo, nº 8, IOB Thompson, 2005.

CARBONNIER, Jean. *Droit civil.* 22. ed. Paris: PUF, 2000. t. 4.

CARMONA, Carlos Alberto. *Arbitragem e processo.* São Paulo: Malheiros, 1998.

–. *Arbitragem e processo.* 2. ed. São Paulo: Atlas, 2004.

–. *Arbitragem e processo.* 3. ed. São Paulo: Atlas, 2009.

–. *A Arbitragem no Processo Civil.* São Paulo: Malheiros, 1993.

–. Ensaio sobre a sentença arbitral parcial. *Revista Brasileira de Arbitragem*, São Paulo, IOB Thompson, nº 18, 2008.

–. BATISTA MARTINS, Pedro Antonio; LEMES, Selma Maria Ferreira (Org.). *Aspectos fundamentais da lei de arbitragem.* Rio de Janeiro: Forense, 1999.

–. BATISTA MARTINS, Pedro Antonio; LEMES, Selma Maria (Coord.). *Arbitragem*: estudos em homenagem ao Prof. Guido Fernando da Silva Soares in memoriam. São Paulo: Atlas, 2007.

CARNEIRO, Athos Gusmão. *Jurisdição e competência.* 15. ed. São Paulo: Saraiva, 2007.

–. Arbitragem: cláusula compromissória: cognição e imperium: medidas cautelares e antecipatórias: civil law e common law: incompetência da justiça estatal. *Revista Brasileira de Arbitragem*, São Paulo, IOB Thompson, nº 3, 2004.

–; CALMON, Petrônio (Org.). *Bases científicas para um renovado direito processual.* 2. ed. Salvador: Jus Podivm, 2009.

–. *Cumprimento de sentença.* Rio de Janeiro: Forense, 2007.

CARNELUTTI, Francesco. *Sistema di diritto processuale civile.* Padova: CEDAM, 1936. v. I.

–. *Lezioni di diritto processuale civile.* Padova: CEDAM, 1929.

–. *Lezioni di diritto processuale civile.* Padova: CEDAM, 1933. v. II.

–. Titolo executivo. *Rivista di Diritto Processuale Civil*, Padova, CEDAM, v. VIII, Parte I, 1931.

–. Sulla causa della transazione. *Rivista di Diritto Commerciale*, Milano, Casa Edittrice Dottore Francesco Vallardi, 2ª Parte, 1914.

–. *Instituiciones del Nuevo Processo Civil Italiano.* GUASP, J. (trad. It.). Barcelona: Bosch, 1942.

CARREIRA ALVIM, José Eduardo. *Comentários à lei de arbitragem.* Rio de Janeiro: Lumen Juris, 2002.

–. *Tratado geral da arbitragem*: interno. Belo Horizonte: Mandamentos, 2000.

CARRION, Valentin. *Comentários à consolidação das leis do trabalho.* 33. ed. São Paulo: Saraiva, 2008.

CARVALHO SANTOS, J. M. *Código civil brasileiro interpretado*. 4. ed. Rio de Janeiro: Freitas Bastos, 1951. v. XI.

–. *Código civil brasileiro interpretado*. 4. ed. Rio de Janeiro: Freitas Bastos, 1951. v. XIV.

–. *Código civil brasileiro interpretado*. 3. ed. Rio de Janeiro: Freitas Bastos, 1945. v. XIII.

CASELLA, Paulo Borba. *Arbitragem*: lei brasileira e praxe internacional. 2. ed. São Paulo: LTr, 1999.

CASTILLO, Niceto Alcalá-Zamora. *Proceso, autocomposicion y autodefensa*. Ciudad de Mexico: UNAM, 1970.

–. *Proceso, Autocomposición y Autodefensa – Contribución al estudio de los fines del processo*. 3ª ed. 1ª Reimp. México DF: UNAM. 2000.

CATALA. Pierre e FLÉCHEUX, Georges. *Les Modes Alternatifs de Règlament des Litiges: les voies Nouvelles d'une autre justice*, Paris: La Documentation Française, 2003.

CAVALIERI FILHO, Sérgio. *Programa de responsabilidade civil*. 9. ed. São Paulo: Atlas, 2010.

CESARINO JUNIOR, A. F. *Tratado de direito social brasileiro*: direito processual do trabalho. Rio de Janeiro: Livraria Freitas Bastos, 1942. v. IV.

CHALHUB, Melhim Namem. *Negócio fiduciário*. 2. ed. Rio de Janeiro: Renovar, 2000.

CHEVALIER, Pierre; DESDEVISES, Yvon; MILBURN, Phillip. *Les modes alternatifs de réglement des litiges*: les voies nouvelles d'une autre justice. Paris: La Documentation Française, 2003.

CHIOVENDA, Giuseppe. *Istituzioni di diritto processuale civile*. Napole: Jovene, 1928.

–. *Principii di diritto processuale civile*. Napole: Jovene, 1928.

–. *Instituições de Direito Processual Civil*. MENEGALE, J. G., (trad. it.). Vol. I, São Paulo: Saraiva, 1942.

CHIMENTI, Ricardo Cunha. *Teoria e prática dos juizados especiais estaduais e federais*. 10. ed. São Paulo: Saraiva, 2008.

CLAY, Thomas. Vive la chambre mixte. *Recueil Le Dalloz*, Paris, nº 22, 2003.

CLIFFORD, Mary Louise; JENSSEN, Lynn A. *Court case management information system manual*. Williamsburg: National Centre for State Courts, 1980.

CIANCI, Mirna; QUARTIERI, Rita. *Temas atuais da execução civil*. São Paulo: Saraiva, 2007.

COMOGLIO, Luigi Paolo. *Il principio di economia processuale*. Padova: CEDAM, 1980. v. I.

–. La durata ragionevole del processo e le forma alternative di tutela. *Rivista di Diritto Processuale*, Padova, CEDAM, ano LXII (Seconda Série), nº 3.

COSTA, Marina Mendes. Comentários ao laudo final proferido em 27 de janeiro de 2000 no procedimento CCI nº 10.551. *Revista Brasileira de Arbitragem*, São Paulo, IOB Thompson, nº 2, 2004.

COSTA, Susana Henriques da. *Condições da ação*. São Paulo: Quartier Latin, 2005.

–. (Coord.). *A nova execução civil*: 11.232/05. São Paulo: Quartier Latin, 2006.

–. *Execução extrajudicial*. São Paulo: Quartier Latin, 2007.

COSTA, Nelson Nery; ALVES, Geraldo Magela. *Constituição federal anotada e explicada*. 3. ed. Rio de Janeiro: Forense, 2006.

COSTA, Judith Martins. *A boa-fé no direito privado*. São Paulo: Revista dos Tribunais, 2000.

–. *Comentários ao novo código civil*. Rio de Janeiro: Forense, 2003. v. V.

COUCHEZ, Gérard. *Procédure civile*. 12. ed. Paris: Dalloz, 2002.

COUTURE, Eduardo Juan. *Fundamentos del derecho procesal civil*. 4. ed. Buenos Aires: Editorial BdeF, 2005.

–. *Vocabulário jurídico*. Buenos Aires: Depalma, 1988.

–. *Introdução ao Estudo do Processo Civil*. RUSSOMANO, M. V. (trad. es). Rio de Janeiro: José Konfino, 1951.

–. *Interpretação das Lei Processuais*. RUSSOMANO, G. M. C. M. (trad. es.). São Paulo: Max Limonad. 1956.

CREMADES, Bernardo M. *Multi-tiered dispute resolution clauses*. Madrid: CPR Institute for Dispute Resolution, 2004.

CRETELLA NETO, José. *Comentários à lei de arbitragem brasileira*. Rio de Janeiro: Forense, 2004.

CUNHA GONÇALVES, Luis. *Dos contratos em especial*. Lisboa: JM, 1955.

DALL'AGNOL, Antonio. *Comentários ao código de processo civil*. 2. ed. São Paulo: Revista dos Tribunais, 2007. v. II.

DALLARI, Dalmo de Abreu. *Elementos de teoria geral do Estado*. 21. ed. São Paulo: Saraiva, 2000.

DAVID, René. *L'arbitrage dans le commerce international*. Paris: Economica, 1981.

DELVOLVÉ, Jean-Louis; ROUCHE, Jean; POINTON, Gerald H. *French arbitration law and pratice*. The Hague: Kluwer Law International, 2003.

DERAINS, Yves. Evidence and confidenciality. *Confidenciality in Arbitration: 2009 Special Supplement ICC International Court of Arbitration Bulletin*, Paris, ICC, 2009.

DIDIER JÚNIOR, Fredie. *Pressupostos processuais* e *condições da ação*. São Paulo: Revista dos Tribunais, 2005.

–, F., *Sobre a Teoria Geral do Processo, Essa Desconhecida*. 3ª ed. Salvador: JUSPODIVM, 2016,

–. WAMBIER, Luiz Rodrigues; GOMES, Luiz Manoel (Org.). *Constituição de processo*. Salvador: Juspodivm, 2007.

DINAMARCO, Cândido Rangel. *Execução civil*. 8. ed. São Paulo: Malheiros, 2002.

–. *Fundamentos do processo civil moderno*. 5. ed. São Paulo: Malheiros, 2001. v. I.

–. *Instituições de direito processual civil*. 6. ed. São Paulo: Malheiros, 2009. v. I.

–. *Instituições de direito processual civil*. 6. ed. São Paulo: Malheiros, 2009. v. II.

–. *Instituições de direito processual civil*. 6. ed. São Paulo: Malheiros, 2009. v. III.

–. *Instituições de direito processual civil*. 3. ed. São Paulo: Malheiros, 2009. v. IV.

–. *Vocabulário do processo civil*. São Paulo: Malheiros, 2009.

–. Assis, Araken de; Bedaque, José Roberto dos Santos. A nova execução civil (lei nº 11.232/05). *AASP*, São Paulo, de 6 a 9 fev. 2006.

–. et al. *Dinamarco e Rossi advocacia*: 20 anos. No prelo.

–, Badaró, G. H. R. I. e Lopes, B. V. C., *Teoria Geral do Processo*. 32ª ed. São Paulo: Malheiros, 2020.

–, *Polêmicas do Processo Civil* In: Doutrinas Essenciais de Processo Civil. vol. 1, São Paulo: RT, Out / 2011, pp. 523 – 542 (RT 424/21 • fev./1971).

–, *A Instrumentalidade do Processo*. 15ª ed., São Paulo, Malheiros, 2013.

Dollinger, Jacob. *Direito internacional privado*. 4. ed. Rio de Janeiro: Renovar, 1996.

–; Tiburcio, Carmen. *Arbitragem comercial internacional*. Rio de Janeiro: Renovar, 2003.

Egashiro, Fábio de Possídio. *A reconstrução da teoria contratual sob o enfoque do princípio da boa-fé objetiva no código civil de 2002*. Curitiba: Bagaço, 2008.

Fabrício, Adroaldo Furtado. Extinção do processo e mérito da causa. *Revista de Processo*, São Paulo, Revista dos Tribunais, nº 58, p. 7-32, 1990.

–. A coisa julgada nas ações de alimentos. *REPRO*, São Paulo, Revista dos Tribunais, nº 62, 1992.

Fazzalari, Elio. *L'arbitrato*. Torino: UTET, 1997.

–. L'esperienza del processo nella cultura contemporânea. *Rivista di Diritto Processuale*, Padova, CEDAM, v. XX, 1965.

–. *Processo (teoria generale)* In: *Novissimo Digesto Italiano*. 3ª ed. Vol. XIII. Turim: UTET, 1957.

Fernandes, Adaucto. *O contrato no direito brasileiro*. Rio de Janeiro: A. Coelho Branco Filho Editor, 1945. v. I.

Fernandes, Antonio Scarance. *Prejudicialidade*: conceito, natureza jurídica, espécies judiciais. São Paulo: Revista dos Tribunais, 1988.

Ferraz Júnior, Tércio Sampaio. *Introdução ao estudo do direito*. 2. ed. São Paulo: Atlas, 1994.

Ferreira, Sérgio de Andréa. *A arbitragem e a disponibilidade de direitos no ius publicum interno*. In: Martins, P. A. B.; Garcez, J. M. R. (Org.). *Reflexões sobre arbitragem*. São Paulo: LTr, 2002.

Ferreira, José Alves. Da cláusula penal. *Revista dos Tribunais*, São Paulo, Revista dos Tribunais, nº 301, 1960.

Ferreira Filho, Manuel Gonçalves. *Comentários à Constituição Brasileira de 1988*. São Paulo: Saraiva, 1990. v. I.

Ferreira Lemes, Selma Maria. *Árbitro*: princípios da independência e da imparcialidade. São Paulo: LTr, 2001.

–. Cláusula escalonada, mediação e arbitragem. *Resultado – Informativo de Mediação e Arbitragem Empresarial*, Brasília, CACB – Confederação das Associações Comerciais do Brasil, 2005. Disponível em: <http://www.selmalemes.com.br/artigos/artigo49.pdf>. Acesso em: 18 maio 2010.

Figueira Júnior, Joel Dias. *Arbitragem, jurisdição e execução*. 2. ed. São Paulo: Revista dos Tribunais, 1999.

Figueiredo, Augusto de. Barros e Salla, R. M. (orgs.) *Manual de Dis-*

*pute Boards*, São Paulo, Quartier Latin, 2021.

FILKENSTEIN, Cláudio; VITA, Jonathan B.; CASADO FILHO, Napoleão. *Arbitragem internacional, unidroit, CISG e direito brasileiro*. São Paulo: Quartier Latin, 2010.

FISHER, Robert; URY, William; PATTON, Bruce. *Getting to yes*. 2. ed. New York: Penguin Books, 1991.

FISS, Owen. *Um Novo Processo Civil: Estudos norte-americanos sobre jurisdição, constituição e sociedade*, SALLES, C. A. de, SILVA, D. P. da S. e RÓS, M. de M. (trad. in.), São Paulo: RT, 2004.

FOUCHARD, Phillip. *L'arbitrage commercial international*. Paris: Dalloz, 1965.

FRANÇA, Rubens Limongi. *Teoria e prática da cláusula penal*. São Paulo: Saraiva, 1988.

FREEDMAN, Lawrence; HAILE, Christopher; BOOKSTAFF, Howard (Org.). *Confidentiality in mediation*: a practitioner's guide. Los Angeles: ABA, 1985.

FRADERA, Vera Maria Jacob. Pode o credor ser instado a diminuir o próprio prejuízo? *Revista Trimestral de Direito Civil*, Rio de Janeiro, Padma, 2004.

FREDERICO MARQUES, José. *Instituições de direito processual civil*. Rio de Janeiro: Forense, 1960. v. III.

FURNO, Carlo. Condana e titulo executivo. *Rivista Italiana per Le Scienze Giuridece*, Roma, Universitá di Roma, 1937.

FUX, Luiz. *Curso de direito processual civil*. Rio de Janeiro: Forense, 2004.

–. NERY JUNIOR, Nelson; WAMBIER, Teresa Arruda Alvim. *Processo e Constituição*: estudos em homenagem ao professor José Carlos Barbosa Moreira. São Paulo: Revista dos Tribunais, 2006.

GAILLARD, Emmanuel. *Legal theory on international arbitration*. Leiden: Martinus Nijhoff, 2010.

GALANTER, Marc. *The quality of settlements*. Mo. J. Disp. Res. 55. Disponível em: <www.lexisnexis.com>. Acesso em: 10 jul. 2011.

GALGANO, Francesco. *Diritto privato*. 14. ed. Padova: CEDAM, 2008.

GARBAGNATI, Edoardo. *La sostituzione processuale*. Milano: Giuffré, 1942.

GARCEZ, José Maria Rossani. Escolha da lei substantiva da arbitragem. *Revista de Arbitragem e Mediação*, São Paulo, Revista dos Tribunais, ano II, nº 4, jan./mar. 2005.

GASPAR, Renata Álvares. *Reconhecimento de sentenças arbitrais estrangeiras no Brasil*. São Paulo: Atlas, 2009.

GIANNICO, Maurício; MONTEIRO, Vitor José de Mello. *As novas reformas do CPC e de outras normas processuais*. São Paulo: Saraiva, 2008.

GIBBONS, Thomas F.; MORROW, Jennifer W. *Mediation training*. Chicago: Northwestern University, 2008.

GONÇALVES, Carlos Roberto. *Direito civil brasileiro*. 3. ed. São Paulo: Saraiva, 2007. v. III.

–. *Direito civil brasileiro*. 2. ed. São Paulo: Saraiva, 2005. v. I.

GOLDBERG, Stephen; SANDER, Frank E. A.; ROGERS, Nancy H.; COLE, Sarah Rudolph. *Dispute resolution*: negotiation, mediation, and other processes. 4. ed. New York: Wolters Kluwer, 2003.

GOLDSCHMIDT, James. *Teoria Geral do Processo*, ANDRADE, Mauro Fonseca e MARQUES, Mateus (trads. es.). Porto Alegre: Livraria do Advogado. 2021.

GOLDSMITH, Jean-Claude (Org.). *ADR in business*. Alphen aan den Rijin: Kluwer Law International, 2006.

GOMES, Orlando. *Introdução ao direito civil*. 18. ed. Rio de Janeiro: Forense, 2001.

GORCHS, Béatrice. Le contrôle judiciaire des accords de règlement amiable. *Revue de L'Arbitrage*, Paris, Litec, nº 1, 1996, 2008.

–. *Contratos*. 24. ed. Rio de Janeiro: Forense, 2001.

GRECO FILHO, Vicente. *Direito processual civil brasileiro*. 14. ed., São Paulo: Saraiva, 2000. v. II.

–. *Homologação de sentença estrangeira*. São Paulo: Saraiva, 1978.

GRENIG, Jay E. *Alternative dispute resolution*. 3. ed. New York: Thomson West, 2005. v. I.

GRINOVER, Ada Pelegrini; DINAMARCO, Cândido Rangel; WATANABE, Kazuo (Coord.). *Participação e processo*. São Paulo: Revista dos Tribunais, 1988.

–; WATANABE, Kazuo; LAGRASTA NETO, Caetano (Coord.). *Mediação e gerenciamento do processo*. São Paulo: Atlas, 2007.

–. Le garanzie del processo civile nella nuova costituzione brasiliana. *Novas tendências do direito processual*, Rio de Janeiro, Forense Universitária, 1990.

–. Considerações sobre os limites objetivos e a eficácia preclusiva da coisa julgada. *Revista de Direito Civil e Processual*, ano III, nº 16, São Paulo: Síntese, 2002.

–. *Ensaio sobre a Processualidade – Fundamentos para uma nova teoria geral do processo*, Brasília: Gazeta Jurídica, 2016.

–. FILOMENO, José Geraldo Brito; FINK, Daniel Roberto; WATANABE, Kazuo et al. *Código brasileiro de defesa do consumidor*: comentado pelos autores do anteprojeto. 7. ed. Rio de Janeiro: Forense Universitária, 2001.

–. O princípio do juiz natural e sua dupla garantia. *Revista de Processo*, São Paulo, Revista dos Tribunais, nº 29, 1983.

–. *O processo civil em evolução*. Rio de Janeiro: Forense Universitária, 1996.

GUÉNYVEAU, H. A. de, *Du quasi-contrat judiciaire: mémoire couronné par la Faculté de droit de Poitiers*. Poitiers: Impr. de A. Dupré, 1857.

GUERRERO, Luis Fernando. Arbitragem e jurisdição: premissa à homologação da sentença arbitral estrangeira. *Revista de Processo*, São Paulo, Revista dos Tribunais, nº 159, 2008.

–. *Convenção de arbitragem e processo arbitral*. São Paulo: Atlas, 2009.

–. *Os Métodos de Solução de Conflitos e o Processo Civil*. São Paulo: Atlas. 2015.

GUINCHARD, Serge et al. *Droit processuel*: droit commun et droit comparé du process. 3. ed. Paris: Dalloz, 2005.

–; FERRAND, Fréderic. *Procédure civile*. 28. ed. Paris: Dalloz, 2006.

HARARI, Yuval. Noah. *Uma Breve História da Humanidade Sapiens*. São Paulo: L&PM, 2018.

HARRINGTON, Christine B. *Shadow justice*: the ideology and institutionalization of alternative court. Westport: Greenwood Press, 1985.

HAZARD JR., Geoffrey; TARUFFO, Michelle. *American civil procedure*: an introduction. New Haven: Yale University Press, 1993.

HERZOG, Peter. *Civil procedure in France*. The Hague: Martinus Nijhoff, 1967.

HOLANDA, F. (coord.). *Métodos Extrajudiciais de Resolução de Conflitos Empresariais*. São Paulo: IOB Sage. 2017.

HONEYMAN, Christopher. The next frontier is antecipation: thinking ahead about conflict to help clients find constructive ways to engage issues in advance. *Wiley Interscience*, v. 25, n. 6, p. 99, 2007. Disponível em: <www.interscience.wiley.com>. Acesso em: 27.4.2011.

HONNOLD, John O. *Uniform law for international sales under 1980 United Nations Convention*. 4. ed. The Hague: Wolters Kluwer, 2009.

HOUAISS, Antonio; VILLAR, Mauro de Sallese; FRANCO, Francisco Manoel de Mello. *Dicionário eletrônico Houaiss da língua portuguesa*. Rio de Janeiro: Editora Objetiva, 2002.

HOUSZ, Arnold Ingen (Ed.). *ADR in business*. New York: Wolters Kluwer, 2003. v. II.

HUBER, Peter; MULLIS, Alastair. *The CISG*: a new textbook for students and practioners. Munich: European Law Publishers, 2007.

IMHOF, Cristiano. *Código civil e sua interpretação jurisprudencial*. 2. ed. Florianópolis: Conceito, 2009.

ISSACHAROFF, Samuel. *Civil procedure*. New York: Thompson West, 2005.

JARVIN, Sigvarde; DERAINS, Yves. *Collection of ICC arbitral awards (1974--1985)*. The Hague: Kluwer Law, 1990.

–; ARNALDEZ, J. J. *Collection of ICC arbitral awards (1986-1990)*. The Hague: Kluwer Law, 1994.

JARROSSON, Charles. Jurisprudence française. *Revue de L'Arbitrage*, Paris, Litec, nº 4, 1996.

–. *La notion d'arbitrage*. Paris: Librairie Generale de Droit et de Jurisprudence, 1987.

JENSSEN, André; MEYER, Olaf (Ed.). *CISG methodology*. Munich: European Law Publishers, 2009.

JOSEPH Q. C., David. *Jurisdiction and arbitration agreements and their enforcement*. London: Sweet & Maxwell, 2005.

KLEINHEISTERKAMP, Jan. *International commercial arbitration in Latin America*. Dobbs Ferry: Oceana Publications, 2005.

KELSEN, Hans. *Teoria pura do direito*. 6. ed. Tradução de João Baptista Machado. Coimbra: Armênio Amado Editora, 1984.

KING JR., John H. Causation, valuation and chance in personal injury torts. *90 Yale Law Journal*, 1981.

KLEIN, John. Good faith in international transactions. *Liverpool Law Review*, v. 15, 1993.

KOLB, Deborah M. *The mediator*. Cambridge: The MIT Press, 1985.

KÖTZ, Hein; OTTENHOF, Reynald (Org.). *Les conciliateurs, la conciliation, un étude comparative*. Paris: Economica, 1983.

KOVACH, Kimberlee K. Mapping mediation: the risks of riskin's grid.

*Harvard Negotiation Law Review*, LEXSEE, n. 71, p. 77, 1998. Disponível em: <http://www.hnlr.org/articles/archive/>. Acesso em: 10 fev. 2009.

LACERDA, Galeno. Ação rescisória e homologação de transação. *Ajuris*, nº 14, Porto Alegre, 1978.

LAGARDE, Xavier. L'efficacité de clauses de conciliation ou de mediatión. *Revue de L'Arbitrage*, Paris, Litec, nº 3, 2000.

LAMPERT, Cláudio; RENNÓ JR., Joel. A eficácia da arbitragem e da cláusula de confidencialidade nos contratos da administração pública. *Revista Brasileira de Arbitragem*, São Paulo, IOB Thompson, nº 4, 2004.

LARROUMET, Christian. *Droit civil*. 3. ed. Paris: Economica, 1996. t. III.

LAWSON, Harry O.; GLETNE, Barbara J. *Workload measures in the court*. Williamsburg: National Centre for State Courts, 1980.

LEAL, Antonio Luiz Câmara. *Da prescrição e decadência*. 4. ed. Rio de Janeiro: Forense, 1982.

LEE, João Bosco; VALENÇA FILHO, Clávio. MBV commercial and export management establishment C. Resil Indústria e Comércio Ltda. *Revista Brasileira de Arbitragem*, São Paulo, IOB Thompson, nº 3, 2004.

LEISINGER, Benjamin K. *Fundamental breach considering non-conformity of the goods*. Munich: European Law Publishers, 2007.

LEITE, Clarisse Frechiani Lara. *Prejudicialidade no processo civil*. São Paulo: Saraiva, 2008.

LEW, Judith M.; MISTELIS, Loukas A.; KROLL, Stefan Michael. *Comparative international commercial arbitration*. The Hague: Kluwer International, 2003.

LIEBMAN, Enrico Tullio. *Manual de direito processual civil*. 3. ed. Tradução de Cândido Rangel Dinamarco. São Paulo: Malheiros, 2005. v. I.

–. *Manuale di diritto processuale civile*. 4. ed. Milano: Giuffrè, 1980. v. I.

–. *Eficácia e autoridade da sentença e outros escritos sobre a coisa julgada*. 4. ed. Tradução de Alfredo Buzaid e Benvindo Aires. Rio de Janeiro: Forense, 2007.

–. *Le opposizione di merito nel processo di esecuzione*. Roma: Foro Italiano, 1931.

–. *I pressuposti dell'esecuzione forzata*: I problemi del processo civile. Napoli: Morano, 1962.

–. *Processo de execução*. Araraquara: Bestbook, 2003.

–. *L'Azione Nella Teoria Del Processo Civile*. In: Rivista Trimestrale di Diritto e Procedura Civile. Milano: Giuffrè. Anno IV, 1950.

LOOKOFSKY, Joseph. *Understanding the CISG*. 3. ed. The Hague: Wolters Kluwer, 2008.

LOPES, João Batista; CUNHA, Leonardo José Carneiro. *Execução civil*: aspectos polêmicos. São Paulo: Dialética, 2005.

LORENCINI, Marco Antonio Garcia. Prestação jurisdicional pelo Estado e meios alternativos de solução de controvérsias convivência e formas de pacificação social: uma sugestão de integração. Tese (Doutorado em Direito) – Faculdade de Direito, Universidade de São Paulo, São Paulo, 2006.

LUCON, Paulo Henrique dos Santos, FARIA, Juliana Cordeiro de, MARX NETO, Edgard Audomar, REZENDE, Ester Camila Gomes Norato (org.) *Processo Civil Contemporâneo: Homenagem aos 80 Anos do Professor Humberto Theodoro Junior.* Rio de Janeiro; Gen/Forense, 2018.

LUCHIARI, Valéria Ferioli Lagrasta, *O anteprojeto de código de processo civil, a conciliação e a mediação. Revista Síntese – Direito Civil e Processual Civil,* São Paulo, Síntese, nº 71, 2011.

LUHMANN, Niklas. *Legitimação pelo procedimento.* Tradução de Maria da Conceição Côrte Real, Brasília: UNB, 1980.

MANCUSO, Rodolfo de Camargo, *Acesso à Justiça – Condicionantes Legítimas e Ilegítimas.* São Paulo: RT, 2011.

MCZEE, Steven Baicker; JANSSEN, William M.; CORR, John B. *A student's guide to the federal rules of civil procedure.* 11. ed. Saint Paul: Thompson West, 2008.

MAGALHÃES, José Carlos. *Reconhecimento e execução de laudos arbitrais estrangeiros. RT,* São Paulo, Revista dos Tribunais, nº 740, 1997.

MALUF, Carlos Alberto Dabus. *A transação no direito civil e no direito processual civil.* São Paulo: Saraiva, 1999.

MANDRIOLI, Crisanto. *Diritto processuale civile.* 14. ed. Torino: G. Giappichelli, 2002. v. I.

MARCATO, Antonio Carlos (Coord.). *Código de processo civil interpretado.* 3. ed. São Paulo: Atlas, 2008.

MARCONDES, Fernando (org.). *Direito da Construção: Estudos Sobre as Várias Areas do Direito aplicadas ao mercado da construção.* São Paulo, Pini, 2014.

MARCUS, Richard L.; REDISH, Martin H.; SHERMAN, Edward F. *Civil procedure*: a modern approach. 4. ed. St. Paul: IOB Thompson, 2005.

MARQUES, Cláudia Lima. Superação das antinomias pelo diálogo das fontes: o modelo brasileiro de coexistência entre o código de defesa do consumidor e código civil de 2002. *Revista da ESMESE,* Aracaju, ESMESE, nº 7, 2004.

–; ARAÚJO, Nadia de (Org.). *O novo direito internacional*: estudos em homenagem a Erik Jayme. Rio de Janeiro: Renovar, 2005.

MARTINS, Pedro Antonio Batista. *Apontamentos sobre a lei de arbitragem.* Rio de Janeiro: Forense, 2008.

–; GARCEZ, José Maria Rossani (Org.). *Reflexões sobre arbitragem.* São Paulo: LTR, 2002.

MARTINS, Sérgio Pinto. *Direito processual do trabalho.* 25. ed. São Paulo: Atlas, 2006.

–. *Comissão de conciliação prévia e procedimento sumaríssimo.* 2. ed. São Paulo: Atlas, 2001.

MATTIA, Fábio Maria de. Cláusula penal pura e cláusula penal não pura. *Revista dos Tribunais,* São Paulo, Revista dos Tribunais, nº 385, 1967.

MAXIMILIANO, Carlos. *Hermenêutica e aplicação do direito.* 19. ed. Rio de Janeiro: Forense, 2005.

MAZZARELLA, Ferdinando. *Contributo allo studio del titolo executivo.* Milano: Giuffré, 1965.

MENDES PIMENTEL, Álvaro. *Da cláusula compromissória no direito brasileiro.* Rio de Janeiro: Typ. do Jornal do Commercio, 1934.

Mendes Pimentel, F. Fornecimento de energia electrica. *Revista Forense*, Rio de Janeiro, Forense, v. xxvi, 1916.

Mendonça de Lima, Alcides. *Dicionário do código de processo civil brasileiro*. São Paulo: Revista dos Tribunais, 1986.

Menezes Cordeiro, Antonio Manuel da Rocha. *Da boa fé no direito civil*. Coimbra: Almedina, 2001.

Menkel-Meadow, Carrie. Ethics in adr: the many "Cs" of professional responsibility and dispute resolution. *Fordham Urban Law Journal*, New York, n. 28, 2001.

Mesquita, José Ignácio Botelho de. *Teses, estudos e pareceres de processo civil*. São Paulo: Revista dos Tribunais, 2005. v. I e II.

Müller, Christoph. *La perte d'une chance*. Berne: Stæmpfli, 2002.

Mills, Mirian K. *Systematic analysis in dispute resolution*. New York: Quorum Books, 1991.

Mirabete, Julio Fabbrini. *Código de processo penal interpretado*. São Paulo: Atlas, 2001.

Monteiro, Washington de Barros. *Curso de direito civil*. 33. ed. São Paulo: Saraiva, 2001. v. V.

Monteiro, Antonio Pinto (Coord.). *Contratos*: actualidade e evolução. Porto: Universidade Católica Portuguesa, 1997.

–. *Cláusula penal e indemnização*. Coimbra: Almedina, 1999.

Moore, Christopher W. *The mediation process*. 3. ed. San Francisco: Jossey-Bass, 2003.

Moraes, Alexandre de. *Constituição do Brasil anotada e legislação constitucional*. 5. ed. São Paulo: Atlas, 2006.

Moser, Luis Gustavo Meira. Contrato internacional de licenciamento: cláusula escalonada ou sequencial: reconhecimento da validade da sentença arbitral sem a observância ao procedimento pré arbitral. *Revista Brasileira de Arbitragem*, São Paulo, IOB Thompson, nº 15, 2007.

Muniz, Joaquim T. de Paiva; Basílio, Ana Tereza Palhares. *Arbitration law of Brazil*: practice and procedure. Huntington: Juris Publishing, 2006.

Nagel, Stuart S.; Mills, Miriam K. *Multi-criteria for alternative dispute resolution*. New York: Quorum, 1990.

Nascimento, Amauri Mascaro. *Curso de direito processual do trabalho*. 21. ed. São Paulo: Saraiva, 2002.

Neely, Richard. *Why courts don't work*. New York: McGraw Hill, 1983.

Negrão, Theotonio; Gouvêa, José Roberto F.; Bondolie, Luis Guilherme Aidar. *Código de processo civil e legislação processual civil em vigor*. 43. ed. São Paulo: Saraiva, 2011.

Neira, Lilian Cecilia San Martín. *Del debber del acredor de evitar o mitigar el daño: estudio histórico comparado*. Tese (Doutorado em Direito) – Università degli Studi di Roma Tor Vergata, Facoltá di Giurisprudenza, Roma, 2010.

Nery Júnior, Nelson. *Princípios do processo civil na Constituição Federal*. 7. ed. São Paulo: Revista dos Tribunais, 2002.

–; Wambier, Luiz Rodrigues; Santos, Ernani Fidelis dos; Wambier, Teresa Arruda Alvim. *Execução civil*:

estudos em homenagem a Humberto Theodoro Júnior. São Paulo: Revista dos Tribunais, 2007.

–; NERY, Rosa Maria de Andrade. *Doutrinas essenciais de responsabilidade civil*: direito de obrigações e direito negocial. São Paulo: Revista dos Tribunais, 2010. v. II.

–. *Código civil anotado e legislação extravagante*. 2. ed. São Paulo: Saraiva, 2003.

NORONHA, Fernando. *Direito das obrigações*. São Paulo: Saraiva, 2003.

NUNES, Thiago Marinho. Análise dos efeitos da prescrição extintiva na arbitragem interna e internacional com visão a partir do direito brasileiro. Tese (Doutorado em Direito) – Faculdade de Direito, Universidade de Sâo Paulo, São Paulo, 2011.

NUSDEO, Fábio. *Curso de economia*. 2. ed. São Paulo: Revista dos Tribunais, 2000.

O'BANNON, Linda M. Aba section focus: alternative dispute resolution: employment dispute resolution – EDR. *The Alaska Bar Rag*, Anchorage, 2007.

OLIVEIRA, Carlos Alberto Alvaro. *Do formalismo no processo civil*. 3. ed. São Paulo: Saraiva, 2009.

OLIVEIRA NETO, Olavo de; LOPES, Maria Elizabeth de Castro. *Princípios processuais civis na Constituição*. Rio de Janeiro: Elsevier, 2008.

ORLEANS E BRAGANÇA, Gabriel José de. *Administrador Judicial: Transparência no Processo de Recuperação Judicial*. São Paulo: *Quartier Latin*. 2017.

OTHON SIDOU, J. M. *Sobre o novo código civil*. 2. ed. Rio de Janeiro: Forense Universitária, 2004.

PACE INSTITUTE OF INTERNATIONAL COMMERCIAL LAW AND IACCM. Drafting step clauses: an empirical look at their practicality and legality. Disponível em: <http://www.cisg.law.pace.edu/cisg/ODR/Pace_Law_and_IACCM_Step_Clause_Drafting_Manual.pdf>. Acesso em: 17 mar. 2011.

PALMER, Eduardo; LOPEZ, Eliana. The use of multi-tired dispute resolution clause in Latin America: questions of enforceability. *The American Review of International Arbitration*, New York, Juris Publishing, nº 14, 2003.

PARENTE, Eduardo, *Processo Arbitral e Sistema*. São Paulo: Atlas, 2012.

PARIZ, Ângelo Aurélio Gonçalves. *O princípio do devido processo legal*. Coimbra: Almedina, 2009.

–. Alienação fiduciária em garantia (doutrina). *Enciclopédia Saraiva do Direito*, São Paulo, Saraiva, v. 6, 1978

PARTRIDGE, Mark V. B. *Alternative dispute resolution*: an essential competency for lawyers. New York: Oxford, 2009.

PATRÍCIO, Miguel Carlos Teixeira. *Análise econômica da litigância*. Coimbra: Almedina, 2005.

PAULA, Jônatas Luis Moreira de. *História do Direito Processual Brasileiro*. Barueri: Manole, 2002.

PELUSO, Antonio Cezar (Coord.). *Código civil comentado*. Barueri: Manole, 2007.

–. RICHA, Morgana de Almeida (Coord.). *Conciliação e mediação*: estruturação da política judiciária nacional. São Paulo: Forense, 2011.

PEREIRA, Caio Mário da Silva. *Instituições de direito civil*: contratos. 11. ed. Rio de Janeiro: Forense, 2004. v. III.

–. *Instituições de direito civil*: fonte das obrigações. Rio de Janeiro: Forense, 1963. v. III.

–. *Responsabilidade civil*. 9. ed. Rio de Janeiro: Forense, 2002.

PETEFFI DA SILVA, Rafael. *Responsabilidade civil pela perda de uma chance*. São Paulo: Atlas, 2007.

PETERSON, Drew. Getting together: appropriate dispute resolution alternatives. *The Alaska Bar Rag*, Anchorage, p. 8, 2002.

PINTO, José Emílio Nunes. *A confidencialidade na arbitragem*. Disponível em: <http://www.ccbc.org.br/download/artarbit11.pdf>. Acesso em: 24 fev. 2011.

PINTO, Teresa Arruda Alvim. *Nulidades da sentença*. São Paulo: Revista dos Tribunais, 1987.

PLÁCIDO E SILVA, De. *Vocabulário jurídico*. 19. ed. Rio de Janeiro: Forense, 2002.

POCHAT, Reynaldo. *Direito Romano – Accepções do vocábulo jus – Direito objectivo e direito subjectivo* In: https://www.revistas.usp.br/rfdsp/article/download/65036/67648, pp. 210-211, Acessado em: 1º setembro 2021.

POUND, Rescoe. *The lawyer from antiquity to modern times*. Saint Paul: West Publish, 1953.

PRYLES, Michel. *Multi-tiered dispute resolution clauses*: journal of international arbitration. 2. ed. The Hague: Kluwer Law international, 2001. v. 18.

PONTE, Lucille M. Rico thirty years later: a comparative perspective: reassessing the Australian adversarial system: an overview of issues: court reform and federal ADR practice in the land down under. 27 *Syracuse Journal of International Law and Commerce*, 2000.

PONTES DE MIRANDA, Francisco Cavalcante. *Comentários ao código de processo civil*. 3. ed. Rio de Janeiro: Forense, 1997. t. V.

–. *Comentários ao código de processo civil*. 2. ed. Rio de Janeiro: Forense, 1979. t. XV.

–. *Tratado de direito privado*. 2. ed. Rio de Janeiro: Borsoi, 1959. t. II.

–. *Tratado de direito privado*. 2. ed. Rio de Janeiro: Borsoi, 1959. t. XXV.

–. *Tratado de direito privado*. 2. ed. Rio de Janeiro: Borsoi, 1959. t. XXVI.

–. *Tratado das ações*. São Paulo: Freitas Bastos, 1970. v. I.

PUCCI, Adriana Noemi (Coord.). *Aspectos atuais da arbitragem*. Rio de Janeiro: Forense, 2000.

QUEIROGA, Antônio Elias de. *Responsabilidade civil e o novo código civil*. Rio de Janeiro: Renovar, 2007.

QUEK, Dorkas. Mandatory mediation: an oxymoron? Examining the feasibility of implementing a court-mandated mediation program. *Cardozo Journal of Conflict Resolution*, New York, n. 11, 479.

REALE, Miguel. *Lições preliminares de direito*. 25. ed. São Paulo: Saraiva, 2000.

REDFERN, Alan; HUNTHER, Marc. *Droit et pratice de l'arbitrage commercial international*. 2. ed. Paris: LGDJ, 1994.

RESTIFFE NETO, Paulo; RESTIFFE, Paulo Sérgio. *Garantia fiduciária*. 3.

ed. São Paulo: Revista dos Tribunais, 2000.

RIDENTI, Enrico. *Diritto processuale civile*. Milano: Giuffrè, 1957. v. I.

RISKIN, Leonard; WESTBROOK, James E. *Dispute resolution and lawyers*. Saint Paul: West Publishing, 1987.

ROCHA, José de Moura. *Do contrato de transação judicial*. Recife: Mousinho, 1958.

RODRIGUES, Horácio Wanderlei (org.), *Lições Alternativas de Direito Processual*. São Paulo: Editora Acadêmica, 1995.

RODRIGUES, José Honório; SEITENFUS, Ricardo A. S. *Uma história diplomática do Brasil*: 1531-1945. Rio de Janeiro: Civilização Brasileira, 1995.

RODRIGUES, Silvio. *Direito civil*. 27. ed. São Paulo: Saraiva, 2000. v. III.

–. *Direito civil*. 30. ed. São Paulo: Saraiva, 2005. v. III.

ROGERS, Nancy H.; MCEWEN, Caraig A. *Mediation*: law, policy, practice. Deerfield: Clark; Boardman: Callaghan, 1993.

ROSS, Alf. *Direito e justiça*. Tradução de Edson Bini. Bauru: EDIPRO, 2000.

ROTONDI, Mario. *Studio di diritto comparato e teoria generale*. Padova: CEDAM, 1972.

RUBINO-SAMMARTANO, Mauro. *Il diritto dell'arbitrato (interno)*. 2. ed. Padova: CEDAM, 1994.

RUFINO, Marco A. *El processo arbitral*. Buenos Aires: ADHoc, 1992.

–. *Mediación e conciliación segun la jurisprudência*. Buenos Aires: Ad Hoc, 1999.

SAARI, David J. *American court management*: theories and partices. Westport: Quorum Books, 1982.

SALLES, Carlos Alberto de (Coord.). *As grandes transformações do processo civil brasileiro*: homenagem ao professor Kazuo Watanabe. São Paulo: Quartier Latin, 2009.

–. *A arbitragem na solução de controvérsias contratuais da administração pública*. Rio de Janeiro: Forense, 2011.

–. LORENCINI, M. A. G. L. E SILVA, P. E. A., *Negociação, Mediação, Conciliação e Arbitragem*. 4ª ed. Rio de Janeiro: Forense, 2021,

SANDER, Frank. *Varieties of dispute processing*. 70. F. R. D 79, 111,112, 130-133 (1976).

SANTOS, Manoel J. Pereira. Ordem pública e arbitragem. In: SANTOS, Manoel J. Pereira. *Arbitragem*: lei brasileira e praxe internacional. 2. ed. São Paulo: LTr, 1999.

SANTOS, Ernani Fidélis. *As reformas de 2005 do código de processo civil*. São Paulo: Saraiva, 2006.

–. Alienação fiduciária de coisa imóvel. *Revista Jurídica*, Sapucaia do Sul, nº 261, 1999.

SANTOS, Antonio Jeová dos. *Dano moral indenizável*. São Paulo: Método, 2001.

SATTA, Salvatore. *Diritto processuale civile*. Padova: CEDAM, 1973.

–. *L'esecuzione forzata*. 7. ed. Turim: UTET, 1963.

SAVI, Sérgio. *Responsabilidade civil por perda de uma chance*. 2. ed. São Paulo: Atlas, 2009.

SCAVONE JUNIOR, Luiz Antonio. *Manual de arbitragem*. 2. ed. São Paulo: Revista dos Tribunais, 2008.

SCHIZZEROTTO, Gianni. *Dell'arbitrato*. 2. ed. Milano: Giuffré, 1982.

SCHERER, Matthias. Introduction to the case law. *ASA Bulletin*, n. 3, Sept. 2011.

SCHLECHTRIEM, Peter; BUTLER, Petra. *UN law on international sales*. Heidelberg: Springer, 2009.

SHIMURA, Sérgio Seiji. *Título executivo*. 2. ed. São Paulo: Método, 2005.

–; BRUSCHI, Gilberto Gomes. *Execução civil e cumprimento de sentença*. São Paulo: Método, 2009. v. III.

SILLANI, Chiara Tenella. *L'arbitrato di equitá*. Milano: Giuffrè, 2006.

SILVA, Clóvis do Couto e. *A obrigação como processo*. São Paulo: GV, 2007.

SILVA, José Afonso da. *Comentário contextual à constituição*. São Paulo: Malheiros, 2005.

–. *Curso de direito constitucional positivo*. 15. ed. São Paulo: Malheiros, 1998.

–. *Aplicabilidade das normas constitucionais*. 7. ed. São Paulo: Malheiros, 2008.

SILVA, Luis Virgílio Afonso da. O proporcional e o razoável. *RT*, São Paulo, Revista dos Tribunais, nº 798, p. 149, 1997.

SILVA, Ovídio Araújo Baptista da. *Curso de processo civil*. 5. ed. São Paulo: Revista dos Tribunais, 2001. v. I.

–. *Conteúdo da sentença e mérito da causa in sentença e coisa julgada (ensaios e pareceres)*. 4. ed. Rio de Janeiro: Forense, 2003.

–. *Curso de processo civil*. 7. ed. Rio de Janeiro: Forense, 2006. v. I.

SOARES, Guido Fernando Silva. *Common law*: introdução ao direito dos EUA. 2. ed. São Paulo: Revista dos Tribunais, 2000.

SOLUS, Henry; PERROT, Roger. *Droit judiciaire privé*: la compétence. Paris: Sirey, 1973. t. II.

–. *Droit judiciaire privé*: procédure de prémiere instance. Paris: Sirey, 1991. t. III.

SOUSA, Almir Ferreira de, BORTOLI NETO, Adelino de e , Carlos. Eduardo de Mori. (orgs.), KIYOKAWA, Fabrício e MARQUES, Natan de Souza (coords.), *Manual de Gestão Empresarial – Teoria e Prática*. Barueri: Manole. 2021.

SOUSA, Miguel Teixeira de. Sobre o sentido e a função dos pressupostos processuais (algumas reflexões sobre o dogma da apreciação prévia dos pressupostos processuais na ação declarativa). *Revista de Processo*, São Paulo, Revista dos Tribunais, nº 63, 1991.

SOUZA JR., Lauro Gama e. Sinal verde para a arbitragem nas parcerias público-privadas (a construção de um novo paradigma para os contratos entre o Estado e o investidor privado). *Revista Brasileira de Arbitragem*, São Paulo, IOB Thompson, nº 1, 2003.

STEELMAN, David. C. *Caseflow management*: the heart of court management in the new millennium. Williamsburg: National Centre for State Courts, 2000.

STIPANOWICH, Thomas J. The multi-door contract and oher possibilities. *Ohio State Journal on Dispute Resolution*, Columbus, n. 13, 1998.

STOCCO, Rui. *Tratado de responsabilidade civil*. 5. ed. São Paulo: Revista dos Tribunais, 2004.

STRENGER, Irineu. *Arbitragem comercial internacional*. São Paulo: LTr, 1996.

–. *Comentários à lei brasileira de arbitragem*. São Paulo: LTr, 1998.

SUSSEKIND, Arnaldo. *Manual da justiça do trabalho*. Rio de Janeiro: Livraria Freitas Bastos, 1944.

TARTUCE, Fernanda. *Mediação nos conflitos civis*. São Paulo: Método, 2008.

TARZIA, Giuseppe. Efficacia del lodo e impugnazioni nell'arbitrato rituale e irrituale. *Rivista di Diritto Processuale*, Bologna, CEDAM, anno XLII, nº 2, 1987.

–. Nullità e annullamento del lodo arbitrale irrituale. *Rivista Trimestrale di Diritto e Procedura Civile*, Milano, Giuffrè, Anno XLV, nº 2, 1983.

–; LUZZATTO, Riccardo; RICCI, Edoardo F. (Org.). *Legge 5 Gennaio 1994: n. 25*. Padova: CEDAM, 1995.

TAVEL, Agnes; LASCOUX, Jean-Louis. *Code de la médiation*. Bordeaux: Médiateurs Éditeurs, 2009.

TEIXEIRA, Sálvio de Figueiredo (Org.). *A reforma do código de processo civil*. São Paulo: Saraiva, 1996.

TEPEDINO, Gustavo (Coord.). *A parte geral do novo código civil*. Rio de Janeiro: Renovar, 2007.

TERRA, Marcelo. *Alienação fiduciária de imóvel em garantia (lei nº 9.514/97, primeiras linhas)*. Porto Alegre: Sergio Antonio Fabris, 1998.

THEODORO JÚNIOR, Humberto. *Processo cautelar*. 21. ed. São Paulo: Leud, 2004,

–. Pressupostos processuais e condições da ação no processo cautelar. *Revista de Processo*, São Paulo, Revista dos Tribunais, nº 50, 1988.

–. Arbitragem e terceiros: litisconsórcio fora do pacto arbitral: outras intervenções de terceiros. *Revista Forense*, Rio de Janeiro, Forense, nº 362, 2002.

–. *Tutela jurisdicional de urgência*. Rio de Janeiro: América Jurídica, 2001.

–. *As novas reformas do código de processo civil*. Rio de Janeiro: Forense, 2006.

–. *Processo de execução*. 22. ed. São Paulo: Leud, 2004.

–. *Curso de direito processual civil*. 38. ed. Rio de Janeiro: Forense, 2002. v. I.

THEODORO NETO, Humberto. *Efeitos externos do contrato*. Rio de Janeiro: Forense, 2007.

TOMASETTI JUNIOR, Alcides. *Execução do contrato preliminar*. Tese (Doutorado em Direito) – Faculdade de Direito, Universidade de São Paulo, São Paulo, 1982.

TOURINHO FILHO, Fernando da Costa. *Processo penal*. 22. ed. São Paulo: Saraiva, 2000.

TUCCI, José Rogério Cruz e. *Tempo e processo*. São Paulo: Revista dos Tribunais, 1997.

–. *A causa petendi no processo civil*. 3. ed. São Paulo: Revista dos Tribunais, 2009.

–. (Coord.). *Processo civil*: estudo em comemoração aos 20 anos de vigência do código de processo civil. São Paulo: Saraiva, 1993.

–. (org.). *Direito Processual Civil Americano Contemporâneo*. São Paulo: LEX. 2010.

–. e AZEVEDO, L. C. de. *Lições de História do Processo Civil Romano*. 2ª ed., São Paulo: RT. 2013.

TUCCI, Rogério. Lauria, *Considerações Acerca da Inadmissibilidade de uma Teoria Geral do Processo* In: *Revista Do Advogado* nº 61, São Paulo, AASP, 2000, pp. 89-103.

TURNER, Karen M. et al. *Model lawyers guide do legal services*. New York: American Bar Association, 1983.

TUTTLE, Major Timothy J. Three's a crowd: why mandating union representation at mediation of federal employees' discrimination complaints is illegal and contrary to legislative intent. 62 A.F. Law Review, n. 127.

VALENÇA FILHO, Clávio de Melo. *Poder judiciário e sentença arbitral*. Curitiba: Juruá, 2002.

–; LEE, J. B. *Estudos de arbitragem*. Curitiba: Juruá, 2008.

VALLADÃO, Haroldo. *Direito internacional privado*. 3. ed. Rio de Janeiro: Freitas Bastos, 1971.

VASCONCELOS, Ronaldo, PIVA. Fernanda Neves, ORLEANS E BRAGANÇA, Gabriel José de, HANESKA, Thais e SANT'ANNA, Thomaz Luiz, (orgs.). *Reforma da Lei de Recuperação e Falência (Lei nº 14.112/20)*. São Paulo: IASP, 2021, pp. 335-354

VENOSA, Silvio de Salvo. *Direito civil*: teoria geral das obrigações e teoria geral dos contratos. São Paulo: Atlas, 2003. v. II.

–. *Direito civil*. 4. ed. São Paulo: Atlas, 2004. v. II.

VERDE, Giovanni. *Profili del proceso civile*. Napole: Jovene, 1982.

VIDAL, Dominique. *Droit français de l'arbitrage commercial international*. Paris: Gaulino, 2004.

VIGORITI, Vicenzo. Em busca de um direito comum arbitral: notas sobre o laudo arbitral e sua impugnação. CARMONA, Carlos Alberto (trad. it.) In: *Revista de Processo*, São Paulo, Revista dos Tribunais, nº 91, 1998.

VILELA, Marcelo Dias Gomes. Reflexões sobre a tutela cautelar na arbitragem. *Revista Brasileira de Arbitragem*, São Paulo, IOB Thompson, nº 7, 2005.

–. Ação cautelar inominada preparatória: agravo de instrumento: efeito ativo concedido: ciência da posterior instauração do juízo arbitral: incompetência superveniente da justiça estatal: remessa dos autos ao árbitro para manutenção ou não da tutela concedida. *Revista de Arbitragem e Mediação*, São Paulo, Revista dos Tribunais, 2008.

VÍTOLO, Daniel Roque. *Alternative dispute resolution*: enforcement of foreign judgements and arbitration awards: an argentine overview. Buenos Aires: Ad Hoc, 2003.

WALD, Arnold. *Direito civil brasileiro*: direito das obrigações. Rio de Janeiro: Lux, 1962.

WAMBIER, Teresa Arruda Alvim (Org.). *Aspectos polêmicos da antecipação de tutela*. São Paulo: Revista dos Tribunais, 1997.

–. (Coord.). *Aspectos polêmicos da nova execução*. São Paulo: Revista dos Tribunais, 2006. v. II.

WATANABE, Kazuo. *Da cognição no processo civil*. 2. ed. Campinas: Bookseller, 2000.

–. *Controle jurisdicional*: princípio da inafastabilidade do controle jurisdicional no sistema jurídico de mandado segurança contra atos judiciais. São Paulo: Revista dos Tribunais, 1980.

–. *Acesso à Ordem Jurídica Justa (conceito atualizado de acesso à justiça) Processos Coletivos e Outros Estudos*, Belo Horizonte, Del Rey, 2019

Witz, Claude. L'obligation de minimiser son popre dommage dans les conventions internationales: l'exemple de la convention de vienne sur la vente internationale. *Petites Affiches*, 21 mars 2002.

Yarshell, Flávio Luiz. *Tutela jurisdicional.* 2. ed. São Paulo: DPJ, 2006.

–. *Tutela jurisdicional específica nas obrigações de declaração de vontade.* São Paulo: Malheiros, 1993.

–. *Breves Considerações sobre Arbitragem e Provas* in Carta Forense, publicado em 5.11.2012.

–. *Curso de Direito Processual Civil.* São Paulo: Marcial Pons, 2014

–; Bonício, Marcelo José Magalhães. *Execução civil*: novos perfis. São Paulo: RCS, 2006.

–; Moraes, M. Z. de (Org.). *Estudos em homenagem à professora Ada Pellegrini Grinover.* São Paulo: DPJ, 2005.

Yoshikawa, Eduardo Henrique de Oliveira. *Execução extrajudicial e devido processo legal.* São Paulo: Atlas, 2010.

Zanetti, Cristiano de. *Responsabilidade pela ruptura das negociações.* São Paulo: Juarez de Oliveira, 2005.

–. *A conservação dos contratos nulos por defeitos de forma.* Tese (Livre-docência) – Faculdade de Direito, Universidade de São Paulo, 2010.

Zavascki, Teori Albino. *Processo de execução.* São Paulo: Revista dos Tribunais, 2004.

Zimmermann, Dennys. Alguns aspectos sobre a arbitragem nos contratos administrativos à luz dos princípios de eficiência e do acesso à justiça: por uma nova concepção do que seja interesse público. *Revista de Arbitragem e Mediação*, São Paulo, Revista dos Tribunais, nº 12, 2007.

Zufelato, C. e Yarshell, F. L. (orgs.). *40 Anos de Teoria Geral do Processo no Brasil.* São Paulo: Malheiros. 2013.

## Jurisprudência

Conselho da Justiça Federal: <www.cjf.gov.br>.

Supremo Tribunal Federal: <www.stf.gov.br>.

Superior Tribunal de Justiça: <www.stj.gov.br>.

Tribunal de Justiça do Estado de São Paulo: <www.tj.sp.gov.br>.

Tribunal Superior do Trabalho: <www.tst.jus.br>.

UNCITRAL: <http://www.uncitral.org>.

## Artigos e Jurisprudência

Lexis Nexis: <https://www.lexisnexis.com>.

West Law: <http://web2.westlaw.com>.